"十二五"职业教育国家规划教材
经全国职业教育教材审定委员会审定
专业基础课教材系列

化工信息检索

（第二版）

冯西宁　主编

李　春　魏玉君　副主编

科学出版社

北　京

内 容 简 介

本书从化学化工类专业的特殊性出发，兼顾高职高专院校技术技能应用型人才的培养需求，全书贯彻"轻理论，重实践"的指导思想，着重介绍化学、化工和材料等专业电子信息资源的检索，突出实践性、实用性和新颖性。全书分为十章，主要结合当前文献检索系统的最新发展，介绍相关数据库的检索技能及利用方法，并附有大量图例、实例和习题。

本书既适合化学、化工、材料、药学、农牧兽医和冶金类高职高专院校学生使用，也适合工程技术人员和相关行业的管理人员使用。

图书在版编目（CIP）数据

化工信息检索/冯西宁主编. —2 版. —北京：科学出版社，2017.1
（"十二五"职业教育国家规划教材·专业基础课教材系列）
ISBN 978-7-03-046706-5

Ⅰ.①化… Ⅱ.①冯… Ⅲ.①化学工业-情报检索-高等职业教育-教材 Ⅳ.①G252.7

中国版本图书馆 CIP 数据核字（2015）第 321920 号

责任编辑：沈力匀/责任校对：刘玉清
责任印制：吕春珉/封面设计：耕者设计工作室

科学出版社 出版
北京东黄城根北街 16 号
邮政编码：100717
http://www.sciencep.com

三河市良远印务有限公司印刷
科学出版社发行　各地新华书店经销
*

2010 年 3 月第一版　　开本：787×1092　1/16
2017 年 1 月第二版　　印张：17
2021 年 1 月第三次印刷　字数：391 000

定价：41.00 元
（如有印装质量问题，我社负责调换〈良远印务〉）
销售部电话 010-62136230　编辑部电话 010-62135235（VC04）

第二版前言

在当今科学技术日新月异，互联网的使用日益普及的大背景下，掌握各种信息资源数据库的使用方法，已经成为大学生必须具备的重要技能。本书是根据化工类相关专业人才培养目标，兼顾高职高专院校应用性人才培养而编写的，结合化工类专业特点，着重介绍有关数据库的检索方法。

全书编写大纲由成都纺织高等专科学校冯西宁教授拟定，并编写了第一章；成都纺织高等专科学校李春编写第二章；成都纺织高等专科学校魏玉君编写第三章、第四章、第七章、第十章；石家庄职业技术学院郝卓莉编写了第五章、第六章；河北医药化工职业技术学院孙博雅编写了第八章；杭州职业技术学院唐平编写第九章。

此次修订增加了第三章第四节日本科学技术文献速报以及第十章第五节化学专业数据库的介绍，由魏玉君、冯西宁编写。国家图书馆辜军、安诺林对全书进行了审稿工作，并对个别章节提出了详细的修改意见。

魏玉君对全书的图片进行了修订，冯西宁、魏玉君对书稿全部内容进行了修订和统稿。

在本书的编写过程中，参考、借鉴了国内外相关专著、教材、网站等的有关观点及信息，在此不一一注明，谨向有关单位、作者致以诚挚的谢意。对科学出版社的领导和编辑在本书出版过程中所给予的帮助表示感谢。

由于编者水平有限，书中难免存在不足之处，敬请广大读者及各位同行不吝赐教。

第一版前言

在当今科学技术日新月异、互联网的使用日益普及的大背景下，掌握各种信息资源数据库的使用方法，已经成为职业学校学生必须具备的重要技能。本书根据应用化工类相关专业人才的培养目标兼顾高职高专院校技术技能应用型人才培养需求而编写，结合化工类专业特点，着重介绍有关数据库的检索方法。

本书由冯西宁担任主编，李春和魏玉君但任副主编。全书编写大纲由成都纺织高等专科学校冯西宁拟定，并编写了第一章；成都纺织高等专科学校李春编写第二章；成都纺织高等专科学校魏玉君编写第三章、第四章、第七章、第十章和石家庄职业技术学院郝卓莉编写第五章和第六章；河北医药化工职业技术学院孙博雅编写第八章；杭州职业技术学院唐平编写第九章。魏玉君对全书的图片进行了修订，冯西宁、魏玉君对书稿全部内容进行了统稿和修订。

在本书的编写过程中，直接或间接参考、借鉴了国内外相关专著、教材、网站等的有关观点及信息，在此不一一注明，谨向有关单位、作者致以诚挚的谢意。

由于编者水平有限，书中难免存在不足之处，敬请广大读者及各位同行不吝赐教。

目　录

第一章 信息检索基础知识

 学习目标

1. 培养学生在大数据和网络时代的自学能力和终生学习的观念，增强学生的情报意识，提高其获取文献信息的能力，为终生学习奠定基础。

2. 了解文献、情报、信息的概念及其相互关系。

3. 了解信息源及其特征。

 必备知识

计算机基础知识，能使用 Internet 进行简单的网络检索。

 选修知识

利用印刷型检索工具进行信息检索。

 案例导入

查找有关甲醛的标准红外光谱图。

可以从图书馆借阅 Sadler 标准图谱，也可以同时利用 Google、百度等搜索引擎在互联网上进行搜索。

 课前思考

如何利用维基百科 RSS、Google 和百度等查找关于 PM2.5 的相关信息？

第一节　信息、知识、情报

一、信息的定义、特征和分类

1. 信息的定义

信息的概念十分广泛，目前学术界还没有统一的定义。不同学者从不同角度对信息做出了各种不同的解释。为了便于理解，我们将信息定义为：信息是用文字、数据或信号等形式，通过一定的传递和处理，来表现各种相互联系的客观事物在运动变化中所具

1

有的特征、内容的总称。因此可以认为，信息是事物存在的方式、形态和运动规律的表征，是事物具有的一种普遍属性，它与事物同在，存在于整个自然界和人类社会。

2. 信息的特征

从信息的内容及存在形式看，信息所具有的基本特征可归结为以下四个方面：

（1）客观性。事物都在运动中，都具有一定的运动状态和状态方式的改变，因而一切事物随时在产生信息，即信息的产生源于事物，是事物的普遍属性，是客观存在的，是不以人们的意志为转移的，它可以被感知、处理、存储、传递和利用。

（2）时效性。信息具有较强的时效性。如果信息不能及时反映事物存在的方式和运动状态，信息就会失去效用。客观事物不断变化，信息的时效性也是不断变化的。例如，时效性很强的天气预报、股票信息、交易信息、科学信息等，如不能适时使用，信息就会失去其价值。

（3）传递性。信息的获取必须依赖于信息的传递。事物在运动过程中和形态改变上所展现出的表征，是事物属性的再现，被人们认知后，就构成了信息的实质内容，在依附于一定的载体传递后，才能被接受和运用。信息的传递性有可能使信息在短时间内广泛扩散。

（4）共享性。信息能够共享是信息不同于物质和能量的最主要特征。同一信息在同一时间、同一地域可以被三个以上的用户分享，其分享的信息量不会因分享用户的多少而受影响，原有的信息量也不会因此而受损。对信息的收集、整理、加工、存储主要是为了使信息能够共享。另外，信息的共享性并不排除某些特殊信息的独占性和利用的有偿性，如军事、商业、专利等信息。

3. 信息的分类

信息按存在的状态，可分为瞬时信息和保留信息；按形成的领域，可分为自然信息和社会信息；按表现的形式，可分为文字信息、图像信息、语音信息等。

信息本身不是实体，而是一种对事件和事物的抽象反映，必须借助于一定的载体才能表现、传递和利用。载体是信息得以保存的物质实体。从古代的甲骨、金石、锦帛、竹简，到现代的纸张、感光材料、磁性材料等，信息载体和存储技术已发生数次质的飞跃，为人类存储、检索和利用信息带来了极大的方便。

二、知识的定义、特征和分类

1. 知识的定义

知识是人类在认识、改造世界的社会实践中所获得的对事物本质认识的成果和结晶，即人类通过有目的地利用信息，在对自然界、人类社会运动规律的认识、分析与掌握的基础上，通过人类的大脑进行思维整合，使信息系统化而构成知识。知识是人类在改造客观世界实践中所获得的认识和经验的总和，是信息的一部分，是一种特定的人类信息。因此，知识仅存在于人类社会。知识依存于信息，信息是知识的载体，知识是信息的内核。

2. 知识的特征

知识的特征主要表现在以下六个方面：

（1）意识性。知识是一种观念形态的东西，只有通过人类的大脑才能被认识、产生和利用。

（2）信息性。信息是生产知识的原料，知识是经人类认识、理解并经思维重新整合后的系统化信息，是信息的一部分。

（3）实践性。实践是产生知识的基础，也是检验知识的标准，知识对实践具有重大的指导作用。

（4）规律性。人们在实践中对事物的认识，是一个无限的过程，人们在这种无限过程中所获得的知识从一定层面上揭示了事物及其运动过程的规律性。

（5）继承性。每一次新知识的产生，既是对原有知识的继承、利用、深化与发展，又是知识下一次更新的基础和前提。

（6）渗透性。随着人类认识世界的不断深化，各种门类的知识可以相互渗透，构成知识的网状结构。

3. 知识的分类

根据经济合作与发展组织（OECD）出版的《以知识为基础的经济》报告，人类现有的知识可划分为以下四大类：

（1）Know what（知道是什么）——关于事实方面的知识。

（2）Know why（知道为什么）——关于自然原理和规律方面的知识。

（3）Know how（知道怎么做）——关于技能或能力方面的知识。

（4）Know where（知道归属谁）——关于产权归属的知识。

4. 获取知识的途径

获取知识的途径有以下两方面：

（1）直接来源于产生信息的客观事物。

（2）通过信息载体或媒介。当然，获取的信息能否转化为知识，转化是否充分、完整，则取决于主体的认知能力。

三、情报的定义和特征

1. 情报的定义

如果仅从字面上理解，情报就是关于情况的报告。但人们往往从军事上的意义来理解它。其实，情报一词源自日语汉字，其本身有两种含义：一是指军事情报，相当于英语中的 intelligence；二是与英语中的 information 类似。现在普遍使用的是其后一种含义。因此，我们可以将情报定义为：情报是人们在特定时间为一定目的而传递的具有特殊效应的知识或信息，它是一种普遍存在的社会现象。

2. 情报的特征

情报有以下三方面的特征：

（1）知识性。情报的本质是知识，没有一定的知识内容，任何东西都不能成为情报。

（2）传递性。无论多么重要的知识，人们不知道其存在就不能成为情报。要使知识变成情报，就必须经过传递运动。

（3）效用性。运动的知识也不都是情报，只有那些能满足特定需要的运动的知识才可称为情报。

四、信息、知识、情报的关系

信息与知识的关系：知识是建立在信息基础之上，再经过加工与编码后创造出来的新的信息。信息是知识的重要组成部分，但不是全部，只有提高、深化、系统后的信息才能称为知识；信息能否转化为知识及转化的程度取决于信息接受方的认知能力。

信息与情报的关系：信息可以成为情报，但是一般要经过选择、综合、分析研究等加工过程；在信息或知识的海洋里，变化、流动、最活跃、被激活了的那一部分就是情报。

信息、知识、情报的逻辑关系：信息＞知识＞情报。

第二节 信 息 资 源

一、信息资源的定义、特征和分类

1. 信息资源的定义

信息资源是信息与资源二个概念经整合而衍生出的新概念。如前所述，信息是事物的一种普遍属性。资源是指一切可被人类开发和利用的物质、能量和信息的总称。结合资源概念来考察信息资源，我们可以这样来描述信息资源：信息资源是信息世界中对人类有价值的部分，是附加了人类劳动、可供人类利用的信息。因此，构成信息资源的基本要素是信息、人、符号、载体。信息是组成信息资源的原料，人是信息资源的生产者和利用者，符号是生产信息资源的媒介和手段，载体是存储和利用信息资源的物质形式。信息中的载体信息和主体信息是信息资源的基本组成部分。

2. 信息资源的特征

相对于其他非资源型信息，信息资源有以下特征：

（1）共享性。共享性是信息资源的一种本质特征，是指信息资源的利用不受人为干扰。不同用户可在同一时间或地点，或不同时间或地点共同利用同一种信息资源，而不需要任何限制条件。信息资源共享的双方或多方均不会损失信息内容，相反还会产生新的信息。

（2）知识性。人们在一定知识水平条件下，可以吸收社会信息，引起思维，继而利用它。

（3）社会性。信息的存在、发展，可体现现代社会的本质和发展，信息是人类社会活动必不可少的内容之一。信息资源的社会性不仅仅体现在信息的产生、存在、传播和使用方面，还体现在信息资源的社会价值方面。

（4）寄载性。信息必须借助于一定的符号存储于一定的载体中，才能被表现。没有载体，就没有信息。信息与载体，两者不能割裂开。

（5）增长性。与物质资源等天然资源的使用具有消耗性相比，信息资源的使用不但不使数量减少，而且在利用后还会产生新的信息，使信息的数量不断增长。

（6）动态性。信息资源是一种动态资源。信息资源产生于自然界和人类的社会实践活动，它随着时间的变化而变化。人类社会活动是一个永不停歇的过程，信息也总是处在不断产生、积累的过程中。

（7）关联性。各种信息资源之间都存在各种复杂的关联，这是自然界的物质运动和生物活动过程中发生的各种关联，以及人类社会活动中的各种关联关系的必然反映。

（8）规模性。信息资源作为整体要有一定的量，分散、片面的信息不能较好地反映事物的情况。

3. 信息资源的分类

信息资源可根据多种依据进行分类。

1）按开发程度分类

（1）潜在信息资源。潜在信息资源是指人类在认识和思维创造的过程中，存储在大脑中的信息只能为本人所利用，无法为他人直接利用，是一种有限再生的信息资源。

（2）现实的信息资源。现实的信息资源是指潜在大脑中的信息通过特定的符号和载体表述后，可以在特定的社会条件下广泛地传递并连续往复地为人类所利用，是一种无限再生的信息资源。

2）按表述方式和载体分类

（1）口语信息资源。口语信息资源是人类以口头方式表述但未被记录的信息资源，通常以演讲、授课、讨论等方式交流与利用。该类信息资源的特点是传递迅速，互动性强，但稍纵即逝，久传易出差异。因此，通过这种方式了解到的信息应记录下来，并予以求证。

（2）体语信息资源。体语信息资源是人类在特定的文化背景下，以表情、手势、姿态等方式表述的信息资源，通常以表演、舞蹈等方式表现与交流。该类信息资源的特点是直观性强、生动丰富、印象深刻、富有感染力，但其容量有限。

（3）实物信息资源。实物信息资源是人类通过创造性劳动以实物形式表述的信息资源，通常以样品、模型、雕塑等实物进行展示与交流。该类信息资源的特点是直观性强、感觉实在、信息量大，但需要通过知识、智慧、经验和工具挖掘大量隐含的信息。

（4）文献信息资源。文献信息资源是人类用文字、数据、图像、声频、视频等方式记录在一定载体上的信息资源。该类信息资源的特点是其经过加工、整理，较为系统、准确、可靠，便于保存与利用，但也存在信息相对滞后，部分信息尚待证实的情况。只要这些载体不被损坏或消失，文献信息资源就可以跨越时空无限循环为人类所利用，还可以按人类的需求整理成具有优化结构的文献信息资源体系。

二、文献的分类

随着现代科学技术的不断发展，文献的类型越来越多，除传统的印刷文献之外，相继出现了缩微型、视听型和网络型等文献。

1. 按载体形式分类

（1）印刷型。印刷型文献是以纸张为载体，以印刷为记录手段而产生的具有悠久历史的一种文献形式，是迄今为止仍占主导地位的文献类型，包括铅印、油印、石印、胶印、木板印刷等。印刷型文献用途较广、读取方便、流传不受时空限制，但存储密度低，占用体积大，保存时间短。

（2）缩微型。缩微型文献是以感光材料为载体，以缩微照相为记录手段而产生的一种文献类型，包括缩微平片和缩微胶卷、卡片等。缩微型文献体积小，价格低，存储信息密度高，便于收藏、保存与传递，但必须借助缩微阅读机，使用不方便。

（3）电子数字型。电子数字型文献是通过计算机存储和阅读的文献类型。它以磁性或塑性材料为载体，以穿孔或电磁、光学字符为记录手段，通过编码和程序设计，将文字语言变成计算机可以识别的机器语言，输入计算机，阅读时再由计算机将其内容输出。它主要包括磁盘、光盘、硬盘等。电子数字型文献存储密度高，存取速度快，原记录可修改、删除或更新。

（4）声像型。声像型文献是以磁性材料或感光材料为载体，以磁记录或光学技术为手段，直接记录声音、视频图像而形成的一种文献，如唱片、录音录像带、幻灯片、电影等。声像型文献生动直观，但成本较高，且不易检索和更新。

（5）网络型。通过各种网络手段获取的信息资源，称为网络信息资源。其可分为：①非正式出版信息，如电子邮件、电子会议、电子公告栏；②半正式出版信息，又称为灰色信，其主要是一些受到一定产权保护但没有正式出版信息系统的信息，如学术团体、机构、企业等单位的自身宣传信息或其产品信息等；③正式出版信息，是受到产权保护、信息质量可靠、利用率高的各种网络数据库、电子杂志、电子图书等信息。网络型文献包括网络平台、链接等，检索方便，已普遍使用。

2. 按传递的等级结构分类

（1）零次文献。记录在非正规物理载体上，未经出版发行的或未进入社会交流的最原始的文献称为零次文献，如私人笔记、手稿、考察记录、试验记录、原始统计数字、技术档案等。零次文献内容新颖，有一定的价值，但不成熟，且因其不公开交流，难以获得，一般通过口头交谈、参观展览、参加报告会等途径获取，能弥补一般公开文献从信息的客观形成到公开传播之间费时甚多的弊病。

（2）一次文献。一次文献是以作者本人的生产与科研工作成果为依据而创作的原始文献，如专著、期刊论文、科技报告、会议论文、专利文献、学位论文等。一次文献信息量大，详尽、具体，参考性强。

（3）二次文献。二次文献也称检索性文献，它将大量分散无序的一次文献进行加工、整理、提炼，使之成为系统有序的文献，如文摘、索引、题录等。二次文献的系统性、检索性强，是查找一次文献的工具。

（4）三次文献。三次文献也称为参考性文献，是指利用二次文献的线索，系统地检索出一批相关文献，并对其内容进行综合、分析、研究和评述而编写出来的文献，如述评、动态综述、进展报告、数据手册、年鉴等，其内容十分概括。

文献按传递的等级结构分类如表 1.1 所示。

表 1.1 按传递的等级结构分类

项目	生产者	生产工艺	产品形态
一次文献	科研人员	科研实验	科研论文、报告等
二次文献	文献工作人员	加工整理	文摘、目录等
三次文献	专家学者	浓缩重组	手册、年鉴等

3. 按出版形式分类

（1）图书。图书是单册、正式公开出版的非连续性出版物，是历史悠久的文献类型。图书内容一般成熟可靠，代表了某一时期某一学科的发展水平，但出版周期较长，传递信息的速度较慢。它分为阅读性图书和参考性图书两大类。

（2）期刊。期刊是指定期或不定期出版的，有固定名称、形式、周期的连续出版物。期刊出版周期短，报道速度快，数量大，内容丰富、新颖，能及时反映当代社会和科技的发展水平和动向。它分为学术性期刊和检索性期刊。

（3）会议文献。会议文献是指在各种学术会议上发表、交流或宣读的论文和报告。会议文献学术性较强，论题集中、针对性强、内容新颖，往往反映了当前的学科进展和发展动态，是获取最新信息的重要来源。

（4）科技报告。科技报告是科技人员从事某一专题研究所取得成果和进展的实际记录，是关于某项研究工作成果的正式报告。它包含实验过程、数据、研究成果等内容。科技报告反映新技术、新科学的速度较快，内容比较专业、深入、新颖，数据比较可靠，保密性较强，有相当一部分科技报告不公开发行。

（5）专利文献。专利文献是指根据专利法公开的有关发明的文献，包含已经申请或被确认为发现、发明、实用新型和工业品外观设计的研究、设计、开发和试验成果的有关资料，以及保护发明人、专利所有人及工业品外观设计和实用新型注册证书持有人权利的有关资料的已出版或未出版的文件（或其摘要）。专利文献分为发明专利、实用新型专利和外观设计专利三类。

（6）学位论文。学位论文是指高等院校的博士研究生、硕士研究生和本科生毕业时为了获得各级学位而向学位授予单位提交的学术性研究论文。学位论文（博士论文、硕士论文）内容论述系统详尽，具有一定的独创性，论及的问题比较专深、详尽，有较高的参考价值。

（7）标准文献。标准文献是指在标准基础上形成的文献，包括标准名称、内容、使用范围、颁布时间、颁布机构，是一种经权威机构批准的规章性文献，具有一定的法律约束力。标准文献内容详尽、成熟可靠，约束力强。

（8）政府出版物。政府出版物是指各国政府及所属机构颁布的文件，如政府公报、会议文件和记录、法令汇编等。其所包括的内容范围广泛，几乎涉及整个知识领域，但重点在政治、经济、法律和军事等方面。政府出版物具有正式性和权威性的特点。

（9）产品样本。产品样本是指对定型产品的性能、构造、原理、用途、使用方法和产品规格等所做的具体说明，往往配有外观照片、结构图，直观性强，技术成熟。

（10）技术档案。技术档案是指生产建设、科技部门和企事业单位针对具体的工程或项目形成的技术文件、设计图样、图表、照片和原始记录的原本及复印件，包括任务书、协议书、技术经济指标和审批文件、研究计划、研究方案、试验记录等，是生产领域、科学实践中用以积累经验、吸取教训和提高质量的重要文献。科技档案具有保密性，常常限定使用范围。

（11）报纸。报纸是指具有固定名称，以刊载各类最新消息为主，出版周期较短的定期连续出版物。其特点是内容新颖，报道速度快。

除上述文献类型之外，还有新闻稿、统计资料等文献。一般将图书、期刊作为普通文献，其他均列入特种文献。

第三节　信息检索概述

一、信息检索的含义、作用和分类

（一）信息检索的含义

信息检索（information retrieval）又称为情报检索，起源于图书馆的参考咨询工作，20世纪50年代才固定成专用术语。

信息资源检索是从任何信息集合中识别和获取所需信息的过程及其所采取的一系列方法和策略。从原理上看，它包括存储与检索两个方面，存储是检索的基础，检索是存储的反过程。而人们通常所说的信息检索是指狭义概念的信息检索，即从信息集合中找出所需信息的过程，也就是利用信息检索工具或数据库查找所需信息的过程。

因此，信息检索的实质是将特定用户所需信息的提问特征与信息存储的检索标识进行比较，从中找出与提问特征一致或基本一致的信息。

（二）信息检索的作用

信息检索的作用主要体现在以下三个方面：

（1）能较全面地掌握有关的信息。信息检索可以有目的、较系统地获得某一主题的必要信息。利用信息检索，可以充分了解国内外对拟研究的问题已经开展过的工作、取得的成就和发展动向。这样才能做到心中有数，防止重复研究，将有限的时间和精力用于创造性的研究工作中。

（2）能提高信息利用效率，节省时间与费用。一般公信度较高、较准确的信息才会被收集、组织或存储在检索工具或数据库中，有目的地查检检索工具所获得的必要信息比直接泛阅信息要快数十倍。

（3）能提高信息素质，加速成才。信息素质（information literacy）是指具有获取信息的强烈意识，掌握信息检索的技术和方法，拥有信息鉴别和利用的能力。目前，人类已经进入信息社会，人们需要终生学习，不断更新知识，才能适应社会发展的需求。美国工程教育协会曾估计，学校教育只能赋予人们所需知识的 20%～25%，而75%～80%的知识是走出学校后，在工作实践中不断再学习而获得的。因此，掌握信息检索的方法与技能，是不断获取新知识、做到无师自通的主要途径。

（三）信息检索的分类

1. 按存储和检索的内容分类

1）数据信息检索

数据信息检索（data information retrieval）是将经过选择、整理、鉴定的数值数据存入数据库中，根据需要查出可回答某一问题的数据检索。这些数据包括物理性能常数、统计数据国民生产总值、外汇收支等。这类检索不仅可以查出数据，还可以提供一定的推导、运算的能力。数据信息检索是一种确定性检索。

2）事实信息检索

事实信息检索（fact information retrieval）是将存储于数据库中的关于某一事件发生的时间、地点、经过等情况查找出来的检索。它既包含数值数据库的检索、运算、推导，又包括事实、概念等的检索、比较、逻辑判断。事实信息检索是一种确定性检索。事实信息检索过程中所得到的事实、概念、思想、知识等非数值性信息和一些数值性信息需经过分析、推理，才能得到最终的答案，因此要求检索系统必须有一定的逻辑推理能力和自然语言理解功能。目前，较为复杂的事实信息检索课题仍需人工才能完成。

数据信息检索和事实信息检索主要利用各种参考书来完成。

3）文献信息检索

文献信息检索（document information retrieval）通常是指以二次信息为工具（目录、索引、文摘）的检索系统存储的信息，它们是文献信息的外部特征与内容特征的描述集合体。文献信息检索是利用检索工具查出相关文献的过程。检索系统不直接解答用户提出的问题，而是提供与之相关的文献名称及出处，供用户筛选使用。检索结果是某本书、某篇文章、某个广告、某项专利或标准等一次文献。一些观点也可称为"书目检索"。

2. 按组织方式分类

1）全文检索

全文检索（full text retrieval）是将存储在数据库中的整本书、整篇文章中的任意内容信息查找出来的检索。全文检索可以根据需要获得全文中有关章、节、断、句、词等的信息，也可进行各种频率统计和内容分析。全文检索也是一种相关性检索，它是在书目信息检索基础上进行的更深层次的内容检索。随着计算机容量与运算速度的增大和提高，全文检索正迅速由最初的法律、文学领域扩大到更多的学科和专业。

2）超文本检索

超文本检索（hyper text retrieval）是对每个节点中所存的信息及信息链构成的网络中信息的检索。从组织结构上看，超文本的基本组成元素是节点和节点之间的逻辑连接链（link），每个节点中所存储的信息及信息链被联系在一起，构成相互交叉的信息网络。超文本检索强调中心节点之间的语义联结结构，靠系统提供的工具进行图示穿行和节点展示，提供浏览式查询功能，可进行跨库检索。

3）超媒体检索

超媒体检索（hyper media retrieval）是对存储的文本、图像、声音等多种媒体信息的检索。它是多维存储结构，是有向的链接，与超文本检索一样，可提供浏览式查询和跨库检索。

3. 按检索手段分类

1）手工检索

手工检索（hand retrieval）是指人们直接用手、眼、脑组织查找印刷型文献的检索。手工检索具有直观、灵活、无需各种设备和上机费用的优点，是一种传统的信息检索。

2）机器检索

机器检索（machine retrieval）又称为计算机检索。它是一种现代的信息检索，是通过机器对已数字化的信息，按照设计好的程序进行查找和输出的过程。机器检索按处理方式分为脱机检索和联机检索；按存储方式分为有光盘检索和网络检索。机器检索可大大提高检索效率，拓宽检索领域。

4. 按是否使用检索工具分类

1）直接检索

直接检索利用一次文献进行检索。直接检索花费的时间多、精力大，但检出文献少，现在已不常用。

2）间接检索

间接检索指利用各种检索工具获得文献线索，再根据线索去查找原始文献线索的方法。

二、信息检索原理

信息检索的基本原理是将检索提问标识与存储在检索工具中的标引标识进行比较，当检索标识与信息的标引标识相一致或部分一致时，具有该标识的信息就从检索工具输出，输出的信息就是检索命中的信息。信息检索包括存储与检索两个部分。存储是对有关信息进行选择，并对信息特征进行著录、标引和组织，建立信息数据库；

检索则根据提问制定策略和表达式，利用信息数据库。从某个意义上说，信息存储是信息检索的逆过程，两者是不可分割的一个整体。无论手工检索还是计算机检索，其原理都是一样的，即对情报集合与需求集合的匹配与选择（图1.1）。

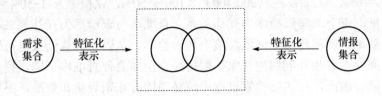

图 1.1　信息检索基本原理示意

（一）信息检索效率

信息检索效率是研究信息检索原理的核心，是评价一个检索系统性能优劣的质量标准，始终贯穿于信息存储和检索的全过程。衡量检索效率的指标有查全率、查准率、漏检率、误检率、响应时间等。目前，人们通常主要利用查全率和查准率这两个指标来衡量。

1. 查全率

利用检索系统进行某一课题检索时，检索出的相关信息量（w）与该系统信息库中存储的相关信息量（x）的比率再乘以 100%，称为查全率（R）·查全率是对所需信息被检出程度的量度，用公式可表示为

$$R = w/x \times 100\%\tag{1.1}$$

式中：R——查全率；

w——检索出的相关信息量；

x——信息库中存储的相关信息量。

2. 查准率

利用检索系统进行某一课题检索时，检索出的相关信息量（w）与检出信息总量（m）的比率再乘以 100%，称为查准率（P）·查准率是衡量检索系统拒绝非相关信息的能力，用公式可表示为

$$P = w/m \times 100\%\tag{1.2}$$

式中：P——查准率；

w——检索出的相关信息量；

m——检出信息总量。

从检索要求来说，希望查全率和查准率可同时达到 100%，即系统中存储的所有相关信息都被检索出（$x=w=m$），这是最为理想的效果。但事实上很难达到全部检出和全部检准的要求，而只能达到某个百分比，即总会出现一些漏检和误检。其漏检率（M）和误检率（N）也可用公式表示为

$$M = 1 - w/x\tag{1.3}$$

$$N=1-w/m \qquad (1.4)$$

如果一个检索系统中与某一课题有关的信息共有 250 条，实际检出 400 条，其中相关信息为 200 条，此次检索效率可计算为查全率 $R=（200/250）\times100\%=80\%$，漏检率 $M=1-80\%=20\%$，查准率 $P=（200/400）\times100\%=50\%$，误检率 $N=1-50\%=50\%$。

由此可见，查全率与漏检率为互补关系，查准率与误检率为互补关系，要想取得较高的检索效率，就需尽可能降低漏检率和误检率。从以上计算结果也可知，查全率和查准率之间存在着相互制约的现象，即提高查全率会使查准率下降，提高查准率会使查全率下降。因此，在实际检索过程中，必须同时兼顾查全和查准，不可片面追求某一方面。为了提高检索效率，防止"漏检"和"误检"，在检索时应选择一个好的检索工具，使用准确的、广泛的、专制性强的检索语言，并且善于利用各种辅助工具，这是提高检索效率的关键。

（二）信息检索系统

信息检索系统是拥有一定的存储、检索技术装备，存储有经过加工的各类信息，并能为信息用户检索所需信息的服务工作系统。检索系统由下列要素构成：①信息数据库；②存储、检索信息的装备；③存储、检索信息的方法；④系统工作人员；⑤信息用户。因而，信息检索系统具有吸收信息、加工信息、存储信息和检索信息等功能。信息检索系统按使用的技术手段可分为手工检索系统、机械检索系统和计算机检索系统。目前，常用的是手工检索系统和计算机检索系统。

1. 手工检索系统

手工检索系统又称为传统检索系统，是用人工查找信息的检索系统。其主要类型有各种书本式的目录、题录、文摘和各种参考工具书等。检索人员可与之直接"对话"，具有方便、灵活、判断准确，可随时根据需求修改检索策略，查准率高的特点。但由于全凭手工操作，因此检索速度受到限制，也不便于实现多元概念的检索。

2. 计算机检索系统

计算机检索系统又称为现代化检索系统，是由计算机技术、电子技术、远程通信技术、光盘技术、网络技术等构成的存储和检索信息的检索系统。存储时，将大量的各种信息以一定的格式输入系统中，加工处理成可供检索的数据库。检索时，将符合检索需求的提问式输入计算机，在选定的数据库中进行匹配运算，然后将符合提问式的检索结果按要求的格式输出。计算机检索系统主要特点：①检索速度快，能大大提高检索效率，节省人力和时间；②采用灵活的逻辑运算和后组式组配方式，便于进行多元概念检索；③能提供远程检索。

计算机检索系统按使用的设备和采用的通信手段，可分为联机检索系统、光盘检索系统和网络检索系统。

联机检索系统主要由系统中心计算机和数据库、通信设备、检索终端等组成，能进行实时检索，具有灵活、不受地理限制等优点，但检索费用较高。

光盘检索系统主要由光盘数据库、光盘驱动器、计算机等组成，具有易学易用、检索费用低的优点，根据使用的通信设备，又可分为单机光盘检索系统和光盘网络检索系统。

网络检索系统是将若干计算机检索系统用通信线路联结以实现资源共享的有机体，是现代通信技术、网络技术和计算机技术结合并高度发展的产物，它使各大型计算机信息系统变成网络中的一个节点，每个节点又可连接很多终端设备，依靠通信线路把每个节点连接起来，形成纵横交错、相互利用的信息检索网络。

（三）信息检索语言

1. 检索语言的定义

检索语言又称为标引语言、索引语言、概念标识系统等，是信息检索系统存储和检索信息时共同使用的一种约定性语言，以达到信息存储和检索的一致性，提高检索效率。因此，信息检索语言与其他语言相比，其突出的特点是：①具有必要的语义和语法规则，能准确地表达科学技术领域中的任何标引和提问的中心内容和主题；②具有表达概念的唯一性，即同一概念不允许有多种表达方式，不能模棱两可；③具有检索标识和提问特征进行比较和识别的方便性；④既适用于手工检索系统，又适用于计算机检索系统。

2. 检索语言的功能

检索语言的主要功能是沟通信息存储、检索的全过程，是信息标引存储人员与信息检索人员和用户之间进行交流的媒介，以保证信息检索过程的顺利实施，实际就是保证不同标引人员表达信息的一致性、检索提问与信息标引的一致性、检索结果和检索要求的一致性。

3. 检索语言的分类

检索语言的分类如图 1.2 所示。检索语言按描述信息内容特征分类，可分为分类语言和主题语言。分类语言包括体系分类语言、组配分类语言和混合分类语言；主题语言包括标题词语言、单元词语言、叙词语言和关键词语言。在信息的标引存储和检索应用过程中，目前应用较广的是体系分类语言、叙词语言和关键词语言。

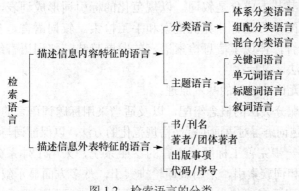

图 1.2　检索语言的分类

1）体系分类语言

体系分类语言按照一定的观点，以学科分类为基础，利用逻辑分类的原理，结合信息的内容特征，运用概念划分的方法，按知识门类从总到分，从上到下，层层划分，逐级展开组成分类表，并以分类表来标引、存储和检索信息。体系分类语言的特点是能较好地体现学科的系统性，反映事物的平行、隶属和派生关系，符合人们认识事物的习惯，有利于从学科或专业的角度进行族性检索，能达到较高的查全率；采用国际上广泛使用的拉丁字母和阿拉伯数字作为概念标识的分类号，比较简明，便于组织目录系统。

国内比较典型的体系分类语言有中国图书馆图书分类法（简称中图法）、中国图书资料分类法、中国科学院图书馆图书分类法（简称科图法）、中国人民大学图书分类法。国外常用的体系分类语言有杜威十进制分类法（dewey decimal classification and related index, DDC）、国际十进制分类法（universal decimal classification, UDC）、国际专利分类表（international patent classification, IPC）。

中国图书馆图书分类法是我国图书馆与情报单位普遍使用的一部综合性分类法。它由 22 个大类组成，归属于五大部类：A——马克思主义、列宁主义、毛泽东思想、邓小平理论；B——哲学；C——社会科学；N——自然科学；Z——综合性图书。每一大类下又分成若干小类，如此层层划分，形如一个知识地图。

国际专利分类表（IPC）是一部国际通用的用来分类各国专利技术的分类表。它由八个部和一个使用指南组成，每一部代表一个大部类，如 H——电学、C——化工、G——电工等。IPC 是人们标引专利技术文献和检索专利文献的重要工具。

但是，由体系分类语言编制的体系分类表，由于受自身结构特点的限制，存在着某些明显的不足之处，主要表现如下：

（1）体系分类表具有相对稳定性，难以随时增设新兴学科的类目，不能及时反映新学科、新技术、新理论方面的信息，对检索结果的查全率和查准率有一定的影响。

（2）体系分类表属直线性序列和层垒制结构，难以反映因科学技术交叉渗透而产生的多维性知识空间，对检索结果的查准率带来一定的影响。

2）叙词语言

叙词语言是以主题内容的概念单元为基础，经过规范化处理，可以进行逻辑组配的一种主语语言，其基本成分是叙词。以规范化的标引词形成词表，各词独立，标引时根据需要进行组配，可适合计算机检索和手工检索。叙词语言是多种信息检索语言的原理和方法的综合，体现了信息检索语言的发展趋势。叙词语言综合了多种信息检索语言的原理和方法，包括：

（1）保留了单元词法组配的基本原理。

（2）采用了组配分类法的概念组配，以及适当采用标题词语言的预先组配方法。

（3）采用了标题词语言对语词进行严格规范化的方法，以保证词与概念的一一对应。

（4）采用并进一步完善了标题词语言的参照系统，采用了体系分类法的基本原理编制叙词范畴索引和词族索引，采用叙词轮排索引，从多方面显示叙词的相关关系。

概念组配是叙词语言的基本原理。概念组配与字面组配在形式上有时相同，有时不同；而从性质上来看两者区别是很大的。字面组配是词的分拆与组合（拆词）；概念组配是概念的分析与综合（拆义）。

常用的叙词表有"INSPC 叙词表""ASM 冶金叙词表"。我国编制的"汉语主题词表"也是典型的运用叙词语言的例子。

"汉语主题词表"由社会科学和自然科学两部分组成，是一部综合性词表。新版"汉语主题词表（自然科学）"（增订本，1991 年版）的基本词汇已纳入国家叙词库并可用于全国情报系统联机检索网络，它由字顺表、词族索引、范畴索引、英汉对照索引等组成。

3）关键词语言

关键词语言全称为关键词型主题检索语言，是由直接文献信息的标题、摘要或内容本身抽取出来的，未经规范化处理、用于揭示信息主题内容的自由词。这些词中除禁用词，如冠词、介词、副词等外，大部分的有检索意义的信息单元可以用做关键词，标引文献时根据文献内容选择适当的词汇进行组配，以表达文献的内容特征，是一种无词表的自然语言，适合计算机进行抽词标引和编制各种类型的关键词索引。

三、信息检索方法

信息检索方法是为实现检索计划或方案所提出的检索目的而采取的具体操作方法或手段的总称。

信息检索的方法有多种，分别适用于不同的检索目的和检索要求。归纳起来，常用的信息检索方法有常规检索法、回溯检索法、循环检索法。

（一）常规检索法

常规检索法又称为常用检索法、工具检索法。它是指以主题、分类、作者等为检索点，利用检索工具获得信息资源的方法。根据检索方式，常规检索法又分为直接检索法和间接检索法；根据检索需求，常规检索法又分为顺查法、倒查法和抽查法。

1. 直接检索法

直接检索法是指直接利用检索工具进行信息检索的方法，如利用字典、词典、手册、年鉴、图录、百科全书等进行检索。其优点是能立即明确判断所包含的知识信息是否具有针对性和实用价值；缺点是存在较大的盲目性和偶然性，查全率较低。这种方法多用于查找一些内容概念较稳定、较成熟、有定论可依的指示性问题的答案，即可解决事实性的检索和数据性的检索。

2. 间接检索法

间接检索法是指借助于各类检索系统，从数量庞大的信息集合中，迅速、准确地查找与特定课题有关知识信息的常用检索方法。其优点是所获得知识信息的全面性和准确性都较高。

3. 顺查法

顺查法是指根据检索课题的起始年代，利用选定的检索工具，按照从旧到新、由远及近、由过去到现在顺时序逐年查找，直至满足课题要求为止的查检方法。这种方法的查全率比较高，但费力、费时，工作量大，多在缺少评述文献时采取此法，因此可用于事实性检索。

4. 倒查法

倒查法与顺查法相反。它是从近期向早期回溯，由近及远，逐年查找。这种方法多用于新课题、新观点、新理论、新技术的检索，检索的重点在近期信息上，只需查找到基本满足需要时为止。此法查出的信息新颖，节约时间，但查全率不高。

5. 抽查法

抽查法是指利用检索工具进行重点抽查检索的方法。针对某学科的发展重点和发展阶段，拟定出一定时间范围，进行逐年检索。此法检索时间较短，获得文献较多，检索效率较高，但漏检的可能性大，检索人员必须熟悉学科的发展特点。

（二）回溯检索法

回溯检索法又称为追溯法、引文法、引证法，是一种跟踪查找的方法，即以著者在最新发表的文献后面所附的参考文献为线索，逐一追溯查找相关文献的方法。在没有检索工具或检索工具不齐全的情况下，利用此法能够获取一些所需要的文献资料，查找方法简单；但往往查全率不高，回溯年代越远，所获取的文献越陈旧。

这类检索工具著名的有美国的《科学引文索引》《社会科学引文索引》《艺术和人文科学索引》，我国的有《中国科学引文索引》《中国社会科学引文索引》等。

（三）循环检索法

循环检索法又称为交替法、综合法、分段法。检索时，先利用检索工具从分类、主题、责任者、题名等入手，查出一批文献，然后选择出与检索课题针对性较强的文献，再按文献后所附的参考文献回溯查找，不断扩大检索线索，分期、分段地交替进行，循环下去，直到满意为止。

在实际检索中，应根据检索条件、检索要求和检索背景等因素综合确定合适的检索方法。

四、信息检索途径

检索文献信息的途径很多，概括起来主要有以下六种：

（一）书名、刊名及篇名途径

书名、刊名及篇名途径是根据书刊名称或文章的篇名所编成的索引和目录来检索文献信息的一种途径。文献名称一般是指书名、刊名、篇名等。例如，"图书书名目录""期刊刊名目录""篇名索引""会议资料索引"等常用的检索工具。这类检索工具多用于检索馆藏图书和期刊。

（二）著作者途径

著作者途径是根据已知文献的作者姓名来查找文献的途径。一般有个人著作者、团体著作者等，大多数检索工具编有"著作者索引""著者目录"。这类目录索引均按著者姓名的字顺排列和检索。由于从事科研的人员都有专长，发表的文献一般有连贯性和系统性，所以通过著者索引可以检索到某著者对某一专题研究的主要文献信息。其缺点是所查得的文献信息不系统、不完整。

（三）序号途径

序号途径是以文献信息出版时所编的文献号码为特征，按照大写缩写字母加号码大小顺序编排而成的检索工具，如入藏号、合同号、专利号等索引。这类索引虽然编制简易，查找途径方便，但使用时必须先借助其他途径了解有关文献信息的号码，其范围受到了限制，不能作为主要的检索途径。

（四）分类途径

分类途径是根据文献信息主题内容所属的学科类别来检索文献的途径。其文献的分类号是由分类表来确定的，常用分类索引、分类号或类别来进行文献检索。这类索引按学科体系编排文献信息，可以把同一学科的文献信息集中在一起检索出来。其缺点是由于分类途径法使用的是先组式语言，类目设置是直线性排列的，而一些新兴学科、边缘学科的文献难以给出确切的类号，易造成误检、漏检，难以满足多维信息检索要求。因此通过分类途径查找文献，一定要掌握学科的分类体系及有关规则。

（五）主题途径

主题途径是根据文献主题内容编制主题索引，再通过主题索引来查找文献的途径。主题途径有主题词、关键词、叙词等检索途径。这个途径利用从文献信息中抽出来能代表文献信息内容实质的主题词、关键词、叙词、标题词、单元词，并按其字顺排列的索引来检索。这一检索途径的优点是用文字作为检索标识，表达概念灵活、准确，能把同一主题内容的文献集中在一起，同时将其检索出来。

（六）分子式途径

分子式途径是一种以化学物质的分子式作为检索的标识来检索文献的途径，使用的检索工具是"分子式索引"，从"分子式索引"中查出化学物质的准确名称，然后转查"化学物质索引"。该途径主要在美国《化学文摘》中使用。

五、信息检索技术

信息检索技术是指利用现代信息检索系统（如联机数据库、光盘数据库和网络数据库）检索有关信息而采用的相关技术，主要有布尔检索、词位检索、截词检索和限制检索。

（一）布尔检索

布尔检索是指利用布尔逻辑运算符进行检索词的逻辑组配，使一些具有简单概念的检索单元通过组配成为一个具有复杂概念的检索式，即逻辑提问式，用以表达用户的信息检索要求，是常用的一种检索技术。

1. 布尔逻辑运算符的形式及其含义

1）逻辑与

逻辑与是一种具有概念交叉或概念限定关系的组配，用"*"或"and"运算符表示。两个检索词以"*"或"and"相连，表示被检中的文献必须同时含有这两个词。检索时，命中信息同时含有两个概念，专指性强。检索词A和B用"逻辑与"组配时，提问式可以表示为

A and B　或者　A * B

例如，检索"大气污染控制"方面的有关信息，它包含了"大气污染"和"控制"两个主要的独立概念。"大气污染—Air pollution""控制—control"可用"逻辑与"组配，即"Air pollution and control"，表示两个概念应同时包含在一条记录中。逻辑与组配的结果如图 1.3（a）所示。A 圆代表只包含"Air pollution"的命中记录条数（619），B 圆代表只包含"control"的命中记录条数（23 290），A、B 两圆相交部分为"Air pollution""control"同时包含在一条记录中的命中条数（54）。由图 1.3（a）可知，使用"逻辑与"组配技术，缩小了检索范围，增强了检索的专指性，可提高检索信息的查准率。

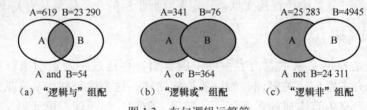

（a）"逻辑与"组配　　（b）"逻辑或"组配　　（c）"逻辑非"组配

图 1.3　布尔逻辑运算符

2）逻辑或

逻辑或是一种具有概念并列关系的组配，用"+"或"or"运算符表示。两个检索词以"+"或"or"相连，表示被检中的文献含有二词之一或同时包含两词，即检索时，命中信息包含所有关于逻辑 A 或逻辑 B 或同时有 A 和 B，检索范围比 and 大。检索词A和B用"逻辑或"组配时，提问式可以表示为

A or B　或者　A+B

例如，检索"聚氯乙烯"方面的信息，"聚氯乙烯"这个概念的英文名可用"PVC"和"Polyvinyl chloride"两个同义词来表达，采用"逻辑或"组配，即" PVC or Polyvinyl（W）chloride"，表示这两个并列的同义概念分别在一条记录中出现或同时在一条记录中出现。"逻辑或"组配的结果如图 1.3（b）所示。A、B 两圆及其两圆相交部分均为检索命中数（364）。由图 1.3（b）可知，使用"逻辑或"检索技术，可使

检索命中结果的范围扩大，能提高检索信息的查全率。

3）逻辑非

逻辑非是一种具有概念排除关系的组配，用"－"或"not"运算符表示。命中信息只包括逻辑 A，不包括逻辑 B 或同时有 A 和 B，排除了不需要的检索词。

例如，检索"不包括核能的能源"方面的信息，"能源""核能"采用"逻辑非"组配，即"能源 not 核能"，表示从"能源"检索出的记录中排除含有"核能"的记录。"逻辑非"组配结果如图 1.3（c）所示。A 圆代表"能源"的命中数（25 283），B 圆代表"核能"的命中数（4945），A、B 两圆之差为命中记录数。由图 1.3（c）可知，使用"逻辑非"可排除不需要的概念，能提高检索信息的查准率，但也易将相关的信息剔除，影响检索信息的查全率。因此，使用"逻辑非"检索技术时要慎重。在实际检索中，往往在一个检索中间结果中使用逻辑非运算，用来排除指定的其中某类信息，以达到提高查准率的目的。

2. 布尔逻辑运算符的运算次序

用布尔逻辑运算符组配检索词构成的检索提问式，逻辑运算符 and、or、not 的运算次序在不同的检索系统中是不同的。在有括号的情况下，括号内的逻辑运算先执行。在无括号的情况下，有下列几种处理顺序：

（1）not 最先执行，and 其次执行，or 最后执行。

（2）and 最先执行，not 其次执行，or 最后执行。

（3）or 最先执行，and 其次执行，not 最后执行。

（4）按自然顺序，and、or、not 谁在先就先执行谁。

学习检索技术，需了解检索系统的规定，避免逻辑运算次序处理不当而造成错误的检索结果。因为，对同一个布尔逻辑提问式，不同的运算次序会有不同的检索结果。

（二）词位检索

词位检索是以数据库原始记录中的检索词之间的特定位置关系为对象的运算，又称为全文检索。词位检索是一种可以不依赖叙词表而直接使用自由词进行检索的一种技术。这种检索技术增强了选词的灵活性，采用具有限定检索词之间位置关系功能的位置逻辑运算符进行组配运算，可弥补布尔检索检索技术的不足，即只是定性规定参加运算的检索词在检索中的出现规律满足检索逻辑即为命中结果，不考虑检索词词间关系是否符合需求，易造成误检。在不同的检索系统中，位置逻辑运算符的种类和表达形式不完全相同，使用词位检索技术时，应注意所利用系统的使用规则。这里以著名的 Dialog 系统常用的位置逻辑符为例，说明其检索技术。

1. 邻位检索

邻位检索技术中，常用的位置逻辑运算符有（W）与（nW）、（N）与（nN）。

1）（W）与（nW）运算符

两词之间使用"W"（with），表示其相邻关系，即词与词之间不允许有其他词或字母插入，但允许有一空格或标点符号，且词序不能颠倒，即使用（W）运算符连接的检索词，已构成一个固定的词组，显然（W）运算符具有较强的严密性。例如，?S well（W）logging 表示检索结果为 well logging 和 well-logging 形式的才为命中。（nW）是由（W）衍生而来。在两词之间使用"nW"（n-words），表示两词之间可插入 n（n=1，2，3，…）个词，但词序不能颠倒，它与（W）的唯一区别是，允许在两词之间插入 n 个词，因而，严密性略逊于（W）。例如，laser（1W）printer 表示检索结果中具有"laser printer""laser colour printer"和"laser and printer"形式的均为命中记录。

2）（N）与（nN）运算符

两词之间使用 "N"（near）也表示其相邻关系，两词之间不能插入任何词，但两词的词序可以颠倒。例如，"wastewater（N）treatment"表示检索结果中具有"wastewater treatment"和"treatment wastewater"形式的均为命中记录。"n-N"（n-near）除具备（N）运算符的功能外，还允许在两词之间插入 n 个词，且检索词的词序可颠倒。

2. 子字段和同字段检索

使用邻位检索显然能使检索结果更为准确，但由于人们使用语言词汇的角度有差异，同一概念的表达可能会出现不同的形式，为提高查全率，可采用子字段检索技术。子字段包括文摘字段中的一个句子或标题字段的副标题等。

子字段检索使用的位置逻辑运算符是"S"（subfield）。在两词之间使用"S"，表示两词必须同时出现在记录的同一子字段中，不限制它们在此子段中的相对次序，中间插入词的数量也不限。例如，"high（W）strength（S）steel"表示只要在同一个句子中检索出含有"high strength 和 steel"形式的均为命中记录。对子字段的检索结果进一步扩大，可采用同字段检索技术。

同字段检索中使用的位置逻辑运算符是"F"（feild）。在两词之间使用"F"，表示两词必须同时出现在同一字段中，如出现在篇名字段、文摘字段、叙词字段、自由词字段等，但词序可以变化，且加在两个检索词中间的词数不限。例如，"Air（W）pollution（F）control"，表示只要在同一字段中检索出含有"Air pollution"和"control"形式的均为命中记录。

以上位置逻辑运算符在检索提问式中可连用，使用顺序为（W）→（S）→（F），查准率由高到低的顺序为 W→S→F。

（三）截词检索

截词检索是预防漏检，提高查全率的一种常用检索技术，主要利用检索词的词干或不完整的词型进行检索，其方法是在词干后可能变化的字符位处加上截词符号。大多数系统提供截词检索的功能。截词是指在检索词的合适位置进行截断，然后使用截词符进行处理，既可节省输入的字符，简化检索步骤，又可达到较高的查全率，节约上机时间，降低检索费用。尤其在西文检索系统中，使用截词符处理自由词，对提高查全率的效果非常显著。在截词检索技术中，较常用的是后截词和中截词。按所截断的字符数分，又分为无限截词和有限截词两种。截词运算符在不同的系统中有不同的表达形式，这里仍以 Dialog 系统使用的符号为例，说明其截词技术如下。

20

1. 后截词

后截词，也称为前方一致，从检索性质上讲，是满足前方一致的检索。它是将截词运算符放在一串字符的后面，用以表示以相同字符串开头，而结尾不同的所有词。后截词又分为有限后截词和无限后截词两种。

（1）有限后截词。有限后截词主要用于词的单、复数，动词的词尾变化等，即在检索词的词干后加一个或一个以上（最多不超过四个）"？"，然后空一格再加一个"？"。前面的 1～4 个"？"表示限定所截字符的位数，最后一个"？"表示截词停止的符号。例如，book 用 book??处理，表示截一个词，可检索出含有 book 和 books 的记录；acid??表示截两个词，可检索出含有 acid、acidic 和 acids 的记录。由此可知，"？"为截词符，截几个词就在词根后加几个"？"。

（2）无限后截词。无限后截词主要用于同根词。例如，solubilit 用 solub？处理，可检索出含有 solubilize、solubilization、soluble 等同根词的记录。由此可知，在词根后加一个"？"，表示无限截词符号。

2. 中截词

中截词也称为屏蔽词，是指在一个字符串中插入一个或多个屏蔽符号"？"，在问号的相应位置上可置换数目相当的字符。一般来说，中截词仅允许有限截词，主要用于英、美拼写不同的词和单复数拼写不同的词。例如，organi？ation 可检索出含有 organisation 和 organization 的记录。由此可知，中截词使用的符号为"？"，即用"？"代替不同拼写的字符。采用屏蔽检索可避免漏检，提高查全率。

从以上各例可知，使用截词检索具有隐含的布尔"逻辑或（or）"运算的功能，可简化检索过程。

（四）限制检索

使用截词检索，简化了布尔检索中的"逻辑或"功能，并没有改善布尔检索的性质。使用位置检索，只能限制检索词之间的相对位置，不能完全确定检索词在数据库记录中出现的字段位置。尤其在使用关键词进行全文检索时，需要用字段限制查找的范围，以提高信息的查准率。限制检索是指限定检索词在数据库记录中的一个或几个字段范围内查找的一种检索技术。在现代检索系统中，常用的字段代码有标题（TI）、文摘（AB）、叙词或受控词（DE 或 CT）、标识词或关键词（ID 或 KW）、作者（AU）、语种（LA）、刊名（JN）、文献类型（DT）、年代（PY）等。这些字段代码在不同的系统中有不同的表达形式和使用规则，在进行字段限制检索时，应参阅系统及有关数据库的使用说明，避免产生检索误差。

六、信息检索步骤

信息检索步骤就是根据既定课题要求，利用检索工具查找有关资料的具体过程。它是检索策略的具体化，包括明确需求、分析主题、选择检索工具或数据库，确定检索词、构造检索表达式、提交检索表达式、实现与优化检索结果等。

（一）进行检索课题分析

分析检索课题是一项十分重要的工作。分析检索课题所属学科范围、课题目的、主要研究对象，明确检索对象，主要内容如下：

（1）明确信息检索课题所涉及的学科范围。

（2）明确所需信息的类型，包括文献类型、时间范围、语种、著作者、机构等。

（3）明确信息检索课题对查新、查准和查全的指标要求。

（二）选择信息检索工具

由于现代科技文献类型不同，其检索工具也往往不同，对于哪些属于新版检索工具，哪些是作为重点查寻的检索工具要有一个清楚的认识。同时也要特别注意检索工具所报道文献的学科专业范围、收录报道文献类型、收录文献的语种及检索工具和检索途径。认真选择专业性强、文献量大、检索途径多的检索工具是检索过程中十分重要的工作，如手工工具或检索系统。

（三）确定信息检索途径

在利用检索工具进行信息检索时，一定要确定好检索途径。一般来说，在不了解文献外部特征的条件下，通常可以从以下两种途径查找：

（1）题名途径：查找课题的主题词、检索工具采用的主题词。

（2）分类途径：查找课题文献需求、科学体系、工具书本身分类体系。

了解这些以后，审核检索理论和检索策略是否正确，才能在检索中获得最佳的检索效果。

（四）确定信息检索方法

信息检索方法的选定由检索课题的要求和检索工具的占有情况而定。如果检索课题有较高检全率的要求，并且检索课题的主题多、学科范围广、研究历史较长，可以采用顺查法；如果检索课题较新、研究历史短，并需要最新发表的文献时，可采用倒查法；如果熟悉某学科的发展演变历史，可采用抽查法；当要系统地、迅速准确地检索有关文献时，可采用循环法等。

（五）掌握获取原文的线索

一般在选定了检索工具，确定了检索途径和检索方法后，即可依据用户检索课题要求进行检索，先查某种索引，再查出文献信息材料的有关特征，如篇名、著者、信息出处等，以便查找原文。在检索时应特别注意，认真逐条浏览摘要，这是确定文献取舍的关键，在时间允许的情况下尽量详细阅读，以免漏掉重要的原文线索。

（六）索取原始文献

根据所检索到的各种文献线索，就可以查阅各种馆藏目录或联合目录，即可获得原始文献。在检索时应先查找本馆，后查找其他馆。按"由近及远、省时省力"的原则，可在图书馆查找，也可上网浏览。

七、信息检索技术应用实例

检索课题：聚苯硫醚树脂制备及其复合材料研究。

1. 信息需求分析

1）明确检索目的与要求

（1）检索目的：新材料筛选。

（2）检索要求：国内外聚苯硫醚树脂的制备方法与工艺，聚苯硫醚树脂复合材料的制备技术。

2）进行主题分析，确定主题范围

根据检索目的与要求，该课题涉及的主题范围重点为聚苯硫醚、复合材料、制备。

2. 制定检索策略

1）选择检索词

根据主题分析确定的主题范围，选择检索词如下：

（1）聚苯硫醚——poly（phenylene sulfide），polyphenylene sulfide，PPS。

（2）制备——preparation。

（3）合成——synthesis。

（4）复合材料——composite。

2）使用相关检索技术构造提问式

检索式1：聚苯硫醚 and（合成 or 制备）。

检索式2：聚苯硫醚 and 复合材料。

检索式3：［poly（phenylene sulfide??）or polyphenylene sulfide?? or PPS］and（synthesis or preparation）。

检索式4：［poly（phenylene sulfide??）or polyphenylene sulfide??or PPS］and composite??。

"有关造纸废水的处理技术"方面的检索式，首先抽取检索词：

造纸——paper making，paper pulp。

废水——waster water。

处理——treat，treatment。

构造检索式：（paper W making or paper W pulp）and waster water and（treat or treatment）。

小　结

信息包括知识情报等。本章介绍了信息检索技术的基础知识，对信息资源及其主要类型、信息检索的基本原理及检索方式进行了介绍，需重点掌握信息的类型。

1. 一条信息的构成要素有哪些？
2. 简述信息、知识、情报、文献之间的相互关系。
3. 信息检索主要方式有哪些？
4. 文献按等级结构是如何划分的？有何特点？

大 数 据

巨量资料（big data），或称为大数据、海量资料，是指所涉及的资料量规模巨大到无法透过目前主流软件工具，在合理时间内达到撷取、管理、处理并整理成为帮助企业经营决策更积极目的的资讯。大数据的 4V 特点如下：volume、velocity、variety、veracity。大数据是由数量巨大、结构复杂、类型众多数据构成的数据集合，是基于云计算的数据处理与应用模式，通过数据的整合共享、交叉复用、形成智力资源和知识服务能力。

早在 1980 年，著名未来学家阿尔文·托夫勒便在《第三次浪潮》一书中，将大数据热情地赞颂为"第三次浪潮的华彩乐章"。但是，大约从 2009 年开始，大数据才成为互联网信息技术行业的流行词汇。

数据并非单纯指人们在互联网上发布的信息，全世界的工业设备、汽车、电表上有着无数的数码传感器，随时测量和传递有关位置、运动、振动、温度、湿度乃至空气中化学物质的变化，也产生了海量的数据信息。物联网、云计算、移动互联网、车联网、手机、平板式计算机、PC 及遍布地球各个角落的各种各样的传感器，无一不是数据来源或者承载的方式。

大数据的核心在于为客户挖掘数据中蕴藏的价值。

第二章

化学化工类中文数据库检索

学习目标

1. 了解目前国内在化学化工领域常用的中文数据库。
2. 掌握中文数据库的检索方法，并能进行下载和阅读。

必备知识

利用 Internet 网络资源的能力及计算机基础知识。

选修知识

行业数据库的检索。

案例导入

检索作者为"石碧"，在 2000～2008 年发表在国内，引用次数在五次以上的文章。

通过 CNKI 中文期刊数据库的引文检索，将"被引文献作者"限制为"石碧"，将时间限定在"2000～2008 年"，"被引频次"选择"大于或等于 5"，然后单击"检索"按钮，即可得到被引用文章的题目及篇数，如果要下载则需登录。

课前思考

如何查找有关"香草醛"的文章？

第一节　CNKI 数据库

一、CNKI 数据库简介

CNKI（China National Knowledge Infrastructure）即国家知识基础设施，始建于 1999 年 6 月，是 1998 年由世界银行提出，清华大学、清华同方发起而成立的。CNKI 工程集团经过多年努力，采用自主开发并具有国际领先水平的数字图书馆技术，建成了世界上全文信息量规模最大的"CNKI 数字图书馆"，用户遍及我国和欧美、东南亚、澳洲等国家和地区，实现了我国知识信息资源在互联网条件下的社会化共享与国际化传播，使我国各行业获取知识信息资源的能力达到了国际先进水平。CNKI 系列数据库如表 2.1 所示。

表 2.1　CNKI 系列数据库

序号	数据库名称	类　型	状　态	标准刊号
1	中国期刊全文数据库（CJFD）	月刊	每日更新	CN11-9101/N
2	中国优秀博硕士学位论文全文数据库（CDMD）	季刊	每日更新	CN11-9246/G
3	中国重要报纸全文数据库（CCND）	月刊	每日更新	CN11-9247/G
4	中国重要会议论文全文数据库（CPCD）	季刊	每日更新	CN11-9251/G
5	中国医院知识仓库（CHKD）	月刊	每日更新	CN11-9250/R
6	中国基础教育仓库（小学版）（CFED）	月刊	每日更新	CN11-9249/G
7	中国基础教育仓库（中学版）（CFED）	月刊	每日更新	CN11-9248/G
8	中国企业知识仓库	月刊	每日更新	CN11-9114/R
9	问答与导学	双月刊	每日更新	CN11-9112/G
10	信息技术与课程整合	季刊	每日更新	CN11-9113/TP
11	中国专利数据库（免费）	—	—	—
12	中国期刊题录数据库（免费）	—	—	—

CNKI 数据库具有以下特点：

（1）海量数据的高度整合，集题录、文摘、全文文献信息于一体，实现一站式文献信息检索。

（2）提供先进的浏览器，可实现学位论文原始版面结构与样式不失真地显示与打印。

（3）提供 CNKI 知识分类导航与学科专业导航两套导航系统。

（4）设有包括全文检索在内的、体现各种数据库文献特点的众多检索入口，用户可以通过某个检索入口进行初级检索，也可以运用布尔运算符等灵活组织检索提问式进行高级检索。

（5）数据库内的每篇论文都已获得清晰的电子出版授权。

（6）提供 OCR 识别功能，可实现版面内容的随意选取与在线编辑。

（7）支持多样化的产品形式、及时的数据更新，可满足不同类型、不同行业、不同规模用户个性化的信息需求。

（8）数据库交换服务中心遍布全国和海外，可提供常年的用户培训与高效的技术支持。

1. 中国期刊全文数据库

中国期刊全文数据库是目前世界上最大的连续动态更新的中国期刊全文数据库，截至 2015 年 7 月，收录国内学术期刊 8091 种，全文文献总量为 4425 万余篇。产品分为十大专辑：基础科学、工程科技Ⅰ、工程科技Ⅱ、农业科技、医药卫生科技、哲学与人文科学、社会科学Ⅰ、社会科学Ⅱ、信息科技、经济与管理科学。十大专辑下分为 168 个专题。产品主要有 Web 版（网上包库）、镜像站版、光盘版、流量计费等。CNKI 中心网站及数据库交换服务中心每日更新，各镜像站点通过互联网或卫星传送数据可实现每日更新，专辑光盘每月更新（文史哲专辑为双月更新），专题光盘每年更新。

CJFD 除了可用于信息检索、信息咨询、原文传递等常规服务外，还可以用于引文服务（生成引文检索报告）、查新服务（生成查新检索报告）、期刊评价（生成期刊评价检索报告）、科研能力评价（生成科研能力评价检索报告）、项目背景分析（生成项目背景分析检索报告）。

2. 中国优秀博硕士学位论文全文数据库

中国优秀博硕士学位论文全文数据库是目前国内相关资源最完备、高质量、连续动态更新的数据库。截至 2015 年 7 月，该数据库收录博硕士学位论文全文文献 265 万多篇。产品覆盖基础科学、工程技术、农业、医学、哲学、人文、社会科学等各个领域。产品主要有 Web 版（网上包库）、镜像站版、光盘版、流量计费等。各镜像站点通过互联网或卫星传送数据可实现每日更新，专辑光盘数据每季度更新。

CDMD 的用途主要是帮助研究生确定论文的选题和研究方向，以避免与他人的研究工作出现不必要的重复；帮助科研人员了解有关课题的研究动态和借鉴有关的理论与方法；帮助研究生培养单位进行研究生教育的业务管理；帮助企业单位及早发现研究生的创新成果，并使之转化为创新产品。

3. 中国重要报纸全文数据库

中国重要报纸全文数据库是目前国内少有的以重要报纸刊载的学术性、资料性文献为收录对象的连续动态更新的数据库，收录了 2000 年以来国内重要报纸刊载的学术性、资料性文献。文献来源于国内公开发行的 500 多种重要报纸，产品分为十大专辑：基础科学、工程科技Ⅰ、工程科技Ⅱ、农业科技、医药卫生科技、哲学与人文科学、社会科学Ⅰ、社会科学Ⅱ、信息科技、经济与管理科学。十大专辑下分为 168 个专题文献数据库和近 3600 个子栏目。收录年限从 2000 年 6 月至今，网上数据每日更新，光盘数据每月更新。

4. 中国重要会议论文全文数据库

中国重要会议论文全文数据库收录了我国 1999 年以来国家二级以上学会、协会、高等院校、科研院所、学术机构等单位的论文集，年更新 10 万篇文章。产品重点收录 1999 年以来中国科协系统及国家二级以上的学会、协会、高校、科研院所、政府机关举办的重要会议及在国内召开的国际会议上发表的文献。其中，国际会议文献占全部文献的 20%以上，全国性会议文献超过总量的 70%，部分重点会议文献回溯至 1953 年截至 2015 年 7 月，已收录出版国内外学术会议论文集近 27442 本，累积文献总量 246 多万篇。产品分为十大专辑：基础科学、工程科技Ⅰ、工程科技Ⅱ、农业科技、医药卫生科技、哲学与人文科学、社会科学Ⅰ、社会科学Ⅱ、信息科技、经济与管理科学。十大专辑下分为 168 个专题。网上数据每日更新，光盘数据每季度更新。

二、CNKI 数据库检索方法

（一）全文浏览器的用法

CAJ 全文浏览器是中国期刊网专用全文格式阅读器，支持中国期刊网的 CAJ、NH、KDH 和 PDF 格式文件。它可以配合网上原文阅读，也可以阅读下载后的中国期刊网全文，并且其打印效果与原版的效果一致。

1. 工具栏

工具栏如图 2.1 所示。

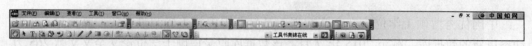

图 2.1　工具栏

2. 主要功能

使用 CAJ 全文浏览器可按原版格式阅读文章全文，并可对全文进行打印、缩放、翻页、页面跳转和图文摘录等各种操作。

1）页面设置

页面设置主要是对浏览器窗口显示方式的设置。作者和设计者在创建文件时，通常会指定字体颜色和大小、字样及背景色并添加图片。通过"指定比例""适应窗口高度""适应窗口宽度""设置默认字体""设置背景颜色"等功能，可以根据用户的不同需求设置不同的显示方式和窗口浏览方式，改变文章原版显示效果。

2）页面浏览

在主菜单"浏览"中选择相应选项，通过"首页""末页""上下页""指定页面""鼠标拖动"等功能可以实现页面跳转和段落的选择。

3）查找文字

对于非扫描文章，对其提供全文字符串查询功能。

4）切换显示语言

CAJ 全文浏览器除了提供简体中文，还提供了繁体中文及英文显示方式，方便海外用户使用。

5）文本摘录

文本摘录只能用于非扫描页，具体操作如下：

① 在"浏览"菜单中选择"鼠标用于选择后"（鼠标指针变为加粗箭头形状）命令，按方向键上下移动，可以滚动浏览屏幕。箭头指向左上方时单击开头，指向右上方时单击结尾，使其呈反色显示，单击工具栏的"复制"按钮。

② 打开 Windows 写字板选择"粘贴"命令即可得到摘录的文本，同时也可以编辑存盘。

6）图像摘录

"复制位图"功能适用于非扫描页和扫描页，通过此功能可以实现图像摘录，摘录结果可以粘贴到 WPS、Word 等文本编辑器中进行编辑，方便读者摘录和保存。具体操作如下：

① 在"浏览"菜单中选择"选择位图"，鼠标指针所在的位置出现一个"+"符号，按住鼠标左键拖动鼠标至选定位置划出一片区域，选定所要摘录的图片。

② 在"编辑"菜单中选择"复制"命令，打开编写器，选择"编辑"菜单中的"粘贴"命令，图像即被复制到剪贴板。图像也可复制到 Word、WPS 等 Windows 环境下的编辑器中进行编辑。

7）打印及保存

检索者可将查询到的文章以*.caj/kdh/nh/pdf 文件格式保存，并可将其按照原版显示效果打印。

① 保存文件：选择"文件"菜单中的"另存为"命令，把文章保存在本地硬盘上。

② 打印文件：如果已经安装了打印机，检索者可以选择"文件"菜单中的"打印"命令，在打印前首先进行打印设置，打印出的效果和原版显示效果一致。

（二）数据库检索方法

1. 登录 CNKI

在浏览器地址栏中输入网址 http://www.cnki.net 后，进入 CNKI 数据库的主页，进入 CNKI 数字图书馆主页（图 2.2）。单击"资源总库"，进入"资源总库"界面，如图 2.3 所示，其中的"源数据库"列出了期刊、学位论文、报纸、会议四大类，这些数据库都提供免费题录。其中报纸全文数据库时事性强、浅显易懂，易引起关注；期刊全文数据库提供丰富、及时的学习资源，推动了图书馆期刊资源的广泛利用，保证了图书馆长期、完整、连续的文献收藏；优秀博硕士学位论文数据库反映国内科研的前沿水平，系统性强，揭示了新的研究课题和方向。

2. 用户注册

由于 CNKI 的全文数据库均为收费检索数据库，购买了使用权的用户可以从中国期刊网中心网站注册得到账号和密码。在主页输入账号和密码，选中购买了使用权的全文数据库，单击"登录"按钮，即可进入全文数据库检索界面，如图 2.4 所示。

3. 检索方法

选择数据库，确定检索范围。图 2.5 所示为中国学术期刊网络出版总库主界面，分为左右两个窗格，左侧为检索导航区，右侧为检索区。检索系统设计了多个检索点，从刊名、篇名、关键词、作者、单位、摘要、全文、基金、中图分类号、期、ISSN 等检索途径都可进行检索。通常使用全文检索，它可以查出在全文中任何地方出现的检索词。同时该数据库支持布尔逻辑检索。

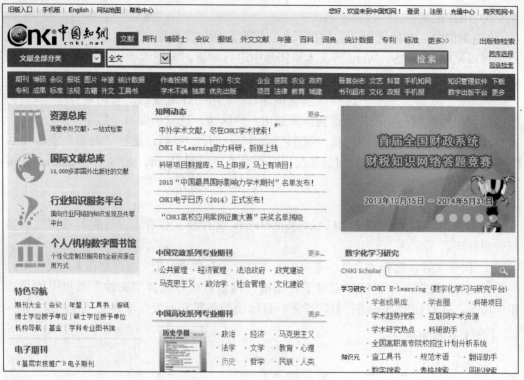

图 2.2　CNKI 数字图书馆主页

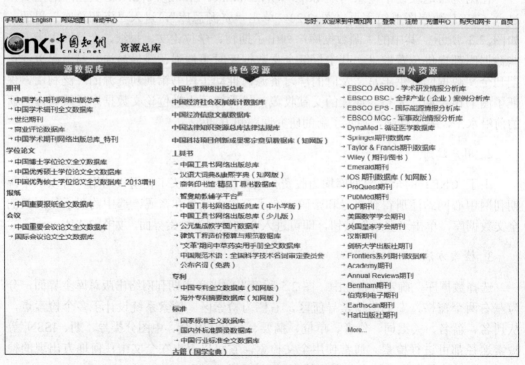

图 2.3　CNKI 资源总库界面

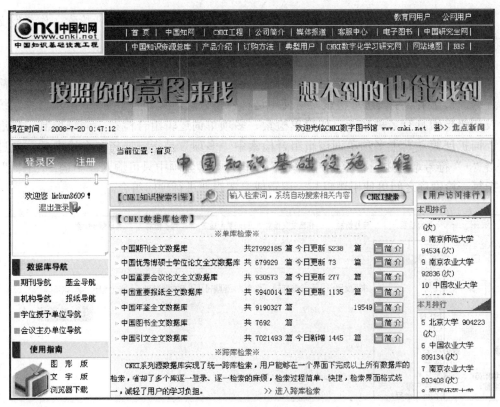

图 2.4 全文数据库检索界面

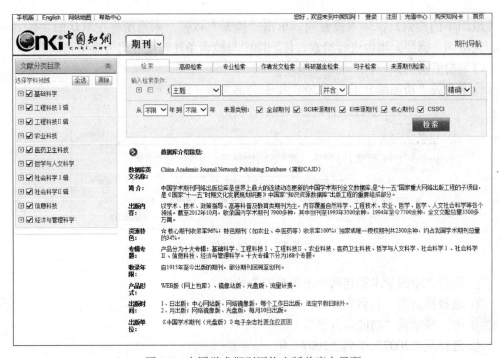

图 2.5 中国学术期刊网络出版总库主界面

　　CNKI 全文数据库提供的检索方式有七种：检索、高级检索、专业检索、作者发文检索、科研基金检索、句子检索及来源期刊检索。

　　1）检索

　　检索能快速方便地检索信息，适用于不熟悉多条件组合的用户查询。对于一些简单查询，只在某一字段进行检索，可使用这种检索方式，其界面如图 2.6 所示。本系统所设初级检索具有多种功能，如简单检索、多项单词逻辑组合检索、词频控制、最近词、词扩展等。其中多项单词逻辑组合检索中"多项"是指可选择多个检索项，通过单击"+"符号增加逻辑检索行；"单词"是指每个检索项中只可输入一个词；"逻辑"是指每一检索项之间可使用逻辑与、逻辑或、逻辑非进行项间组合。

图 2.6　检索界面

　　最简单的检索只需输入检索词，单击"检索"按钮，则系统将在默认的主题（题名、关键词、摘要）项内进行检索，任一项中与检索条件匹配者均为命中记录。

　　（1）检索实例。

　　检索有关"功能高分子"的 2007 年的全部文献（图 2.7）。

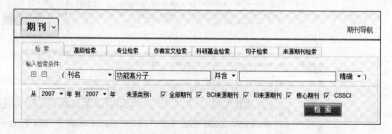

图 2.7　检索实例

　　① 选择"中国学术期刊网络出版总库"检索。

　　② 选择检索项"刊名"。

　　③ 输入检索词"功能高分子"。

　　④ 选择从"2007"年到"2007"年。

⑤ 单击"检索"按钮。

（2）检索说明如图 2.8 所示。

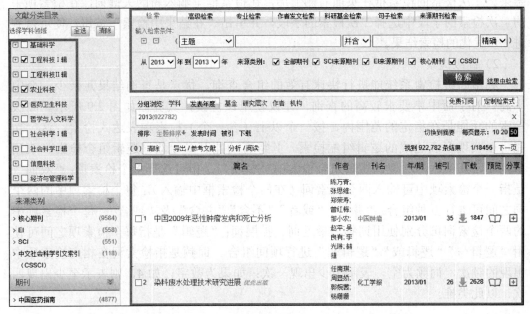

图 2.8　检索说明

① 选择检索专辑范围。选择学科领域，勾选要选择的学科复选框。系统自动检索，结果会显示该目录包括的全部文献。单击过程中的目录，返回上一层目录。单击"全选"按钮，则每个目录都被选择。单击"清除"选项，清空所选的专题目录。

② 选择检索字段。在窗口右侧选择一种检索字段，可供选择的字段包括篇名、作者、关键词、摘要、基金、全文、刊名等；完成选择后，系统检索就在选中的字段中进行。

③ 选择时间范围。可以选择在一段时间内进行检索，如选择从"2000"年到"2008"年。

④ 选择排序方式。排序方式是对检索结果的排序，有主题排序、发表时间、被引、下载四个选项。

⑤ 输入检索词。在检索框中输入关键词。关键词是检索字段中出现的关键单词，当按相关度排序时，其出现的词频越高，文献记录就越靠前排列。

在检索框中输入检索词或词组，并选择检索结果的排序方式（按相关性、更新日期或未排序），最后单击"检索"按钮，在窗口右侧下部会显示检索结果，即每篇文章的题目。想浏览某篇文章时，单击该文章题目，在打开的新页面中就可以看到该文章的题录，包括篇名、作者、机构及摘要等。

如果想浏览文章的原文，单击中文篇名下的"CAJ 下载"或"PDF 下载"即可下载或在线阅读原文。

⑥ 二次检索。若第一次检索得到的结果太多，可以对其进行优化，即在初次检索结果的基础上进行多次检索，逐步缩小检索范围，使检索结果越来越接近自己想要的结果。二次检索的检索框在页面右侧上部，在检索框里输入新的关键词，在检索项中的一次检索的字段中选择二次检索的字段，并单击"在结果中检索"按钮，便可得到进一步优化的检索结果。

2）高级检索

利用高级检索系统能进行快速有效的组合查询，优点是查询结果冗余少，命中率高。对于命中率要求较高的查询，建议使用该检索，其界面如图 2.9 所示。高级检索的功能是在指定的范围内，按一个以上（含一个）检索项表达式检索，这一功能可以实现多表达式的逻辑组配检索。其特有功能有多项双词逻辑组合检索、双词频控制。其中，多项双词逻辑组合检索中"多项"是指可选择多个检索项；"双词"是指一个检索项中可输入两个检索词（在两个检索框中输入），每个检索项中的两个词之间可进行五种组合："并且""或者""不含""并含"及"或含"；每个检索项中的两个检索词可分别使用词频、最近词、扩展词；"逻辑"是指每个检索项之间可使用"逻辑与""逻辑或""逻辑非"进行项间组合。词频是指检索词在相应检索项中出现的频次，词频为空，表示至少出现一次；如果为数字，如 4，则表示至少出现四次，以此类推。

图 2.9 高级检索界面

（1）高级检索实例。要求检索 2012 年发表的篇名中包含"2-甲基吡啶"，关键词中不包含"综述""进展""述评"的期刊文章。操作步骤如图 2.10 所示。

① 使用逻辑检索行，每行选择检索项"篇名"，输入检索词"2-甲基吡啶"。

② 选择"关系"[同一检索项中另一检索词（项间检索词）的词间关系] 下的"不含"。

③ 在 3 行中的第二检索框中分别输入"综述""进展""述评"。

④ 选择 3 行的项间逻辑关系（检索项之间的逻辑关系）"并且"。

⑤ 在具体日期中限制时间在 2012 年。

⑥ 单击"检索"按钮。

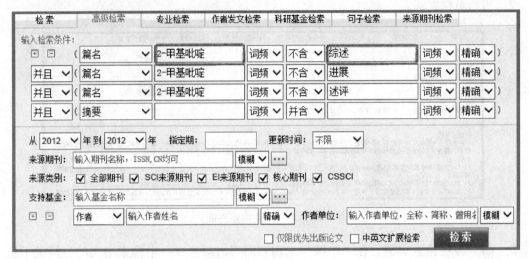

图 2.10 高级检索实例

（2）高级检索说明。

① 检索。

检索项动态显示：检索项中下拉列表框的名称是从所选数据库的检索点中汇集的共性检索点，选择不同数量的数据库，检索项数量和名称有可能不同；检索项名称在下拉列表框中显示。

② 排序。

相关度：按词频、位置的相关程度从高到低顺序输出。

③ 匹配。

精确：检索结果中包含与检索词完全相同的词语。

模糊：检索结果包含检索词或检索词中的词素。

④ 逻辑。所有检索项按"并且""或者""不含""并含""或含" 5 种组合检索。其中，"并且""或者""不含"的优先级相同，即按先后顺序进行组合。

⑤ 词频。词频是指检索词在相应检索项中出现的频次。词频为空，表示至少出现 1 次；如果为数字，如 3，则表示至少出现 3 次，以此类推。

⑥ 关系。关系是指同一检索项中两个检索词间的关系，可选择"或含""不含""并含"逻辑运算。

⑦ 检索其他说明。在 CNKI 数据库中，篇名、关键词、摘要、参考文献、全文等检索项按词检索；在其他数据库中，有可能按字进行检索。

3）专业检索

专业检索比高级检索功能更强大，但需要检索人员根据系统的检索语法编制检索式进行检索。专业检索适用于熟练掌握检索技术的专业检索人员，其界面如图 2.11 所示。

专业检索表达式中可用的检索项名称见检索框的"可检索字段"，根据"可检索字段"可构造检索式。

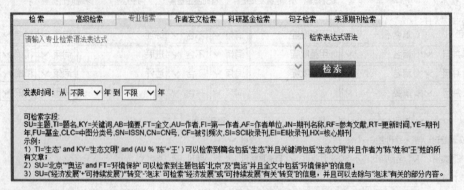

图 2.11　专业检索界面

（1）专业检索实例。在"中国学术期刊网络出版总库"中检索秦飞的一篇关于植物油多元醇的文章（图 2.12）。

① 选择"中国学术期刊网络出版总库"检索。

② 选择页面上方的专业检索。

③ 在检索框中输入检索式"SU=植物油多元醇 and AU=秦飞"。

④ 单击"检索"按钮。

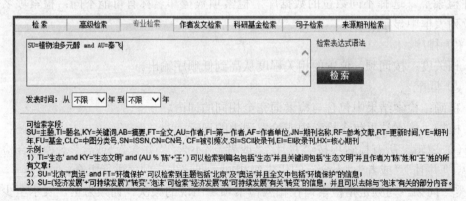

图 2.12　专业检索实例

（2）专业检索说明。

① 检索项。检索项包括主题、题名、关键词、摘要、作者、机构、第一责任人、刊名、引文、年、基金、中图分类号、ISSN、统一刊号、被引频次等。

② 逻辑组合检索。使用"专业检索语法表"中的运算符构造表达式，使用前请详细阅读其说明；多个检索项的检索表达式可使用"and""or""not"逻辑运算符进行组合，三种逻辑运算符的优先级相同；如要改变组合的顺序，可使用英文半角圆括号

"（）"将条件括起。

③ 符号。所有符号、英文字母及操作符都必须使用英文半角字符；逻辑关系符号 [与（and）、或（or）、非（not）]前后要空一字节。

字符计算：按真实字符（不按字节）计算字符数，即一个全角字符、一个半角字符均算作一个字符。

使用"同句""同段""词频"时，注意用一组西文单引号将多个检索词及其运算符括起。

4）作者发文检索

作者发文检索可以检索到作者发表的所有文章，此检索方法比较简单，如图 2.13 所示。

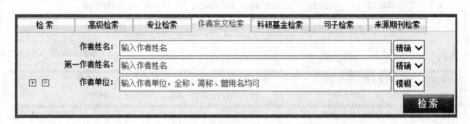

图 2.13 作者发文检索

5）科研基金检索

科研基金检索能快速查到文献所属基金，其界面如图 2.14 所示。

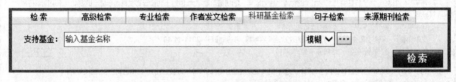

图 2.14 科研基金检索界面

选择基金的界面如图 2.15 所示。

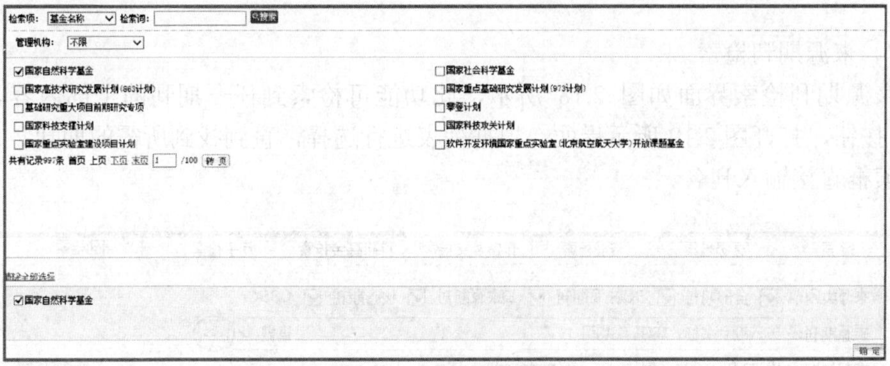

图 2.15 选择基金界面

6）句子检索

句子检索界面如图 2.16 所示。

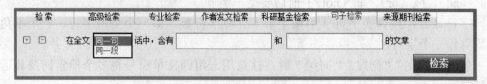

图 2.16　句子检索界面

在句子检索框中输入"三聚氰胺"和"奶粉"，检索结果如图 2.17 所示。

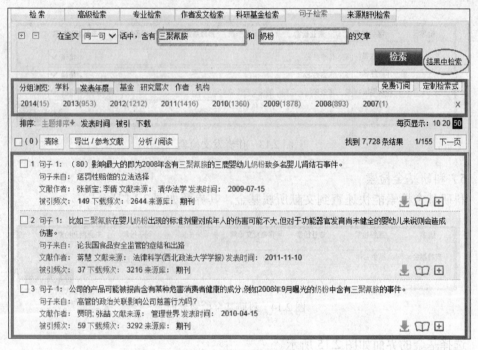

图 2.17　句子检索实例

7）来源期刊检索

来源期刊检索界面如图 2.18 所示，此功能可检索到任一期刊的全部内容。单击"…"按钮，打开图 2.19 所示界面，根据列表进行选择，直到找到所需的期刊。也可以在检索框直接输入刊名。

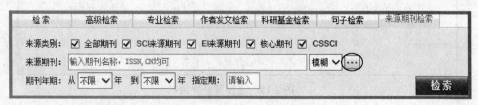

图 2.18　来源期刊检索界面

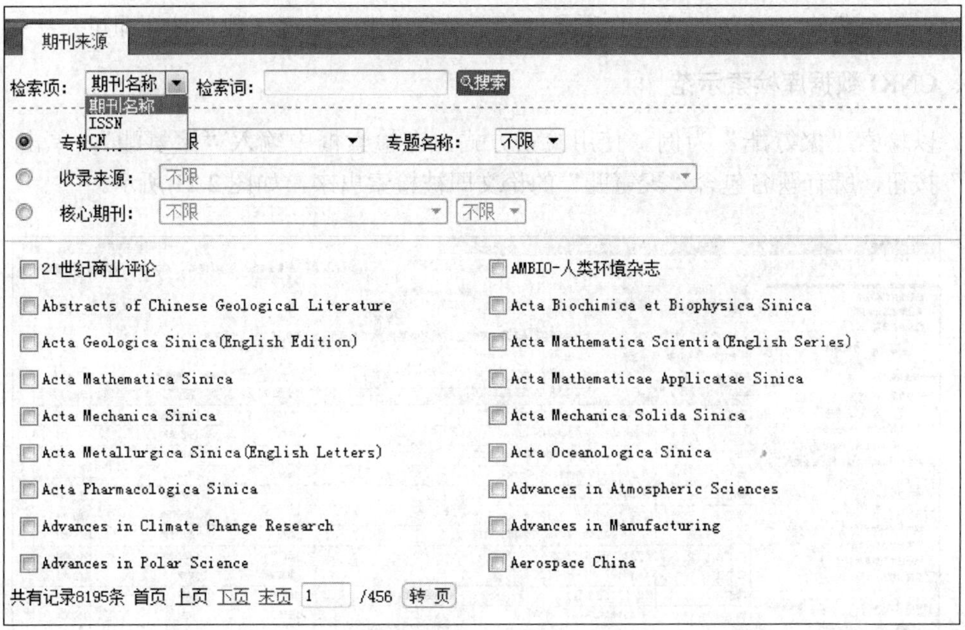

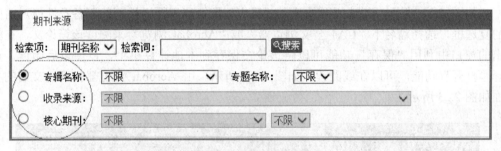

图 2.19　选择期刊

（1）选择专栏。单击具体导航按钮，会出现期刊来源界面（图 2.20）。

图 2.20　期刊来源界面

（2）期刊查找。可以根据期刊的 ISSN 号、CN 号和期刊名称查找当前栏目下的期刊文献。也可利用左侧的"专辑名称""收录来源""核心期刊"选项，查找相应的期刊文献。

（3）显示。单击"显示"按钮或双击文章题目，可以显示选中文章的原版内容。

（4）打印。单击"打印"按钮可以将所选中的文章打印出来。

（5）取消。单击"取消"按钮可以取消以前操作，退回主菜单。

（三）检索结果

通过各种检索途径找到了相关的大量内容后，可对检索到的内容进行处理，如浏览、下载、摘录、复制、取图、打印等。

检索所得结果在界面的右侧显示其题录信息，如果需要阅读全文，则需事先在主页上下载免费的 CAJ 浏览器，在所显示的题录信息上单击"下载"按钮即可。

三、CNKI 数据库检索示范

以检索"聚氨酯"为例。使用检索方式，在检索框中输入"聚氨酯"，单击"检索"按钮，所有题名包含"聚氨酯"的论文即被检索出来，如图 2.21 所示。

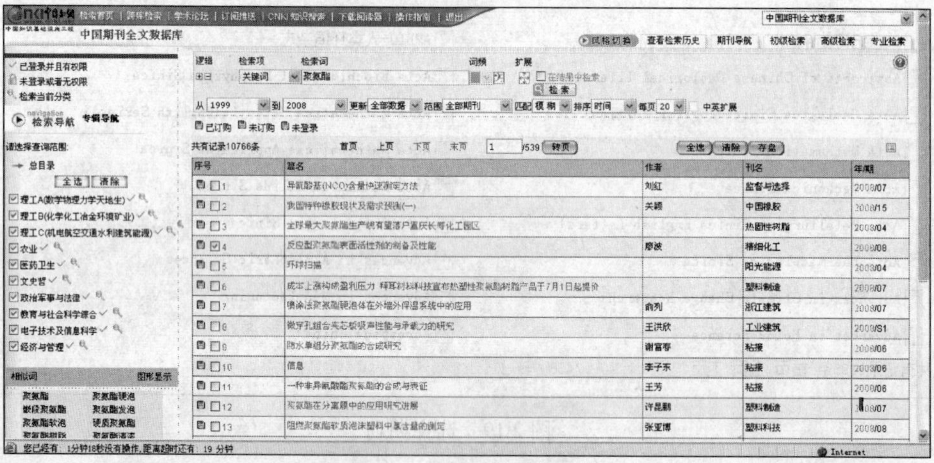

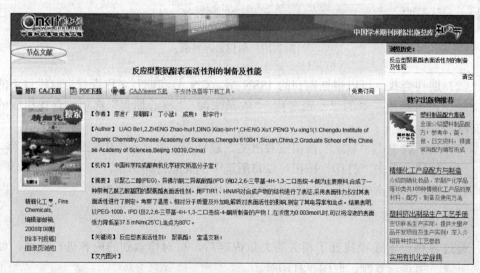

图 2.21　检索"聚氨酯"

如图 2.21 所示，勾选想要的论文《反应型聚氨酯表面活性剂的制备及性能》前面的复选框，选择篇名下"CAJ 全文浏览器"或"Acrobat 浏览"来阅读该篇论文，在弹出的窗口中利用"保存"功能可以将该论文保存到本地计算机上，以便以后阅读，选择"打开"功能，可以在线阅读，如图 2.22 所示。用 Acrobat 浏览器打开论文后的页面如图 2.23 所示。

图 2.22　检索结果的阅读和下载

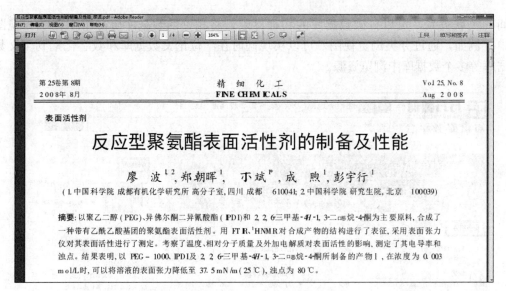

图 2.23 用 Acrobat 浏览器打开的论文页面

第二节 万方数据库

一、万方数据库简介

万方数据库是北京万方数据股份有限公司在中国科技信息研究所数十年积累的全部信息服务资源的基础上建立起来的，是以科技信息为主，集经济、金融、社会、人文信息为一体，实现网络化服务的信息资源系统。万方数据库于 1997 年 8 月在国际互联网上投入服务，在全国各省市建有数百个服务中心，直接用户达数万人。万方数据库包括约 60 个数据库、近千种电子期刊、70 多个栏目。万方数据库类型丰富，特别是以理工类文献为特色，还可以提供很多生活方面的实用信息，如院校信息、医药信息、交通旅游信息、商品和通信信息等，可满足不同层次读者的需求。用户可以单库或跨库检索，也可以通过关键词或布尔逻辑检索。作为国内最早的中文信息资源产品与服务提供商之一，万方数据库积累了大量的信息资源基础，中国科技信息研究所作为公司大股东的背景进一步保证了其在中文科技信息资源领域的优势。

万方数据库的网址为 http://www.wanfangdata.com.cn/。图 2.24 所示为万方数据知识服务平台检索界面。

（一）功能

万方数据知识服务平台为用户提供了许多的功能和服务，主要体现在以下几个方面：

（1）强大的检索功能。万方数据知识服务平台提供了单库检索、跨库检索等检索功能，并在原有检索系统的基础上加入最新 WFIRC 检索系统，使检索功能更加强大。

（2）更灵活的资源组织方式。系统提供了灵活的分类组织功能，通过定义资源之间的关联关系，可以打破数据库的物理界限，将相关的数据库资源组织在统一视图中。例如，通过分类浏览视图，可以实现同时在学位论文数据库和数字化期刊全文数据库等多个数据库中浏览资源。

图 2.24　万方数据知识服务平台检索界面

（3）认证系统（authentication）、权限系统（authorization）、账务平台控制（accounting）（以下简称 AAA）的灵活性。AAA 是应用系统的关键部分。系统中专门设计了灵活的 AAA 平台，可以实现相对灵活的认证、授权和账务控制功能，并且系统预留了扩展接口，可以根据具体业务系统的需要，灵活进行相应的扩展和调整。

（4）多语言的支持。系统支持简体中文、繁体中文和英文等多语种，可以根据用户浏览器的默认语种或者用户所选择的语种进行界面语种的切换。

（5）个性化定制。系统实现了页面、资源及系统功能的个性化定制。用户可以根据自己的使用偏好和习惯选择页面风格，组织页面布局，也可以将自己最常访问的系统功能（如购物车、收藏夹和账务信息查看等）添加到自己的个性化首页中。用户在每次访问的时候，可以直接通过自己的个性化主页找到自己关心的资源和经常使用的系统功能，这样实现了资源的整合和用户个性化功能的完美结合。

（6）检索界面全新设计。系统主要提供了3种检索界面：检索、高级检索和专业检索。另外，系统还可以在新旧版本之间相互切换，操作简单灵活，用户可以根据自己的使用偏好和习惯切换到相应的检索界面进行检索。

（7）CQL（common query language）检索语言的引入。CQL是国际情报学标准检索语言，是ZING/美国国会图书馆（Z39.50 international next generation/the library of congress）组织制定的一种公共文献检索语言。系统采用CQL语言作为标准的检索语言，用户可以使用该语言构造检索表达式，实现在不同数据库中的检索。

（8）跨数据库检索系统的整合功能。系统可以跨多种数据库检索，可以实现各种检索系统的整合。目前系统已经支持跨RMS数据库、MS SQL Server数据库。同时系统提供了扩展机制，可以根据用户需要添加对其他数据库的支持。

（9）完整的负载均衡与可容错检索集群。系统提供了完整的检索服务器、文件服务器集群的管理和控制功能，可以实现动态地添加、删除、修改服务器集群。

（10）文件集群。系统可以支持多种文件引擎，实现了各种文件系统的整合。目前系统支持本地文件、共享文件、FTP文件服务，同时提供了扩展机制，可以根据用户需要添加对其他文件系统的支持。

（11）导出功能。系统提供导出功能，用户可在检索结果列表页面使用导出功能，方便用户对相关文件的保存，如图2.25所示。

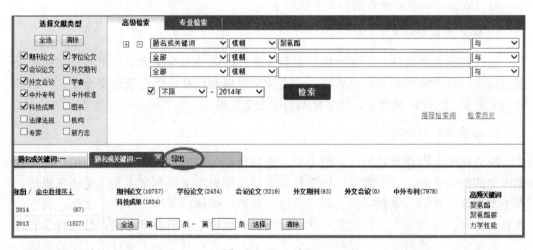

图2.25 导出功能

（12）外部全文资源的销售能力。系统除了支持文件集群的全文获取功能外，还定义了一组标准的分布式事务控制接口，提供了跨系统的外部全文资源的销售能力。

（13）分类作为资源概念提出并加以使用。为了提供更加逻辑化的数据库资源展示视图，系统对资源分类标准制定了相应的描述规范，用户通过自定义这些分类，便可得到所期望的资源分类展示视图。

（14）支持多种后台数据库。系统使用 O/R mapping 技术，实现了底层配置数据库的隔离配置，目前系统可以运行在 Oracle、MS SQL Server、Firebird 等数据库基础之上。

（15）软件功能的独立授权机制。系统除了配合万方数据知识服务平台使用外，还可以作为独立的软件系统进行使用，可以根据用户需要灵活购买系统的部分软件功能。

（16）资源整合与用户个性化服务的完美结合。在网络环境下，把各种信息资源进行整合和简化，满足各种类型的用户需求。

（17）SRW 接口、OpenURL 接口的提供。为了便于源数据库的交换和全文获取，系统基于 SRW 标准提供了检索扩展接口；基于 OpenURL 标准提供了期刊论文等全文资源的开放接口。

（18）Web 界面可个性化组织。为了满足不同用户的界面需求，系统定义了标准的界面个性化接口，用户可以通过该接口修改定制系统所有的用户界面，数据库检索界面、检索结果列表界面、详细记录界面等。

（19）动态信息。为了让用户及时了解最新信息，在主页新增科技动态和公司动态显示，主要显示万方公司最新资讯信息，信息显示方式为滚动显示，用户可以通过单击信息标题了解详细内容。

（二）分类

万方数据知识服务平台的分类方法如下。

1. 按资源类型分类

按照资源类型来分，万方数据知识服务平台可以分为全文类信息资源、文摘题录类信息资源及事实型动态信息资源。全文类信息资源包括中国会议论文全文、中国学位论文全文、法律法规全文、数字化期刊论文全文等。

2. 按资源组织分类

按数据库组织分类是指用户使用时，选择自己需要的数据库，系统为用户提供数据库中的所有资源。万方数据库按学科组织有马克思主义、列宁主义、毛泽东思想、邓小平理论；哲学、宗教；社会科学总论；政治、法律；军事；经济；文化、科学、教育、体育；语言、文字；文学；艺术；历史、地理、自然科学总论、数理科学和化学、天文学、地球科学、生物科学、医学、卫生、农业科学、工业技术、交通运输、航空、航天、环境科学、安全科学、综合性图书。按行业组织是指按照行业组织资源，以使用户能够方便地从系统中找到针对某一行业所有专题的信息。按地区组织是指按照各种出版物的地区、企业所在地、人物所在地等进行组织，用户选择某个地区后，系统分类列出在此地区的所有资源，用户可以再进行检索。按期刊组织主要是针对期刊库的组织，主要包括三种组织方式：按期刊的学科分类、按期刊的地区分类、按期刊的首字母分类。

1）按期刊的学科分类

按照期刊的学科分类是将期刊按照一定的学科进行分类，用户选择分类后，系统列出此类资源的所有期刊信息。目前万方数据有哲学政法、社会科学、经济财政、教科文艺、基础科学、医药卫生、农业科学和工业技术几类。

2）按期刊的地区分类

将期刊按照发行地进行分类，用户选择分类后，系统列出此地区所有期刊信息，用户可以详细查看某个期刊，也可在需检索的地区中检索满足条件的资源。

3）按期刊的首字母分类

用户选择期刊首字母，单击某个期刊查阅具体内容，也可以在此页面上进行检索。

二、万方数据库检索方法

（一）检索前准备

（1）安装 PDF 专业阅读软件 Acrobat Reader 简体中文版。

（2）登录与注册。单击万方数据知识服务平台首页右上角的"登录"按钮，会弹出如图 2.26 所示的界面，用户可以在此注册用户和登录。

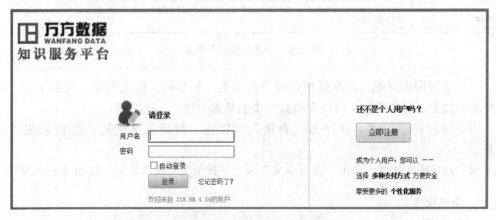

图 2.26　个人用户登录界面

（二）检索方法

1. 检索

检索界面如图 2.27 所示。

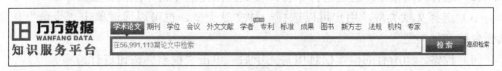

图 2.27　检索界面

（1）输入关键词，如输入检索词"天然染料"（图 2.28），单击"检索"按钮。

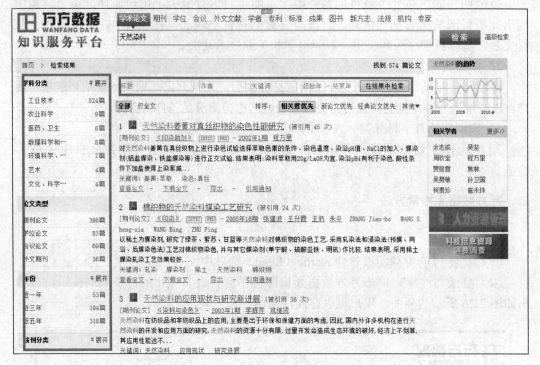

图 2.28 "天然染料"检索

（2）选择所需文献。结果还可以进一步分类，如学科、论文类型、发表年份、期刊分类。如果还需要筛选，可以在检索结果的基础上进行二次检索。

（3）选择排序方式。排序方式有相关度优先、最新论文优先、经典论文优先三种。

（4）选定所需文献，单击"查看全文"或"下载全文"或"导出"按钮（图 2.29）。

2. 高级检索

高级检索是一种比检索要复杂一些的检索方式。高级检索的功能是在指定的范围内，通过增加检索条件满足用户更加复杂的要求，从而检索到用户满意的信息，其界面如图 2.30 所示。

（1）填写检索信息。高级检索区域列出了主题、创作者、关键词等检索信息供用户选择，用户填写的检索信息越详细，检索得到的结果就会越准确。

（2）选择时间范围。通过选择年份，使其在限定的年份范围内检索。

（3）选择文献类型。用户可以选择一种文献类型，也可以通过单击"全选"按钮选择全部文献类型。

（4）检索。当所有的检索信息填写完毕后，单击"检索"按钮进行检索。

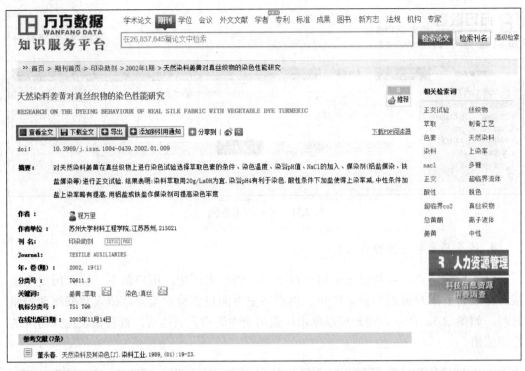

图 2.29　"天然染料"检索结果

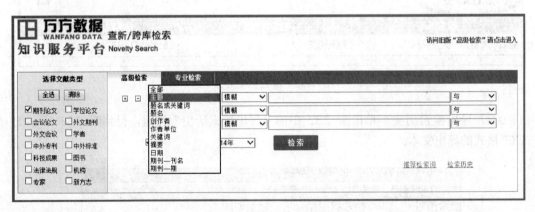

图 2.30　高级检索界面

3. 专业检索

专业检索比高级检索的功能更强大，但需要检索人员根据系统的检索语法编制检索式进行检索。专业检索适用于熟练掌握 CQL 检索技术的专业检索人员。专业检索界面如图 2.31 所示。

（1）用户可以在检索框中直接输入检索式。

（2）检索。检索信息填写完毕后，单击"检索"按钮进行检索。

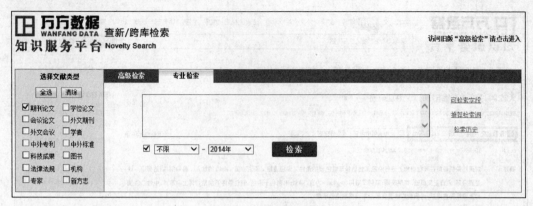

图 2.31　专业检索界面

4. 检索历史和导出检索历史

（1）检索历史。系统会记录用户每个会话的检索历史，用户单击"检索历史"链接，可以查看用户最近的检索历史。检索历史界面包括检索策略、检索数据库和检索时间，如图 2.32 所示。用户可以单击检索历史中的检索表达式，查看该表达式对应的检索结果。

图 2.32　检索历史界面

（2）导出检索历史。单击图 2.32 中的"导出检索历史"按钮，得到图 2.33 所示的 TXT 格式的导出文本。

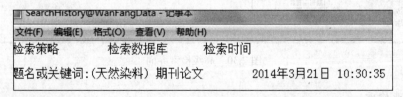

图 2.33　导出检索历史

三、万方数据库检索示范

在万方数据知识服务平台的中国学位论文文摘数据库和中国学术会议论文文摘数据库中查找 2008 年发表的题名和关键词都含有"牛磺酸"的论文。

在万方数据知识服务平台的主页中选择"高级检索"，进入查新/跨库检索界面，选择"学位论文"和"会议论文"，检索项选择"题名或关键词"，在检索框中输入检索词"牛磺酸",检索时间设置为"2008 年-2008 年",如图 2.34 所示。

单击"检索"按钮,检索结果如图 2.35 所示。结果共有 25 条,其中学位论文 17 篇,会议论文 8 篇。

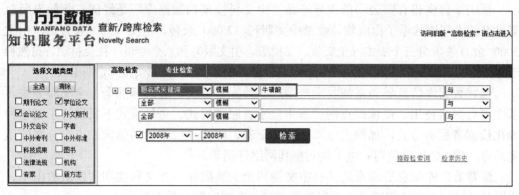

图 2.34 "牛磺酸"高级检索

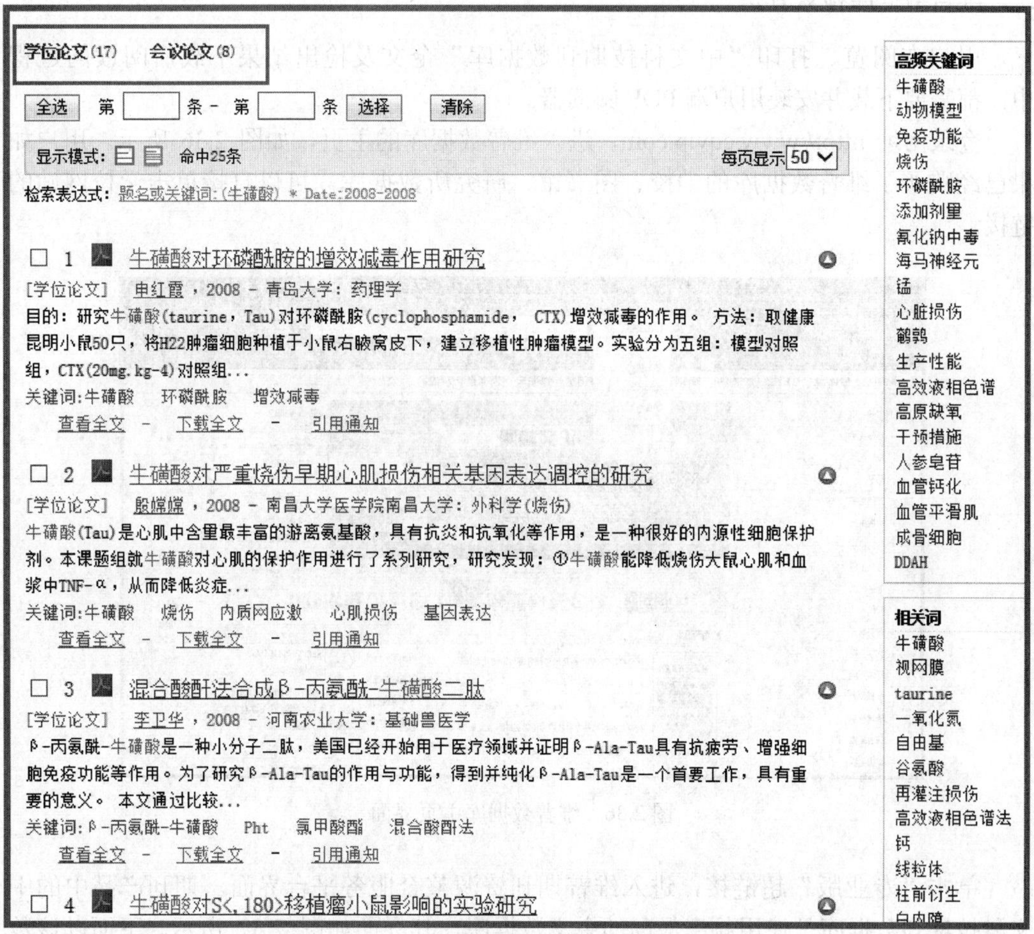

图 2.35 "牛磺酸"高级检索结果

第三节　维普数据库

一、维普数据库简介

重庆维普资讯有限公司的主导产品"中文科技期刊数据库"是经国家新闻出版总署批准的大型连续电子出版物，收录中文期刊 12 000 余种，全文 2300 余万篇，引文 3000 余万条，分三个版本（全文版、文摘版、引文版）和八个专辑（社会科学、自然科学、工程技术、农业科学、医药卫生、经济管理、教育科学、图书情报）定期出版。

维普数据库信息资源系统收录范围广、数据容量大、著录标准全、全文服务快。其主要有网络使用、镜像站点两种基本检索者服务模式。每种模式下又设计了若干种细化检索者服务方式，如网上包库、流量记费、阅读卡、本地的镜像站点、分布的镜像站点、OPAC 连接使用、电子期刊整刊网络订阅等。

维普数据库信息资源系统共有中文期刊全文数据库、外文科技期刊题录数据库、中国科技经济新闻数据库及中文科技期刊引文数据库四个数据库。

二、维普数据库检索方法

用户在阅览、打印"中文科技期刊数据库"全文及检出结果下载后阅读的过程中，都需要下载并安装用户端 PDF 阅读器。

登录网址 http://www.cqvip.com，进入维普数据库的主页，如图 2.36 所示。用户如果已经购买了维普数据库的学校、图书馆、研究所数据库，可以直接单击学校网站的链接。

图 2.36　维普数据库主页界面

单击"专业版"超链接，进入维普期刊资源整合服务平台界面。期刊产品中的中文科技期刊数据库是使用频率最高的中文数据库，其界面如图 2.37 所示。下面以该数据库为例介绍数据库使用方法。

中文科技期刊数据库提供基本检索、传统检索、高级检索、期刊导航和检索历史五种检索方式。

1. 基本检索

基本检索可以选择时间、期刊、学科、检索词（关键词、作者、第一作者、刊名、任意字段、机构、题名、文摘、分类号、题名或关键词）和逻辑等进行检索，如图 2.38 所示。

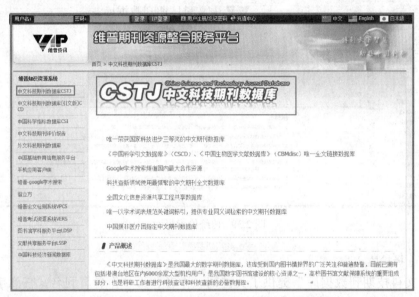

图 2.37 "中文科技期刊数据库"界面

图 2.38 基本检索界面

2. 传统检索

用户进入维普期刊资源整合服务平台页面，在数据库检索区选择"传统检索"标签，即可进入传统检索界面（图2.39）。该界面布局紧凑、功能集中。其检索步骤如下。

图 2.39　传统检索界面

1）选择检索入口

"中文科技期刊数据库"提供了关键词、作者、第一作者、刊名、任意字段、机构、题名、文摘、分类号、题名或关键词十种检索入口，如图 2.40 所示，用户可根据自己的实际需求选择检索入口，输入检索式进行检索。

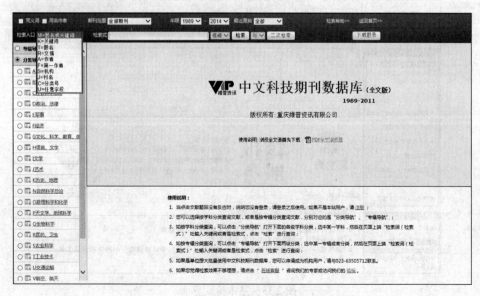

图 2.40　检索入口

2）限定检索范围

《中文科技期刊数据库》可进行学科类别限制和数据年限限制。

（1）学科类别限制。分类导航系统是参考《中国图书馆分类法》（第四版）进行分类的（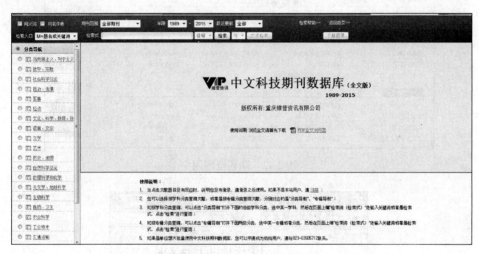 代表该类能展开，而 代表该类不能展开），每一个学科分类都可以按树形结构展开。图 2.41 所示为利用导航缩小检索范围，进而提高查准率和查询速度。选中某学科节点后，任何检索结果都会局限于此类别之中。

图 2.41　学科类别限制检索

（2）年限限制。数据收录年限为从 1989 年至今，系统默认为"1989-2015"，但用户可以自行选择所需文献的年限，如需检索某一年的文献，如 2004 年，就可以在检索框中选择"2004-2004"。

（3）期刊范围限定。如图 2.42 所示，期刊范围限制包括全部期刊、核心期刊和来源期刊三种，系统默认状态为全部期刊，用户同样也可以根据检索需要设定合适的范围来选择，以便获得更加精确的数据。

（4）同义词限定。同义词库功能只有在选择了关键词检索入口时才生效，系统默认状态为关闭，选中即打开。同义词库的使用方法是首先进入《中文科技期刊数据库》的检索界面，在其左上角勾选"同义词"复选框，然后在"检索入口"下拉列表框中选择"关键词"选项，最后在检索框内输入关键词后单击"检索"按钮。如果同义词表中有该关键词的同义词，系统就会显示出来，让用户决定是否用这些同义词检索。例如，输入关键词"菊酯"检索时，会提示"菊酯、菊酯类"等检索条件，从而提高了检索的查准率（图 2.43）。

（5）同名作者限定。同名作者库功能与同义词库功能类似，系统默认关闭，选中即打开。功能只有在选择了作者或第一作者检索入口时才生效。输入作者姓名检索时系统会提示同名作者的单位列表，选择需要的单位，单击"确定"按钮即可检索出该单位的该姓名作者的文章（图 2.44）。

图 2.42　期刊范围限定

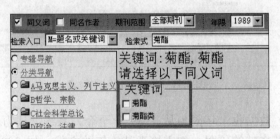

图 2.43　同义词限定

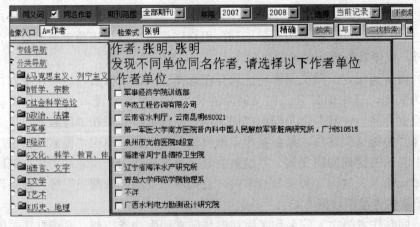

图 2.44　同名作者限定

3）检索式和复合检索

简单检索是直接输入检索词；复合检索有两种方式，一种是利用二次检索，一种是直接输入复合检索式。

（1）利用二次检索。所谓二次检索就是在前一次检索结果的基础上运用"与""或""非"进行再次检索，缩小检索范围，最后得到所需的检索结果。例如，先选择"题名/关键词"检索入口并输入"糠醛"一词，输出结果如图 2.45 所示；再选择"刊名"检索入口，输入"精细化工"，点选"在结果中检索"单选按钮，输出的结果就是刊名为"精细化工"，包含关键词"糠醛"的文献，如图 2.46 所示。二次检索可以多次应用，以实现复杂检索。

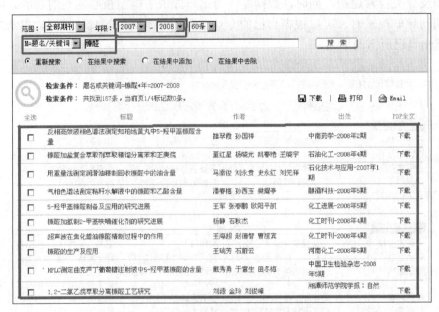

图 2.45　包含关键词"糠醛"的文献

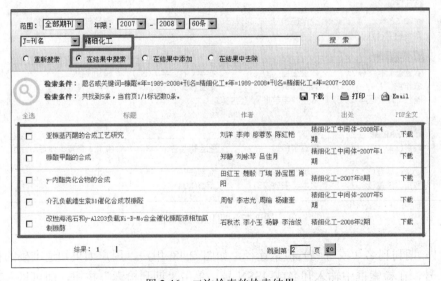

图 2.46　二次检索的检索结果

（2）直接输入复合检索式。维普数据库支持布尔逻辑检索，检索符号的对应关系

为 "*" = "与" "+" = "或" "-" = "非"。复合检索式按布尔运算的规则书写，但直接输入复合检索式时，必须选用"任意字段"检索入口。

3. 期刊导航检索

进入维普期刊资源整合服务平台页面，选择"期刊导航"标签，即可进入期刊导航检索界面（图 2.47）。期刊导航检索提供了 3 种检索途径，即期刊刊名检索途径、英文字顺及分类检索途径。同时，数据库还为用户提供了检索核心期刊的功能。用户在利用期刊导航检索时，可以根据自己的专业范围、学术级别等具体情况，参考核心期刊表选出自己所需的期刊。

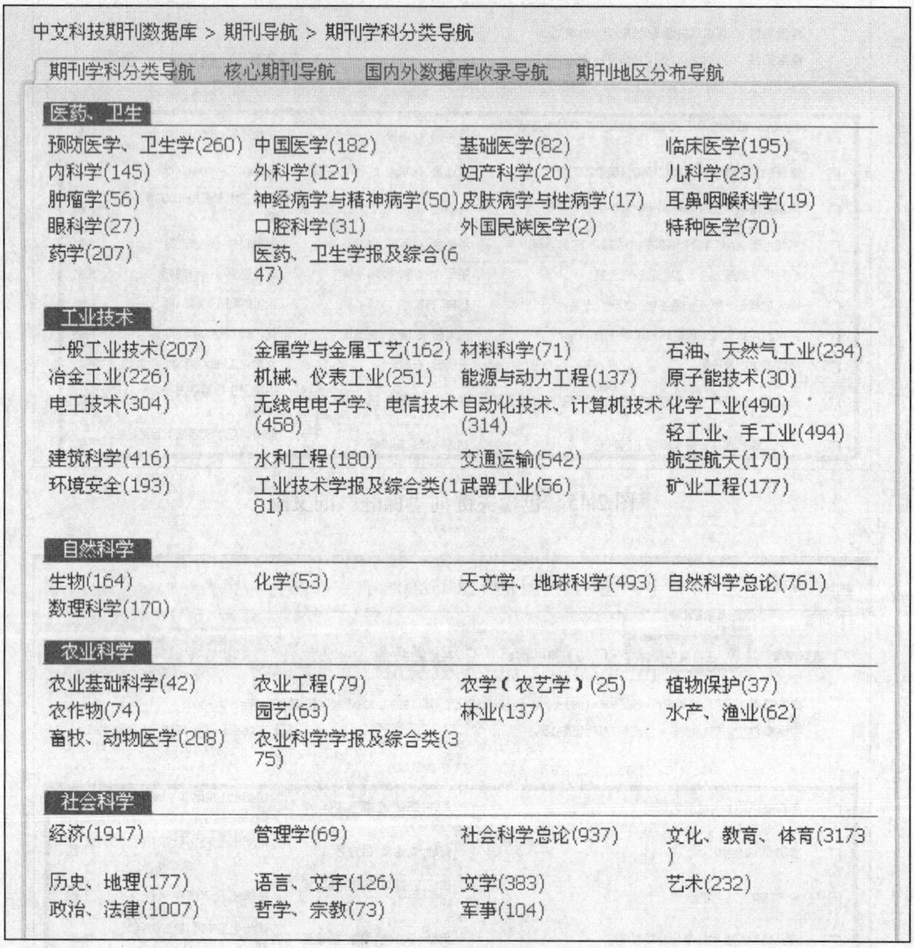

中文科技期刊数据库 > 期刊导航 > 期刊学科分类导航

| 期刊学科分类导航 | 核心期刊导航 | 国内外数据库收录导航 | 期刊地区分布导航 |

医药、卫生

预防医学、卫生学(260)	中国医学(182)	基础医学(82)	临床医学(195)
内科学(145)	外科学(121)	妇产科学(20)	儿科学(23)
肿瘤学(56)	神经病学与精神病学(50)	皮肤病学与性病学(17)	耳鼻咽喉科学(19)
眼科学(27)	口腔科学(31)	外国民族医学(2)	特种医学(70)
药学(207)	医药、卫生学报及综合(647)		

工业技术

一般工业技术(207)	金属学与金属工艺(162)	材料科学(71)	石油、天然气工业(234)
冶金工业(226)	机械、仪表工业(251)	能源与动力工程(137)	原子能技术(30)
电工技术(304)	无线电电子学、电信技术(458)	自动化技术、计算机技术(314)	化学工业(490)
			轻工业、手工业(494)
建筑科学(416)	水利工程(180)	交通运输(542)	航空航天(170)
环境安全(193)	工业技术学报及综合类(181)	武器工业(56)	矿业工程(177)

自然科学

生物(164)	化学(53)	天文学、地球科学(493)	自然科学总论(761)
数理科学(170)			

农业科学

农业基础科学(42)	农业工程(79)	农学（农艺学）(25)	植物保护(37)
农作物(74)	园艺(63)	林业(137)	水产、渔业(62)
畜牧、动物医学(208)	农业科学学报及综合类(375)		

社会科学

经济(1917)	管理学(69)	社会科学总论(937)	文化、教育、体育(3173)
历史、地理(177)	语言、文字(126)	文学(383)	艺术(232)
政治、法律(1007)	哲学、宗教(73)	军事(104)	

图 2.47　期刊导航界面

（1）期刊刊名（或号码）检索途径。如图 2.48 用户，用户如果知道准确的刊名或 ISSN 号，在检索框中输入刊名或 ISSN 号，单击"期刊检索"按钮，即可进入期刊名列表页，然后单击所需刊名即可进入期刊内容页（图 2.49）。

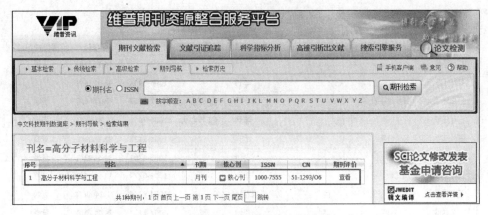

图 2.48 期刊刊号检索界面

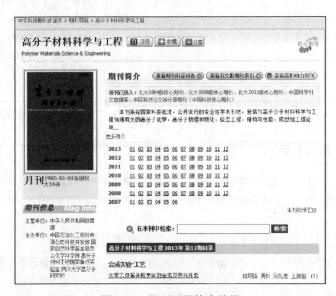

图 2.49 期刊刊号检索结果

（2）英文字顺检索途径。如图 2.50 所示，用户单击字母 G，即可检索出以拼音字母 G 为首字母的所有期刊列表。

（3）分类检索途径。用户可以根据学科分类来查找需要的期刊。单击某一学科分类，即可列出该学科分类下的所有期刊的刊名。例如，单击"材料科学"，就会出现如图 2.51 所示的检索结果。

4. 高级检索

用户进入维普期刊资源整合服务平台页面，选择"高级检索"标签，即可进入高级检索界面（图 2.52）。高级检索是布尔逻辑检索的直观表现形式，提供多重检索方式，可以设计多个检索条件限制和同时检索多个字段，其中题名或关键词、刊名、分类号、作者、第一作者、机构、文摘可以进行"或""与""非"组合，从而更精准地定位所需资源，确保一次检索就能最大程度找到相关资源。

G字母开头刊物

刊名 ▲	刊期	核心刊	ISSN	CN	期刊评价
广东造船	双月刊			44-1270/U	查看
桂林工学院学报	季刊		1006-544X	45-1214/P	
广西师范大学学报：哲学社会科学版	双月刊	核心刊	1001-6597	45-1066/C	查看
工程爆破	季刊	核心刊	1006-7051	11-3675/TD	查看
国外医学：卫生经济分册	季刊		1001-1137	32-1133/R	查看
肝胆外科杂志	双月刊		1006-4761	34-1143/R	查看
国际泥沙研究：英文版	季刊		1001-6279	11-2699/P	查看
工业锅炉	双月刊		1004-8774	31-1400/TK	查看
广东民政	月刊		1007-7197	44-1170/D	查看
广州医学院学报	双月刊		1008-1836	44-1136/R	查看
国际观察	双月刊	核心刊	1005-4812	31-1642/D	查看
钢结构	月刊		1007-9963	11-3899/TF	查看
广东外语外贸大学学报	双月刊		1672-0962	44-1554/Z	查看
供电行业信息	月刊				查看
供电企业管理	双月刊				查看

图 2.50　字母检索

工业技术 > 材料科学

北大2004版核心期刊　　北大2008版核心期刊　　北大2011版核心期刊　　中文社会科学引文索引
中国科学引文数据库　　中国科技论文统计源期刊(中国科技核心期刊)　　中国人文科学核心期刊要览(2008年版)

共71种期刊，2页 首页 上一页 第 1 页 下一页 尾页 ☐ 跳转

材料科学与工程学报	材料开发与应用	材料导报
材料工程	材料科学进展	材料科学与工程
材料科学前沿：英文版	材料科学与工艺	材料保护
材料科学技术学报：英文版	材料研究学报	材料导报：纳米与新材料专辑
超硬材料与工程	非金属材料	复合材料学报
覆铜板资讯	国外材料科学与工程	高分子材料科学与工程
高分子材料	功能材料信息	功能材料
功能材料与器件学报	国外金属材料	国外难熔金属与硬质材料
国外低合金钢：合金钢	甘肃有色金属	贵金属
国外稀有金属	国外稀有金属动态	化工新型材料
航空材料学报	金属材料研究	金属功能材料
理化检验：物理分册	铝加工技术	纳米科技
球铁	轻金属	失效分析与预防
上海金属	上海金属：钢铁分册	世界有色金属
上海金属：有色分册	钛合金信息	无机材料学报
网络聚合物材料通讯	武汉理工大学学报：材料科学…	现代材料动态

图 2.51　学科分类检索

如图 2.52 所示，检索行均可以进行"与""或""非"组合来进行查询，用户可以填写一处或几处关键词来缩小检索范围。

高级检索提供了两种方式供读者选择使用，即向导式检索和直接输入检索式检索。

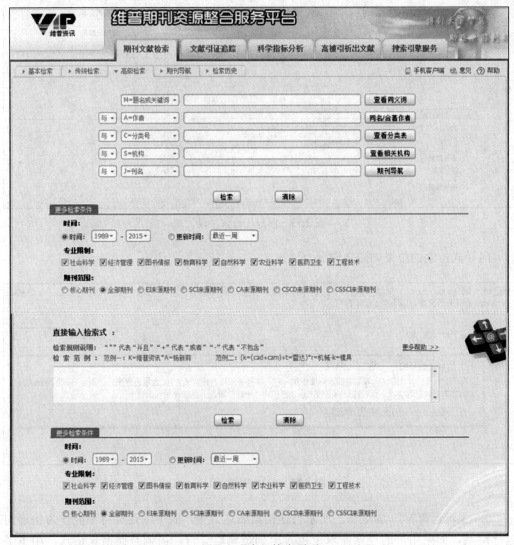

图 2.52　高级检索页面

1）向导式检索

（1）检索界面。向导式检索为用户提供了分栏式检索词输入方法。除可选择逻辑运算、检索项、匹配度外，还可以进行相应字段扩展信息的限定，最大程度地提高了查准率。

（2）检索规则。

① 检索执行的优先顺序严格按照由上到下的顺序进行。在检索时可以根据检索需求进行检索字段的选择，如需检索"水溶性木器漆/涂料"，检索字段的设置如图 2.53 所示。

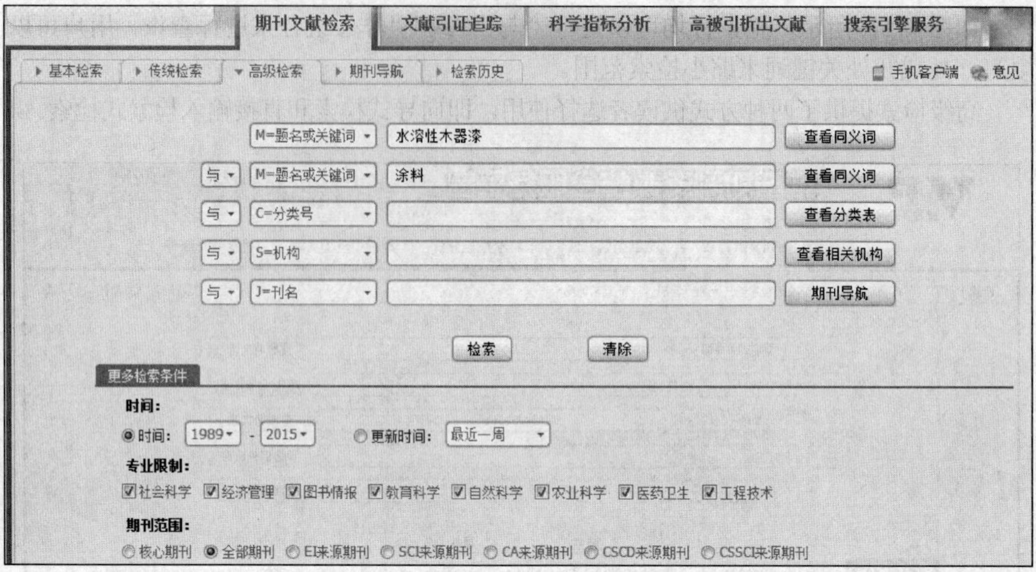

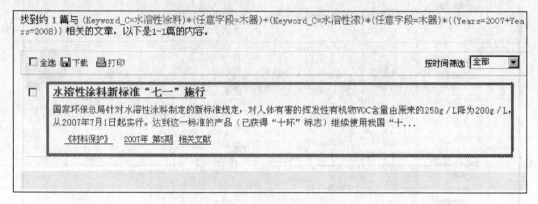

图 2.53　向导式检索字段

向导式检索的结果如图 2.54 所示。

图 2.54　向导式检索结果

② 逻辑运算符。如表 2.2 所示，在检索表达式中，表中的运算符不能作为检索词进行检索，如果用户的检索需求中包含所列逻辑运算符，需调整检索表达式，用多字段或多检索词的限制条件来替换掉逻辑运算符。例如，如果用户要检索 C++，可组织检索式（M=程序设计*K=面向对象）*K=C 来得到检索结果。

表 2.2　逻辑运算符

*	+	-
并且、与、AND	或者、OR	不包含、非、NOT

（3）扩展功能。如图 2.55 所示，图中所有按钮均可以实现相对应的功能。用户只需

要在前面的检索框中输入需要查看的信息，然后单击相对应的按钮，即可得到系统给出的提示信息。

① 查看同义词。例如，用户输入"涂料"，单击"查看同义词"按钮，即可检索出"涂料"的同义词，如涂料、油漆、涂料产品等，用户可以全选以扩大搜索范围。

② 查看分类表。用户可以直接单击某一按钮，会弹出分类表页，操作方法同分类检索。

③ 查看同名作者。例如，用户可以输入"张三"，单击"同名/合著作者"按钮，即可检索出以列表形式显示的不同单位的同名作者，用户可以选择作者单位来限制同名作者范围。为了保证检索操作的正常进行，系统对该功能进行了一定的限制：勾选数据不得超过五个。

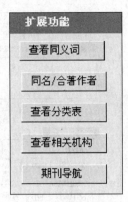

图 2.55 扩展功能

④ 查看相关机构。例如，用户可以输入"中华医学会"，单击"查看相关机构"按钮，即可显示以中华医学会为主办（管）机构的所属期刊列表。为了保证检索操作的正常进行，系统对该功能进行了一定的限制：勾选数据不得超过五个。

⑤ 期刊导航。

（4）检索字段代码表。用户选择某一字段后，可查看对应字段的检索词表来返回检索词，如关键词对应的是主题词表，机构对应的是机构信息表，刊名对应的是期刊名列表。检索字段代码如表 2.3 所示。

表 2.3 检索字段代码

代 码	字 段	代 码	字 段
U	任意字段	S	机构
M	题名或关键词	J	刊名
K	关键词	F	第一作者
A	作者	T	题名
C	分类号	R	文摘

用户在选定限制分类，并输入关键词进行检索后，页面自动跳转到搜索结果页。

2）直接输入检索式检索

（1）检索界面。用户可在检索框中直接输入逻辑运算符、字段标识等，在"更多检索条件"区域中对相关检索条件进行限制后单击"检索"按钮即可（图 2.56）。

检索式输入有错时，系统检索后会返回"查询表达式语法错误"的提示页面，此时可单击浏览器的"后退"按钮返回检索界面重新输入正确的检索表达式。

（2）检索条件。检索条件同"向导式检索"中的图 2.53。

（3）检索规则。逻辑运算符的检索规则如表 2.2 所示；检索代码的检索规则如表 2.3 所示；无括号时，逻辑与"*"优先；有括号时，先括号内后括号外，括号不能作为检索词进行检索。

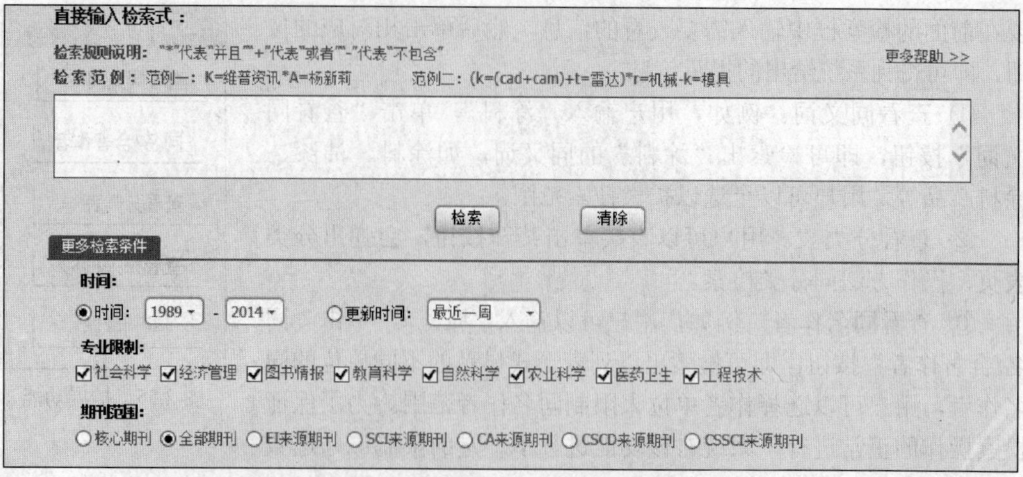

直接输入检索式：

检索规则说明："*"代表"并且""+"代表"或者""-"代表"不包含"　　　　　　　　　　　　更多帮助 >>
检索范例：范例一：K=维普资讯,*A=杨新莉　　范例二：(k=(cad+cam)+t=雷达)*r=机械-k=模具

　　　　　　　　　　　检索　　　　　清除

更多检索条件

时间：
⦿ 时间：1989 ▾ - 2014 ▾　　○ 更新时间：最近一周 ▾

专业限制：
☑社会科学 ☑经济管理 ☑图书情报 ☑教育科学 ☑自然科学 ☑农业科学 ☑医药卫生 ☑工程技术

期刊范围：
○核心期刊 ⦿全部期刊 ○EI来源期刊 ○SCI来源期刊 ○CA来源期刊 ○CSCD来源期刊 ○CSSCI来源期刊

图 2.56　直接输入检索式检索界面

3）高级检索的检索技巧

（1）利用同名作者进行"作者"字段的精确检索。系统在向导式检索中提供了同名作者的功能，由于同名作者功能中限制了勾选的最大数目（五个），若用户需要选择的单位超过了五个，则此时用户可以考虑采用模糊检索的方式来实现检全检准。

例如，查询目标为"浙江大学高分子科学与工程系"，作者名为"王立"的文献，通过同名作者可以检索到相似的单位有 13 个（表 2.4），这时就可以采用检索式"A=王立*S=浙江大学高分子科学"来限制作者，以得到精确的检索结果。

检索式的更改方法：可在向导式检索的同名作者添加以后修改，也可采用直接输入检索式检索的方式。

表 2.4　查询目标为"浙江大学高分子科学与工程系"，作者名为"王立"的文献检索结果

查询	结果
浙江大学高分子科学与工程学系	浙江大学高分子科学与工程系
浙江大学高分子科学与工程学院	浙江大学高分子科学与工程学系，杭州
浙江大学高分子科学与工程学系，杭州 310027	浙江大学高分子科学与工程系，杭州 310027
浙江大学高分子科学与工程系，浙江杭州 310027	浙江大学高分子科学与工程学系，浙江杭州 310027
硕士研究生,浙江大学高分子科学与工程学系杭州 310027	浙江大学高分子系，浙江杭州 310027
浙江大学高分子科学与工程学系，杭州 310027	浙江大学材料与化学工程学院，聚合反应工程国家重点实验室，杭州 310027
浙江大学高分子科学与工程学系，浙江杭州 310027	

（2）利用"查看相关机构"提高检全检准率。向导式检索中提供的"查看相关机构"功能用于精确检索用户需要查询的目标机构，由于相关机构功能中限制了勾选的最大数目（五个），若用户需要检索的机构超过五个，在实际检索时就需要考虑采用模糊检索的方式来实现检全检准。

例如，要查找"四川大学轻纺与食品学院"这一机构，如果以"四川大学"作为基准检索可得到相关机构 100 个，通过筛选，选择出符合检索结果的共有词还有"轻纺与食品学院"，此时就可调整检索式为"四川大学轻纺与食品学院，四川成都"（图 2.57），调整后再次检索相关机构，得到 35 个机构，检全检准率得到明显提高。

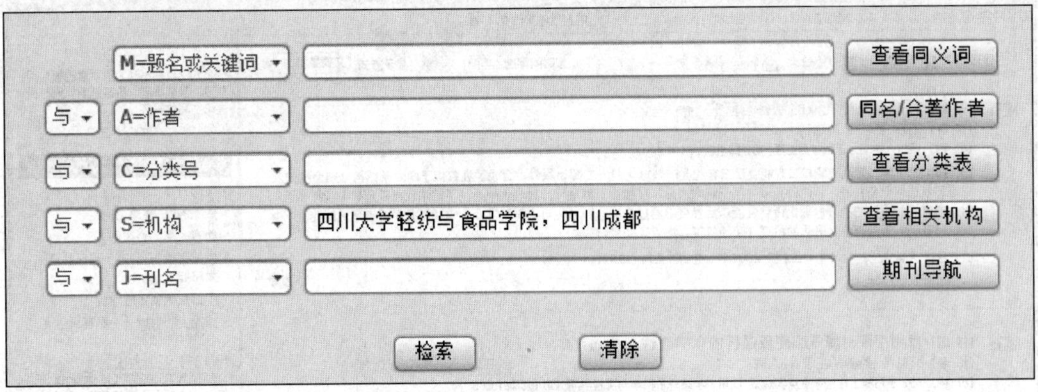

图 2.57 "查看相关机构"检索

三、维普数据库检索示范

在中文科技期刊数据库中，查找四川大学汤嘉陵写的"聚氨酯"方面的文章及该篇文章发表在何处，并将其下载。

（1）登录维普数据库网站 http://www.cqvip.com。

（2）新用户需注册后登录，已注册用户可直接登录。

（3）在打开的检索界面上选择"高级检索"标签，在高级检索界面上选择检索字段，并填写相应的检索词。根据已知条件，选择以下三个检索字段：K=关键词、A=作者、S=机构，其相对应的检索词分别为聚氨酯、汤嘉陵、四川大学，如图 2.58 所示。

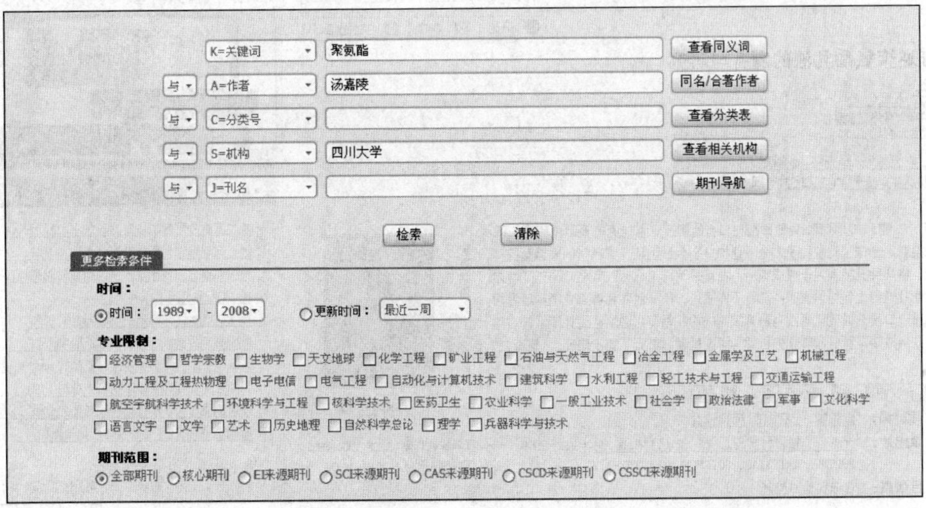

图 2.58 检索词为"聚氨酯、汤嘉陵、四川大学"的检索界面

（4）单击"检索"按钮，即可进行相应的检索，检索结果如图2.59所示。

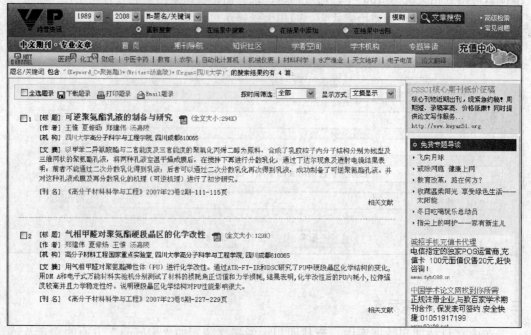

图2.59　检索结果

（5）单击"下载全文"按钮可以实现原文下载，如图2.60和图2.61所示。

图2.60　原文下载

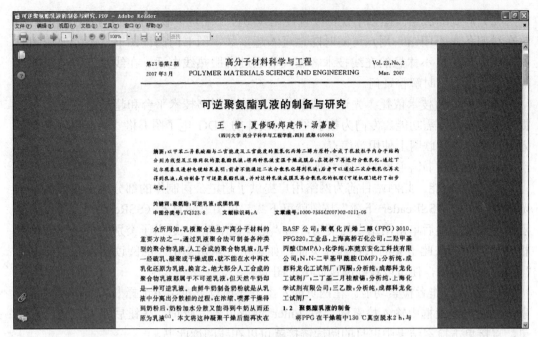

图 2.61 维普数据库检索实例的原文

第四节 超星数字图书馆

一、超星数字图书馆简介

超星公司成立于 1993 年，是国家"863"计划中国数字图书馆示范工程，主要开发档案管理软件系统与档案资料数字化加工系统。超星公司长期致力于纸张图文资料数字化技术及相关应用与推广，开发了易用、经济的数字图书格式，为国内外图书馆、档案馆和出版社数字化提供了成熟的整体解决方案。

目前，由全国各大图书馆采用超星 PDG 格式制作的数字图书超过 6 亿页，PDG 格式成为通用的数字图书格式之一；同时超星数字图书馆是中国电子图书制定标准委员会的成员。

从 2000 年在互联网上正式开通至今，超星公司已独立数字化制作完成近 100 万种电子图书，其中 2000 年后的新书有近 30 万种，是全国乃至全球最大的中文图书资源提供商。超星公司现已开通包库站，可全文阅读、下载、打印 100 万种中文图书。超星数字图书馆设有文学、历史、法律、军事、经济、科学、医药、工程、建筑、交通、计算机和环保等几十个分馆，目前拥有数字图书十多万种。超星数字图书馆具有以下特点：

（1）阅读方便、快捷。拥有海量电子图书资源。超星数字图书馆提供丰富的电子图书阅读，其中包括文学、经济、计算机等五十余大类，并且每天仍在不断地增加与更新；专门为非会员构建开放免费图书馆，为目前世界上最大的中文在线数字图书网。

（2）周到的服务。图书不仅可以直接在线阅读，还可下载（借阅）和打印。24 小时在线服务永不闭馆，用户可随时随地进入超星数字图书网阅读图书，不受地域和时间限制；节假日不休息的在线技术客服人员通过客服热线电话、在线论坛、电子邮件等可以为用户随时解答疑问。

（3）先进的技术依托。先进、成熟的超星数字图书技术平台和超星阅览器给用户提供各种读书所需功能。专门为数字图书网设计的 PDG 电子图书格式具有很好的显示效果、适合在互联网上使用等优点。

超星数字图书馆主页的功能主要有：

① 浏览功能。此网站目前为网络用户提供了超星公司制作的部分电子图书高速浏览服务。单击"SSReader 下载"按钮就可下载超星图书阅览器（SSReader），并可按提示进行安装。然后单击网站中的类别，如"地理图书馆"，进入子类别的页面，再单击相应子类别进入此子类的书目选择页面，如单击"东岳泰山"的阅读图标（不要单击"下载"超链接），便可以在线阅读此电子图书。

② 书名、作者检索功能。在网页的左上方先通过下拉菜单选择书名或作者进行检索，然后在检索框中输入检索词，按 Enter 键或单击"查询"按钮后即可得到检索结果，直接单击检索结果中书目的阅读链接就可以在线阅读此书。

"超星版"网络图书的实质仍然是图像文件，虽然经过压缩，但长度仍相对较大。它是以页为单位扫描压缩，一页为一个文件，一般 32 开本的图书经处理后每个文件长度从几千字节到几十千字节不等。"超星版"网络图书由于是照原书扫描下来的，因此保持了原书的本来面貌，包括原书的分段、分页、插图、附注等。"超星版"图书是以页为单位，就好像看真正的书。用户想看第几页，就可以通过超星图书阅览器直接跳到第几页，非常方便。

使用超星数字图书馆需注意：①必须下载超星图书阅览器才能在超星数字图书馆阅读图书；②应使用最新版本的超星图书阅览器，以避免出现无法正常阅读或下载的情况；③超星图书阅览器有标准版与完全版两种，标准版只带一个很小的例库，完全版包含全部的图书列表（51 个图书馆），并增加了 OCR 识别模块；④阅览超星图书可以进行注册，注册以后可以下载图书，如果不注册，则只可以在线阅读；⑤如需注册，打开超星图书阅览器，单击"注册器"按钮，选择"在当前位置运行该程序"选项，随意输入用户名（需三位以上字符），单击"注册"按钮，注册成功后即可下载图书；⑥在超星图书阅览器中显示的图书都是以 PDG 格式存储的图片，而不是文本，利用 OCR 识别功能可以将 PDG 格式的图片转换为 TXT 格式的文本保存，方便了信息资料的保存。

二、超星数字图书馆的使用

（一）访问超星数字图书馆

目前，访问超星数字图书馆（图 2.62）的数字资源有两种模式，一种是个人用户以注册会员的身份访问，流程如下：下载超星阅览器→新用户注册→购买超星读书卡

→会员充值。

　　另一种为包库用户的访问，用户一般为高校或其他图书情报部门、科研机构。在双方签订协议后，用超星公司提供的用户名、密码，直接访问网站资源，或者通过 IP 段限制该 IP 段内用户的自由使用。

图 2.62　超星数字图书馆首页

（二）下载并安装超星数字图书阅览器

　　阅读超星数字图书需要下载并安装专用阅读工具——超星阅览器。除阅读图书外，超星阅览器还可用于扫描资料、采集整理网络资源等。

（三）超星数字图书馆检索方法

　　超星数字图书馆提供了分类导航和主题两种图书检索途径。

1. 分类导航

　　单击主页上的图书分类逐步打开图书馆各个类目，直到出现图书书名，单击某一书名下方的"阅读"按钮进入阅读状态（图 2.63）。

2. 主题途径

（1）简单检索。在检索框中输入要检索的关键词，点选"全部字段""书名"或"作者"单选按钮，单击"检索"按钮进行检索（图 2.64）。

　　图书关键词检索是用所需查找图书的关键词进行查询的方法。

　①　在检索框内输入关键词，如"精细化工"，多个关键词之间用一个空格隔开；

图 2.63　超星电子书店首页

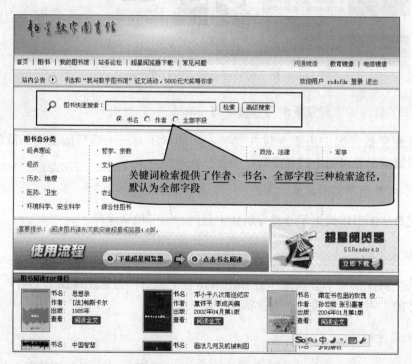

图 2.64　超星图书馆初级检索

②按 Enter 键或单击"检索"按钮，检索到的图书将显示在网页上（图 2.65），为便于查阅，关键词以醒目的红色显示。检索结果还可按"书名""出版日期"进行排序。

点选"书名"单选按钮即检索显示图书库中"书名"字段与关键词相符的图书信息；点选"作者"单选按钮即检索显示图书库中"作者"字段与关键词相符的图书信息；点选"全部字段"单选按钮即对图书库中书名、作者、页数、出版社、出版日期、目录等字段信息进行检索显示。勾选"在结果中搜索"复选框，可以在前一次搜索结果基础上进行更精确的二次搜索。

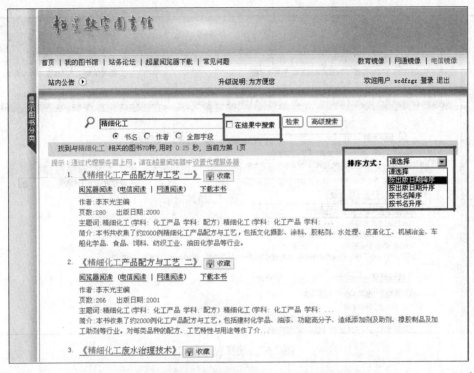

图 2.65　初级检索实例结果

（2）高级检索。单击"高级检索"按钮即进入高级检索界面，如图 2.66 所示。

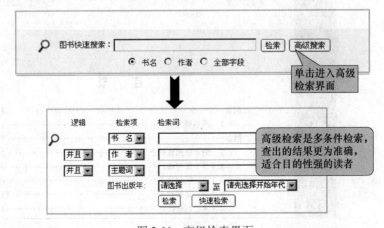

图 2.66　高级检索界面

（四）超星图书阅读及下载

（1）在检索结果中选择要阅读的电子图书，单击打开，选择"阅读器阅读"或"IE 阅读"选项，二者的区别在于使用阅读器阅读时能对打开的图书进行各种编辑操作，而 IE 阅读只有浏览功能。

（2）选择"阅读器阅读"选项，打开图书（图 2.67 和图 2.68）。

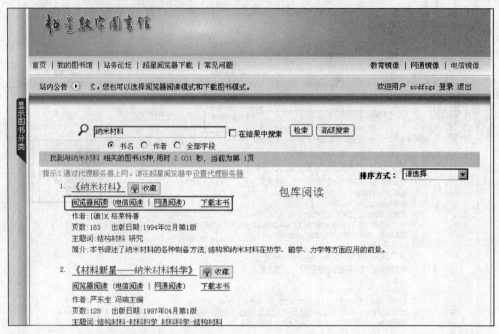

图 2.67　超星包库阅读

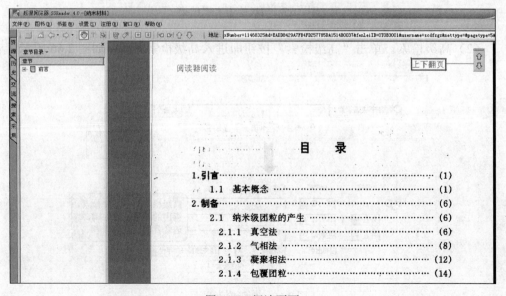

图 2.68　阅读页面

（3）图书下载。如果用户希望把图书资源下载在本地进行阅读，可以进行页面下载，即在阅读器上右击，在弹出的快捷菜单中选择"下载"命令（图 2.69），继而选择路径进行保存。

进行图书下载时，可在设置菜单中进行自定义下载，然后选择存放的位置（图 2.70）。

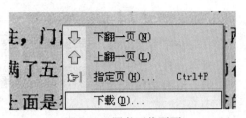

图 2.69　图书下载页面

（4）文字识别。阅读超星 PDG 图像格式的图书时，可以使用 OCR 识别功能将 PDG 转换为 TXT 格式的文本保存，方便了信息资料的使用。在阅读图书页面右击"文字识别"选项，然后按住鼠标左键任意拖动出一个矩形，矩形中的文字全部被识别，识别结果会在弹出的面板中显示，识别结果可以直接进行编辑、导入编辑窗口或者保存为 TXT 文本文件（图 2.71）也可以利用工具栏中的选项，选择需要的区域后便可打开图 2.72 所示界面。

（5）图像截取。在阅读图书时单击"区域选择工具"按钮，然后按住鼠标左键拖动将所要剪贴的图像全部框选在矩形框中，右击可将图片保存至需要保存的位置（图 2.73）。

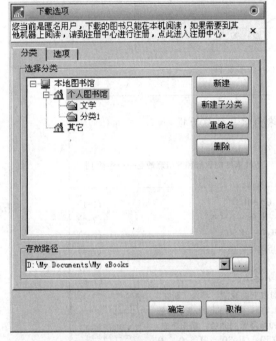

图 2.70　自定义下载图书

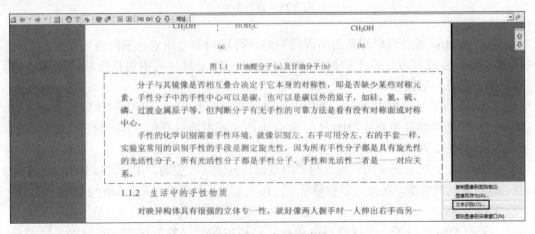

图 2.71　文字识别功能

分子与其镜像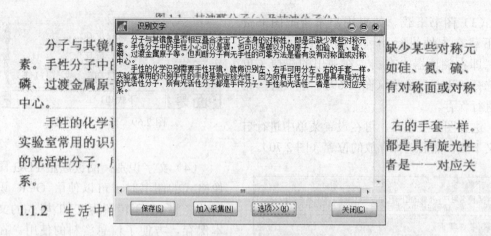缺少某些对称元素。手性分子中的如硅、氮、硫、磷、过渡金属原子有对称面或对称中心。

手性的化学识右的手套一样。实验室常用的识别都是具有旋光性的光活性分子，者是一一对应关系。

1.1.2 生活中的

图 2.72 txt 文本文件

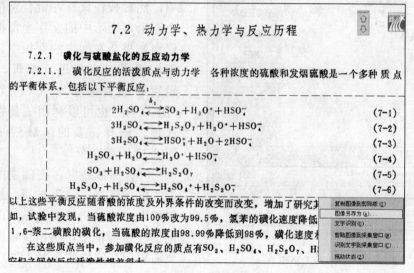

图 2.73 截取图片

（6）标注。通过超星阅览器阅读图书时，可以对需要重点标示的内容做标注。阅读图书时，通过右击在弹出的快捷菜单中选择标注工具，其中包括批注、铅笔、直线、圈、高亮、链接六种。

在阅读图书时，单击浮动工具栏中的批注工具，然后在页面中按住鼠标左键任意拖动一个矩形（想要做批注的地方），在弹出的面板中填写批注内容，单击"确定"按钮即可，如图 2.74 所示。

（7）历史。历史记录用户通过超星阅览器访问的所有资源，用户可以从历史中快速查看最近访问的资源，历史可以按周显示、按天显示、按资源显示，如图 2.75 所示。

（8）书签。

① 添加网页书签。在网页窗口选择工具栏中的"书签"选项，根据提示完成操作，网页书签记录网页的链接地址及添加时间（图 2.76）。

图 2.74　添加批注

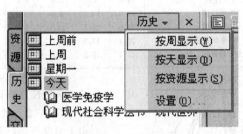

图 2.75　显示方式

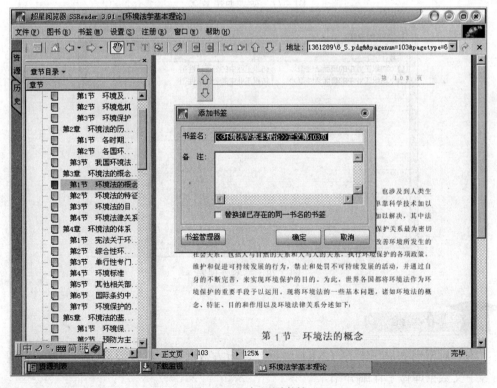

图 2.76　添加网页书签

② 添加书籍书签。在书籍阅读窗口选择工具栏中的"书签"选项，根据提示完成操作，如图 2.77 所示。书籍书签记录书籍的书名、作者、当前阅读页数及添加时间。

③ 书签管理。单击图 2.76 所示"添加书签"对话框中的"书签管理器"按钮，在弹出的"书签管理器"对话框中对已经添加的书签进行修改（图 2.78）。

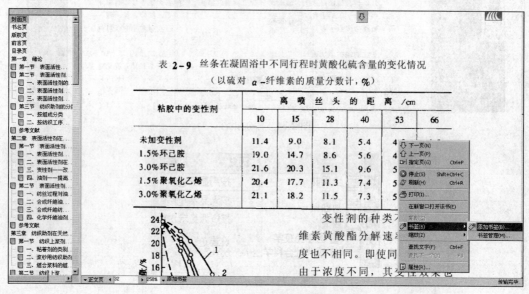

图 2.77　添加书籍书签

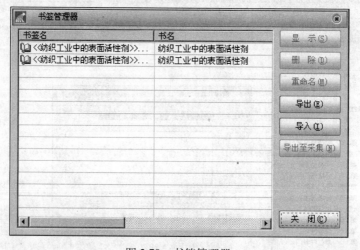

图 2.78　书签管理器

本章对常用的清华同方 CNKI 数据库、万方数据库、维普数据库和超星数字图书馆等中文数据库做了详细介绍。

74

作 业

1. 查阅本校本专业任课教师从 1980 至今发表的各种文章，并将检索结果打印出来。
2. 利用超星数字图书馆下载精细化工专业教科书。

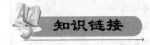

知识链接

读秀图书搜索

读秀图书搜索（图 2.79）是一个面向全球的图书搜索引擎，上网用户可以通过读秀对图书的题录信息、目录、全文内容进行搜索，方便快捷地找到想阅读的图书和内容，是一个真正意义上的知识性搜索引擎。读秀现收录 190 余万种中文图书题录信息，可搜索的信息量超过 6 亿页，且这一数字还在以每天 50 万页的速度增长。读秀允许上网用户阅读部分无版权限制图书的全部内容，对于受版权保护的图书，可以在线阅读其详细题录信息、目录及少量内容预览。

图 2.79　读秀搜索引擎图标

在读秀图书馆主页的检索框内输入关键词（图 2.80），单击"读秀搜索"按钮，即可查找用户需要的书目和全文的相关信息。

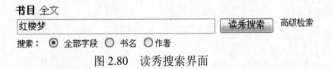

图 2.80　读秀搜索界面

为了方便查找，读秀还提供了二次搜索，即完成第一次搜索后，在检索框中再输入关键词，然后单击"在结果中搜索"按钮，即在第一次的搜索结果中再次进行检索，可以更快地找到所需章节和全文信息，如图 2.81 所示。

图 2.81　读秀二次搜索界面

如果用户需要精确地搜索某一本书，可以进行高级搜索。单击主页上的"高级搜索"按钮，则会进入图 2.82 所示的界面。在检索框中可以输入多个关键词进行精确搜索。

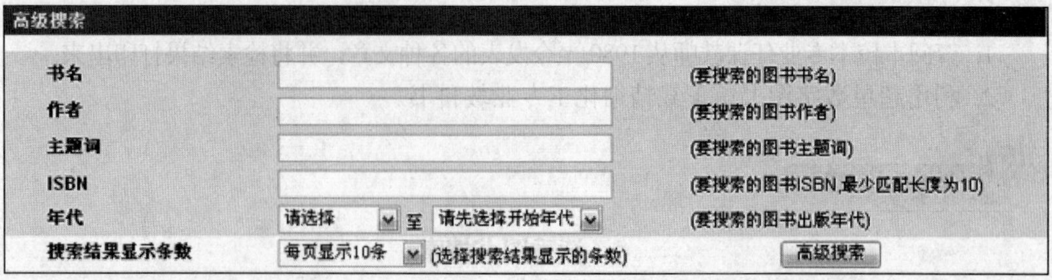

图 2.82 读秀高级搜索界面

第三章

化学化工类外文数据库检索

学习目标

1. 掌握外文数据库综合性检索工具，初步了解手工和计算机检索的方法。
2. 初步了解外文化学化工类数据库信息源，学会制定信息检索策略。
3. 培养信息重组、综合分析和评价的能力。

必备知识

科技文献手工检索、计算机检索的基本操作知识。

选修知识

SpringerLink 检索。

案例导入

利用化学文献从化学物质索引途径检索"如何检验食品中苯甲酸的含量"的文献。

第一步：分析课题，列出主题词苯甲酸——benzoic acid。

第二步：查卷化学物质索引，以 benzoic acid 为主标题，以 analysis 为副标题进行检索。

第三步：在主标题和副标题下查阅说明语，选择相关文献的文摘号。

第四步：根据卷号和文摘号查阅文摘。

第五步：索取原始文献。

课前思考

1. 外文文献的检索与国内文献的检索有什么区别和联系？
2. 如何利用已学知识进行外文科技文献的检索？

第一节 美国《工程索引》数据库

一、《工程索引》数据库简介

美国《工程索引》（*The Engineering Index*）简称 EI，是世界著名的科技文献文摘之一，是检索世界各国工程领域内学术文摘颇具重要性和权威性的工具之一，收录了世界上 50 多个国家 26 种文字的科技文献，报道的材料来自世界范围内 5400 多种工程期刊、会议记录及科技报告，涉及土木建筑、材料、动力、电工、电子、电信、自控、矿冶、金属工艺、机械制造、仪器仪表、化工、轻工、水利、交通运输、采矿、石油、地质等。《工程索引》创刊于 1884 年。

《工程索引》每年同时出版发行月刊、年刊、卡片、累积索引、EI Compendex Plus 数据库、EI Compendex CD-ROM 数据库、EI Compendex Web 网络版的数据库。

1.《工程索引》月刊

《工程索引》月刊（*The Engineering Index Monthly*）创刊于 1962 年，每月一期，每年一卷，报道时差为 6～8 周。按照《工程叙词表》所列主题词字顺序排列文摘的正文。文摘的结构顺序为说明、机构名称缩写-全称对照表、文摘正文、辅助索引-著者索引和主题索引。

2.《工程索引》年刊

《工程索引》年刊（*The Engineering Index Annual*）在 1966 年创刊，每年将 12 期的工程索引月刊汇集成册。年卷由文摘、作者索引和团体作者索引组成，并附有"工程出版物索引""缩写字、单位和略语""机构名称首字缩写""文摘号对照表"，1993 年以后年卷由文摘正文、作者索引、主题词索引组成，前面附有机构名称字首缩写、缩写字、单位和略语，后面附有年度工程出版物一览表［Publications List（year）Seral Titles］、年度会议一览表（Publications In Engineering Conference Covered in Year）。

3.《工程索引》累积索引

《工程索引》累积索引（*EI Cumulative Index*）已经出版 1973～1977、1978～1981、1982～1984、1985～1987、1988～1990 5 个累积版，便于回溯检索。

4. EI Compendex Plus 数据库

美国工程信息公司（简称 EI 公司）20 世纪 70 年代开始生产电子版数据库，即 EI Compendex Plus 数据库，其每周更新，借助国际商业联机检索系统 Dialog、STN、OBIT 等，提供在线检索服务，检索方便、快捷。

5. EI Compendex CD-ROM 数据库

EI Compend CD-Rom 数据库是工程索引公司的机读数据库，由 Dialog 公司出版，收录了自 1986 年以来 EI 刊登的文摘，内容与印刷版的 *The Engineering Index* 一致，每季度更新，每年累积为一张盘，极大地方便了局域网用户的检索。

6. Engineering Village 检索平台

Engineering Village（EV）检索平台提供十多个数据库的内容，涵盖了工程、应用科学相关的最为广泛的领域，内容来源包括学术文献、商业出版物、发明专利、会议论文和技术报告等。其中的 EI Compendex 即人们常说的美国《工程索引》（EI）数据库，是全世界最早的工程文摘来源。EI Compendex 收录年代自 1969 年起，涵盖 175 种专业工程学科，目前包含 1100 多万条记录，每年新增的 50 万条文摘索引信息分别来自 5100 种工程期刊、会议文集和技术报告。EI Compendex 收录的文献涵盖了所有的工程领域，其中大约 22%为会议文献，90%的文献语种是英文。EI 数据库从 1992 年开始收录中国期刊。

此外，EV 检索平台上还有 Inspec、GeoBase、NTIS Database、Referex、EI Patents 等十多个数据库资源。

二、检索方法及实例

数据库提供快速检索（quick search）、专家检索（expert search）和主题词表检索（thesaurus search），系统默认为快速检索界面。单击界面上相应的标签，可在三个检索界面之间切换。

1. 快速检索

快速检索界面如图 3.1 所示。

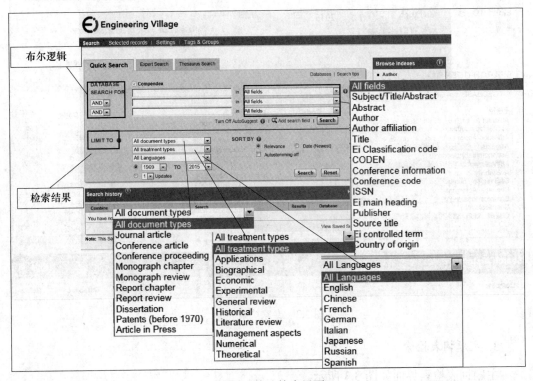

图 3.1 快速检索界面

快速检索是 EI 检索常见的方式之一。在快速检索界面，可以通过布尔逻辑符号对检索内容进行选择，通过条件限制检索范围。同时可以通过"All fields"进行字段选择、"All document type"进行文献类型选择，通过"All treatment type"进行文献内容选择，以及需要语言的选择。

2. 专家检索

专家检索用于检索复杂的课题。可利用"within"（wn）命令进行字段限定。例如，"overload" wn AB（seatbelt*OR（seat belt*）wn TI 字段限制算符为"wn"，含义是 within。

专家检索的检索式为检索词+wn+段码，如 Computer wn ti and smith wn au，其检索界面如图 3.2 所示。

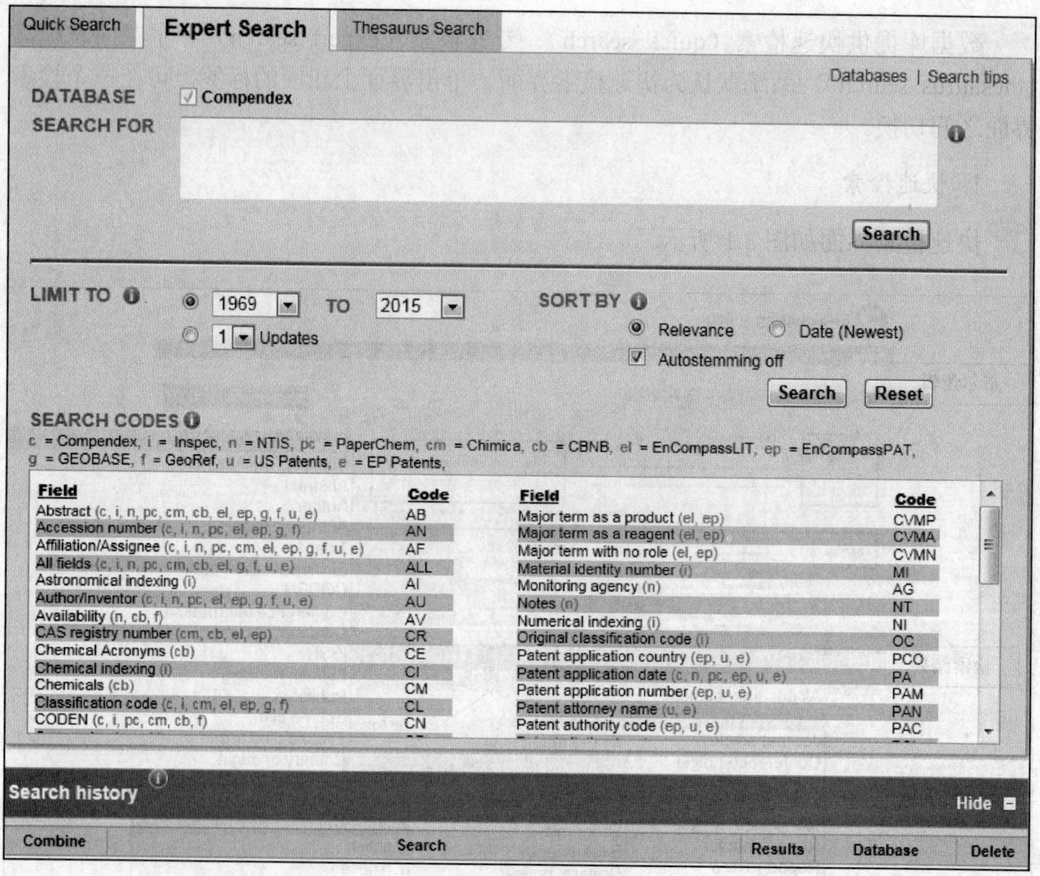

图 3.2 专家检索界面

3. 主题词表检索

主题词表检索界面如图 3.3 所示。
EI 常用检索字段代码如表 3.1 表示。
主题词表结构如图 3.4 所示。

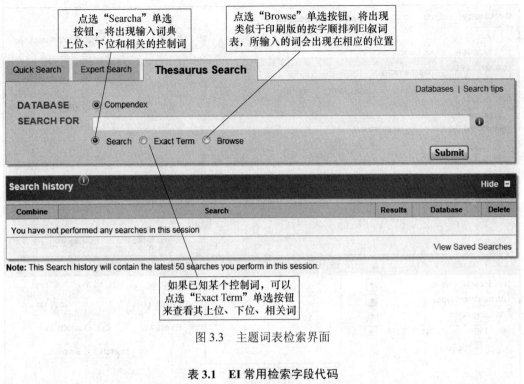

图 3.3 主题词表检索界面

表 3.1 EI 常用检索字段代码

可检索字段（field）	字段名称（code）	示 例
All fields	All	在全部字段中检索，{test bed} wn ALL
Abstract	AB	文摘，"optical fiber" wn AB
Author	AU	作者，Sakamoto，K*wn AU
Author affiliation	AF	作者单位，"Shanghai University" wn AF
Controlled term	CV	主题词，"near field scanning" wn CV
Serial Title	ST	刊名，"Journal of Applied Physics" wn ST
Subject/Title/Abstract	KY	主题词、题目和文摘，fiber wn KY
Title	TI	题目，{atm networks} wn TI

三、检索结果的输出

检索结果显示如图 3.5 所示。

1. 结果调整（refine results）

Limit to、Exclude 选项包括 Author（作者）、Controlled vocabulary（主题词）、Classification code（EI 分类号）、Document type（文献类型）、Language（语言）、Year（出版年）和 Publisher（出版商）等。

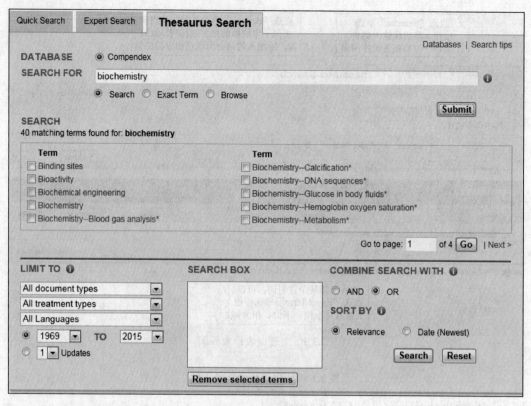

图 3.4　主题词表结构

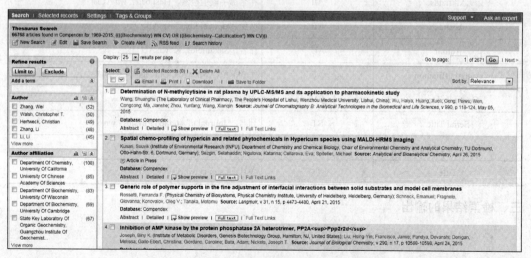

图 3.5　检索结果显示

　　可根据需要，通过勾选所需项目复选框，使用限制（Limit to）按钮或者排除（Exclude）按钮，调整当前检索结果。同时，可以增加检索条件（图 3.6）。

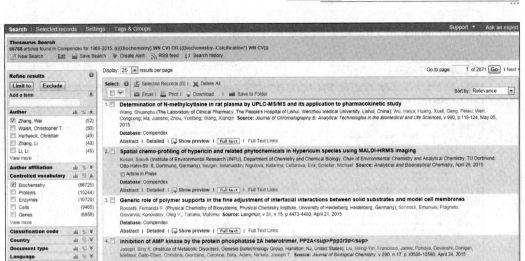

图 3.6　增加检索条件

2. 显示检索结果的输出

（1）题录形式（Citation）。增加检索条件题录检索结果如图 3.7 所示。

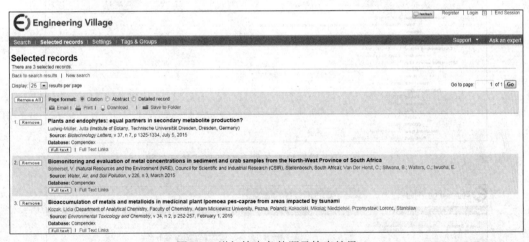

图 3.7　增加检索条件题录检索结果

（2）文摘形式（Abstract）。增加检索条件文摘形式检索结果如图 3.8 所示。

（3）全记录形式（Detailed record）。增加检索条件全记录形式检索结果如图 3.9 所示。

四、检索示范

通过 Engineering Village 检索平台对作者金志华被 EI 收录的文章进行检索。

首先，进入 Engineering Village 检索系统首页（图 3.10）。

然后选择数据库，将检索范围限制在 Author 字段，即检索策略为 Author affiliation=

jin zhihua/jin zhi hua/jin z.h，检索结果如图 3.11 所示。

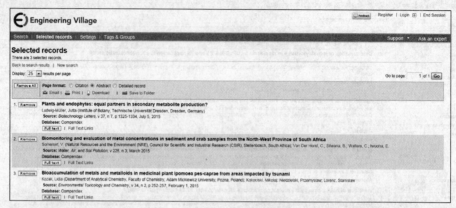

图 3.8　增加检索条件文摘形式检索结果

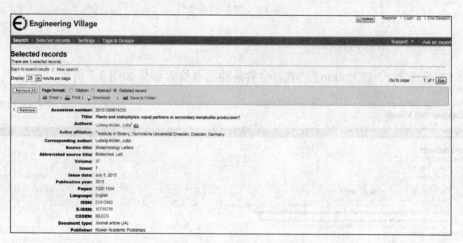

图 3.9　增加检索条件全纪录形式检索结果

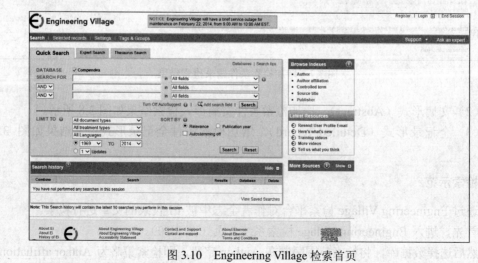

图 3.10　Engineering Village 检索首页

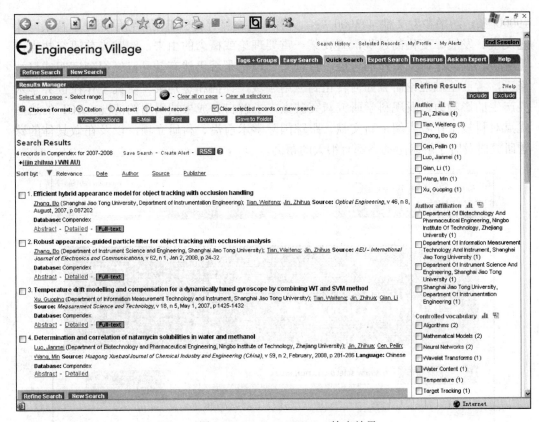

图 3.11　Author affiliation 检索结果

　　将 Author affiliation 的检索结果通过 E-mail、Print、Download 方式导出。

第二节　美国《科学引文索引》数据库

一、《科学引文索引》数据库简介

　　SCI 是美国《科学引文索引》的英文简称，其全称为 *Science Citation Index*，创刊于 1961 年，它是根据现代情报学家加菲尔德（Engene Garfield）1953 年提出的引文思想而创立、由美国科学情报所（Institute for Scientific Information，ISI）出版的国际性检索刊物。SCI 现为双月刊，包括自然科学、生物、医学、农业、技术和行为科学等，主要侧重基础科学。其所选用的刊物来源于 150 多个学科领域、40 多个国家、多种文字，这些国家主要有美国、英国、荷兰、德国、俄罗斯、法国、日本、加拿大等，也收录一定数量的中国刊物。

　　SCI 所在的服务平台 WEB OF KNOWLEDGE 如图 3.12 所示。

　　SCI 选择期刊运用引文数据分析和同行评估相结合的方法，充分考虑了期刊的学术价值。目前，SCI 有 2 种版本，即扩展版和核心版，其中扩展版收录期刊 5900 多种，核心版（印刷或光盘版）收录 5900 种期刊中的 2100 种期刊，每周新增数据

19000 条，新增参考文献 423000 条，集各学科之精粹。SCI 可以帮助用户了解某一课题发生、发展、变化的过程，查找某一重要理论或概念的由来，跟踪当前研究热点，了解自己及同行研究工作的进展，查询某一理论是否仍然有效且已经得到证明或已被修正，考证基础理论研究如何转化到应用领域，评估和鉴别某一研究工作在世界学术界产生的影响力，发现科学研究新突破点，了解自身成果被引用的情况。SCI 的这些优点对科技工作者查阅最新文献、跟踪国际学术前沿、科研立项，以及在做具体的课题研究时及时了解国际动态都有很大的帮助。

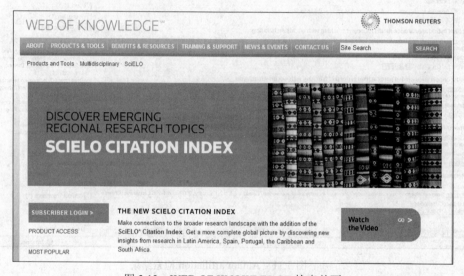

图 3.12　WEB OF KNOWLEDGE 检索首页

　　SCI 的产品包括印刷版、光盘版、联机数据库及 Web 版数据库。其中光盘版 SCI 的六个专业数据库属于 ISI 扩展产品，具体如下：

　　（1）生物化学与生物物理引文索引（Biotechnology and Biophysics Citation Index，BBCI）。

　　（2）生物引文索引（Biotechnology Citation Index，BCI）。

　　（3）化学引文索引（Chemistry Citation Index，CCI）。

　　（4）材料科学引文索引（Materials Science Citation Index，MSCI）。

　　（5）神经科学引文索引（Neuroscience Citation Index，NSCI）。

　　（6）计算机科学与数学引文索引（CompuMath Citation Index，CMCI）。

　　1997 年，ISI 推出了网络版数据库——Web of Science。该数据库检索系统中的 Science Citation Index Expanded 的信息资源更加详实，收录 5900 余种期刊，每周新增 19000 条记录；Social Sciences Citation Index 收录 1735 余种期刊，每周新增 2050 条记录；Arts & Humanities Citation Index 收录 1140 种期刊，每周新增 2300 条记录，检索功能更加强大。Web of Science 由三个独立数据库构成，既可以分库检索，又可以多库联检，如果需要跨库检索，选择"Cross Search"，即可以在同一平台同时检索五个数据库。

二、SCI 光盘版检索方法

SCI 光盘版的检索方法和检索界面与六个分学科专辑的检索是一致的。以著作者索引检索为例，检索方法如下：

按每年度检索，系统默认检索字段是"Basic Index"。按 Alt+F（Fields）组合键选择 Author 字段，直接输入如"zhang-jg"等作者姓名形式；或者按 Alt+D（Dictionary）组合键，即打开著者索引字典，再输入作者姓名开始检索。查到后，做标记（Mark），并下载检索结果（Save），单击 S（Save）选择下载字段，一般要加上单位字段 Address，其他字段（如参考文献、文摘、关键词等）对于评价功能不重要，不需下载。注意，加亮的首字母都是快捷键，可以单击打开。

三、Web of Science 数据库检索方法

通过 Web of Science 可以直接访问 Thomson Scientific 的三大引文数据库，即 Science Citation Index Expanded、Social Sciences Citation Index 和 Art & Humanities Citation Index，以及两大化学信息数据库，即 Index Chemicus（检索新化合物）和 Current Chemical Reactions（检索新奇的化学反应）。

Web of Science 提供快速检索（quick search）、普通检索（general search）、被引文献检索（cited reference search）、化学结构检索（structure search）、高级检索（advanced search）、作者甄别（author finder）六种检索方式，其检索界面首页如图 3.13 所示。

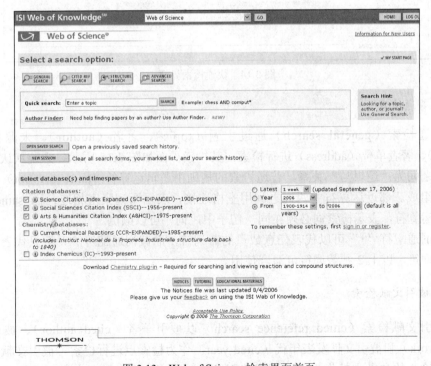

图 3.13　Web of Science 检索界面首页

1. 快速检索

快速检索（quick search）可以检索文章标题、作者摘要和关键词，可以使用 and、or、not 等逻辑运算符连接词或词组，一次性可以检索多达 50 个词或词组，其检索界面如图 3.14 所示。

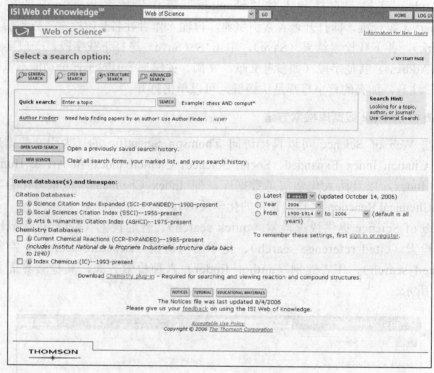

图 3.14　快速检索界面

2. 普通检索

普通检索（general search）通过主题（topic）、著者（author）、来源期刊名（source）、著者单位（address）进行检索，其检索界面如图 3.15 所示。系统默认多个检索途径之间为"逻辑与"关系。普通检索的规则由逻辑运算符（and、or、not）与邻近运算符组成。邻近运算符中两词之间用空格连接，表示两词紧密相连；而 same、sent 为位置运算符，表示检索词必须在同一句子中，词序可以颠倒。

截词通配符"*"可以代表任意数量的截词符，而截词通配符"？"只代表一个字母的截词符，以上 2 种截词符可混合使用。

3. 被引文献检索

被引文献检索（citied reference search）以被引著者（cited author）、被引著作（cited work）和被引文献发表年代（cited year）作为检索点进行检索。被引文献检索将已发表论文的参考文献作为索引词或索引条目，利用作者自己建立文章之间正式的关系链，通过旧的已知文献查找新的未知文献。

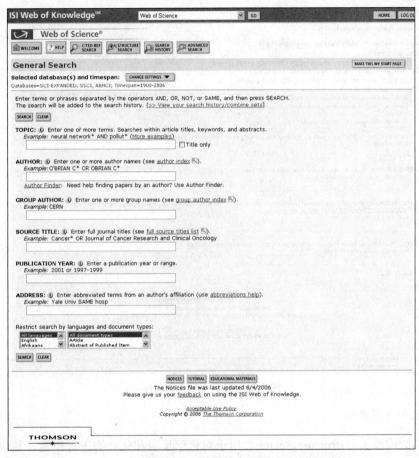

图 3.15 普通检索界面

被引著者检索，一般应以被引文献的第一著者进行检索，但如果被引文献被 Web of Science 收录，则可以通过在"cited author"中输入被引作者的姓名进行检索，执行检索时，可在"被引作者"字段中按"姓＋空格＋名的首字母"的格式输入被引文献的第一作者；被引著作检索，检索词为刊登的被引文献的出版物名称，如期刊名称缩写形式、书名或专利号，单击"view the Thomson IsI List of journal abbreviations"，查看并复制、粘贴准确的刊名缩写形式；被引文献发表年代检索，检索词为四位数字的年号。这 3 种检索字段均可以单独使用，也可以同时使用，系统默认多个检索途径之间为时间逻辑的关系。当需要 and、or、not、same 或 sent 作为检索词而非运算符时，可以用引号（""）将这些词括起来。其检索界面如图 3.16 所示。

被引文献索引中的引文条数不得超过 500 条，若超出系统会提示限制检索。ISI 处理了绝大多数正规的引文条目，条目中只出现第一作者的名称，如果引文条目是数据库中的一个来源记录，则第二作者也可以被检索到，同一条引文因笔误会形成多种不同的形式。

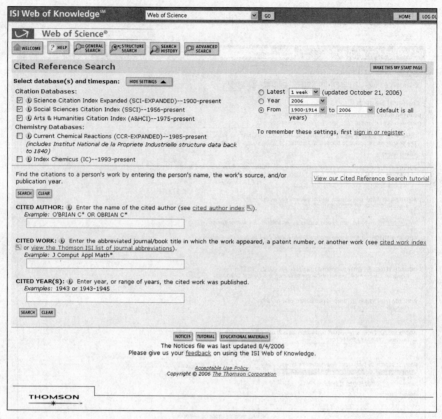

图 3.16　被引文献检索界面

4. 化学结构检索

化学结构检索（structure search）用于对化学反应和化合物进行检索，其包括以下几种：

（1）结构图或反应式检索：绘制和显示反应式或结构图都需要下载并安装插件 chemistry plugin，然后单击"Draw Query"按钮，弹出画图或画反应式的界面，根据可选择的工具画好具体结构图和反应式，再单击绿色箭头，自动将结构图和反应式添加到检索框中，并且选择检索方式，如包含或精确检索。

（2）化合物检索：通过化合物的名称、生物活性或分子量进行检索。

（3）化学反应检索：通过对反应条件的要求和选择［如气体环境、气压、温度、反应时间、产量、反应关键词（组）、反应注释等］完成的检索，其检索界面如图 3.17 所示。

5. 高级检索

高级检索（advanced search）是使用字段标识符在普通检索字段检索文献的方法，在检索表达式中使用逻辑运算符、括号等。可以在高级检索界面的右侧列出字段标识符，在检索表达式的检索框中列出著者、团体著者和来源出版物，同时还可以对文献的语种和文献类型进行限定。该检索界面的主页显示检索历史，可以对检索历史进行逻辑运算。高级检索的检索界面如图 3.18 所示。

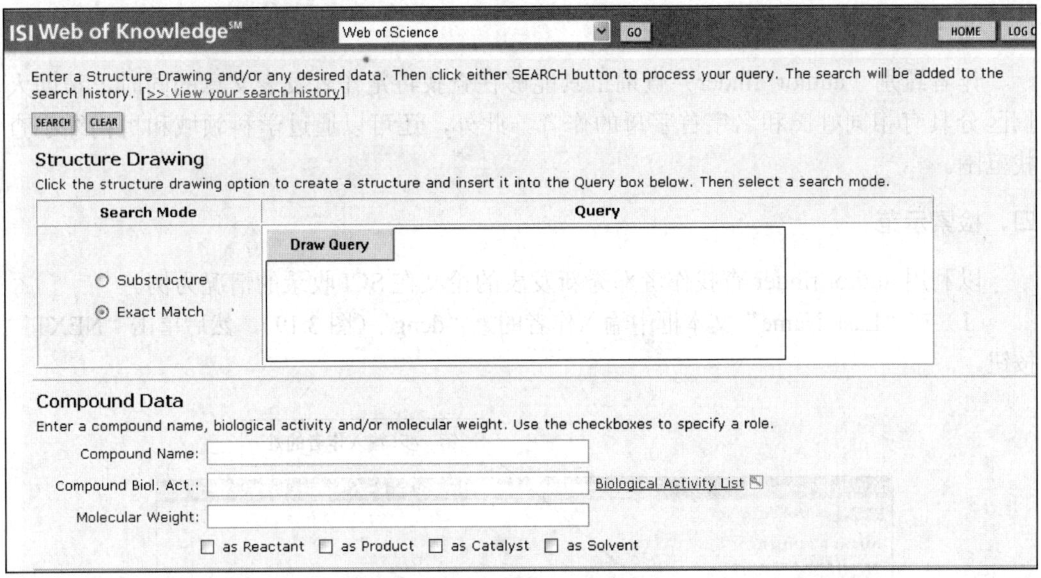

图 3.17 化学反应检索界面

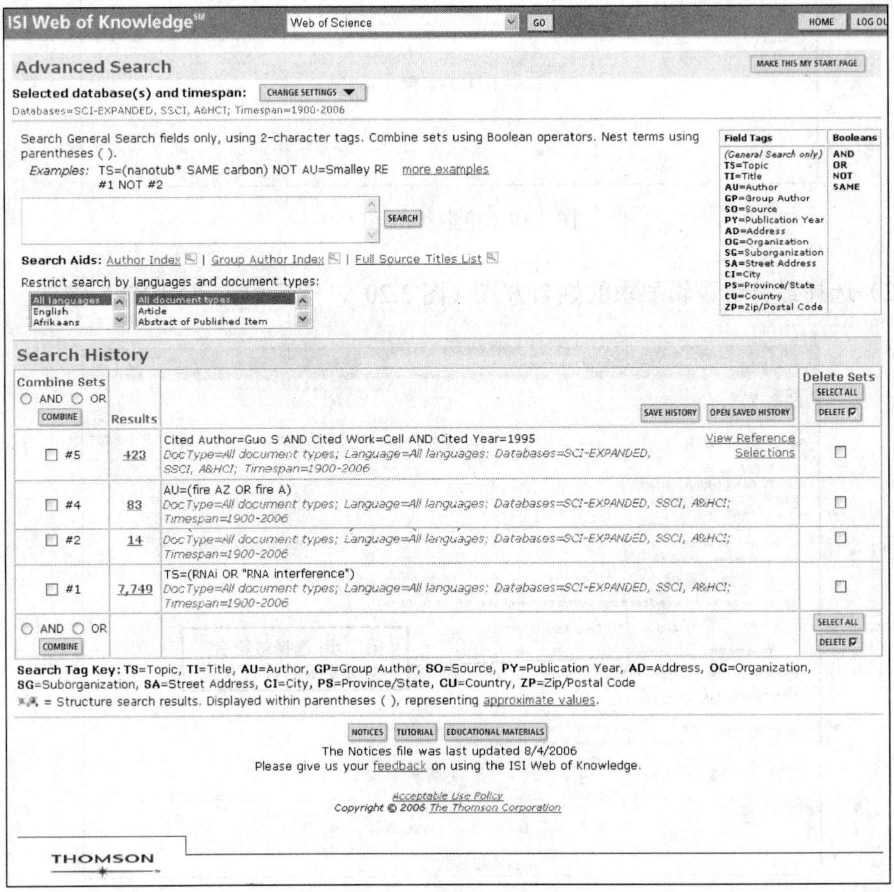

图 3.18 高级检索界面

6. 作者甄别

作者甄别（author finder）查询工具能够在查找特定作者发表文章的同时，帮助人们区分具有相同姓氏和名字首字母的作者。此外，还可以通过学科领域和机构缩小查找范围。

四、检索示范

以利用 author finder 查找作者邓秀新发表的论文在 SCI 收录的情况为例。

（1）在"Last Name"文本框中输入作者的姓"deng"（图 3.19），然后单击"NEXT"按钮。

图 3.19　检索示范第一步

（2）选择最符合逻辑要求的姓名方式（图 3.20），然后单击"NEXT"按钮。

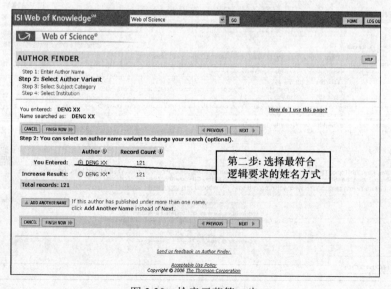

图 3.20　检索示范第二步

（3）选择该作者的研究领域（图 3.21），然后单击"NEXT"按钮。

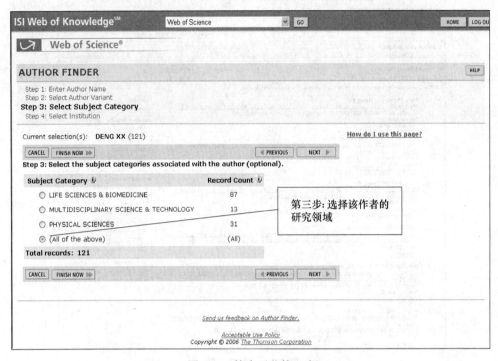

图 3.21　检索示范第三步

（4）选择作者所在的研究机构（图 3.22），单击"FINISH"按钮完成检索。最终的检索结果如图 3.23 所示。

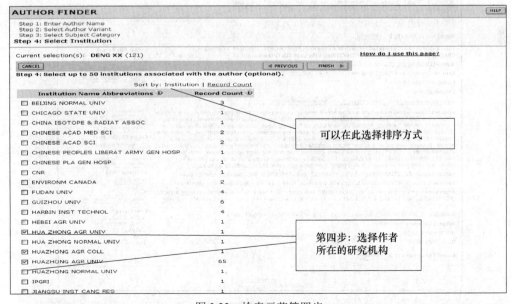

图 3.22　检索示范第四步

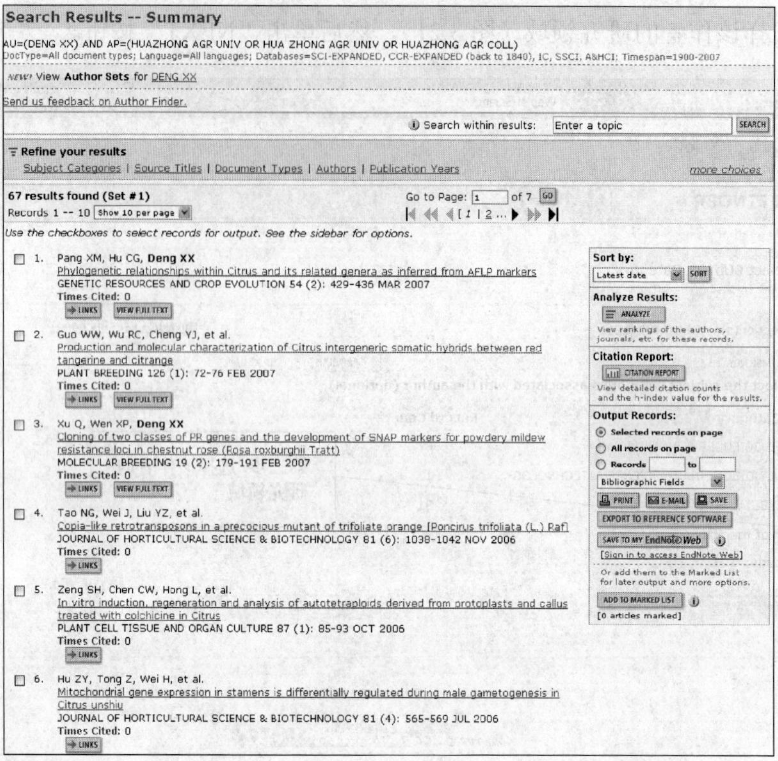

图 3.23　检索结果

检索示范记录如图 3.24 所示。

图 3.24　检索示范记录

第三节　美国《化学文摘》数据库

一、《化学文摘》数据库简介

美国《化学文摘》（*Chemical Abstracts*，CA）创刊于 1907 年，是国际六大著名检索系统之一，是享有世界声誉的化学化工专业性文摘刊物，是由美国化学会、化学文摘社、英国化学学会和德国化学情报文献社合作出版的大型化学化工文献检索系统，现为周刊。

CA 收录的文献以化学化工为主，是"开启世界化学文献宝库的钥匙"，收摘了世界上至今为止近 3900 万种期刊、专利和学位论文记录，超过 10000 种科技期刊，其中大约 1500 种为核心化学期刊。内容除化学化工外，尚在不同程度上涉及生物、医学、轻工、冶金、物理等。收录文献类型有期刊论文、专利文献、学位论文、会议文献、科技报告、存档资料和图书（包括视听资料等）。CA 收录的各种资料，就文种而言，已达 56 种之多。

据称，CA 收录的文献占世界化学化工文献总量的 98%，其中 70%的资料来自美国之外的国家和地区。从文献内容看，CA 收录的主要是纯化学和应用化学各领域的科研成果和工艺成就，而不是报道化工经济、市场、化学产品目录、广告及化工新闻方面的消息。它是查找化学化工文献的重要检索工具。目前，CA 通过书本式检索工具、联机检索数据库、WEB 数据库和光盘数据库对外服务。特别是 1996 年美国化学文摘社正式推出光盘版 CA，使 CA 的检索不限于手工检索和联机检索。CA 数据库从 2007 年开始收录《地质学报》（英文版）。这是学刊长期以来重视期刊国际化建设的结果，也标志着《地质学报》（英文版）继被 SCI 数据库收录之后，学刊质量水平又达到了一个新的高度。

二、CA 光盘版检索方法及示范

CA on CD 是 CA 化学文摘的光盘产品，它具有完备的检索体系，使用户能在网络上极为迅速地搜索到自己感兴趣的化学方面的文章。

（一）基本检索

CA on CD 提供四种基本检索途径：索引浏览式检索（index browse）、词条检索（word search）、化学物质等级名称检索（substance hierarchy）和分子式检索（formula）。

1. 索引浏览式检索

（1）在检索菜单窗口，从"Search"菜单中选择"Browse"命令，即可进入索引浏览式检索。

（2）窗口中 Index 字段的默认值为 Word。用户可单击索引框中的箭头，在弹出的索引菜单中选择所需索引字段，索引字段包括以下几种。

① Word：自由词，包括出现在文献题目、文摘、关键词表、普通主题等中所有可

检词汇；

　　② CAS RN：CAS 登记号；

　　③ Author：作者及发明者姓名；

　　④ General Subject：普通主题；

　　⑤ Patent Number：专利号；

　　⑥ Formula：分子式；

　　⑦ Compound：CA 化合物；

　　⑧ CAN：CA 文摘号；

　　⑨ Organization：组织机构、团体作者、专利局；

　　⑩ Journal：刊物名称；

　　⑪ Language：原始文献的语种；

　　⑫ Year：文摘出版年份；

　　⑬ Document Type：文献类型；

　　⑭ CA Section：CA 分类等。

　　（3）输入检索词的前几个字符或利用鼠标键滚动屏幕，将光标定位于所选检索词处。

　　（4）单击"Search"按钮或按 Enter 键，开始检索。

　　2. 词条检索

　　（1）用逻辑组配方式将检索词、词组、数据、专利号等结合起来进行检索。

　　（2）单击"Search"按钮或在"Search"菜单中选择"Word Search"命令。

　　（3）在屏幕中部的检索词文本框中输入检索词（词间可用逻辑组配）。

　　（4）在右侧字段下拉菜单中选定相应检索词的字段，默认值为"Word"；在左侧选项下拉菜单中选择词间的关系组配符，此处默认值为"AND"。

　　（5）设定各检索词在文献记录中的位置关系（同一文献、同一字段或间隔单词数等）。

　　（6）单击"Search"按钮，开始检索。检索完毕后，屏幕出现检索结果，显示检索的文献题目。对检索词的输入，系统允许使用代字符"？"，每一个"？"只代表一个字符，如输入"ep?xy"即可查到 epoxy；也可以使用截词符"*"，"*"符号表示单词前方一致，如输入"catalytic*"可以查到 catalytic 和 catalytical。另外，还可以输入由 OR 组配符连接而成的检索式，如输入"strength OR toughness"。

　　3. 化合物质等级名称检索

　　CA on CD 的化学物质等级名称索引与书本式的化学物质索引基本相同，是按化学物质的母体名称进行检索的，有各种副标题及取代基。

　　（1）在检索窗口中，单击"Subs"按钮或从"Search"菜单中选择"Substance Hierarchy"命令，系统即进入化学物质等级名称检索窗口，屏幕显示物质第一层次名称，即母体化合物名称索引正文。无下层等级名称的化合物条目中直接给出相关文献记录数，有下层名称的物质前则出现"+"符号。

（2）用户双击索引，将其选中，将等级索引表一层层打开，然后双击该物质条目即可进行检索。检索完毕后，屏幕显示出其相关文献检索结果。

4. 分子式检索

数据库提供与书本 CA 的分子式索引结构相似的分子式及物质名称等级索引。文献量较大的物质名称被细分为一组子标题。不带有"+"符号的标引词为终极索引词，直接给出相关文献数；带有"+"符号的标引词包括二级或多级扩展索引词，可以双击或单击"Expand"按钮进行显示。分子式索引检索过程与化合物等级名称检索相似。

5. 其他检索途径

（1）在显示结果后，可用鼠标指针定位在所有字段中需要的任何词上，然后双击，系统会对所选词在所属的字段中重新检索，从 Search 菜单中选择"Search for Selection"命令，系统即对所选词条进行检索，检索完毕后，显示命中结果。

（2）如果想从记录中选择 CAS 登记号进行检索，单击该登记号显示其物质记录，或在记录显示窗口单击"NextLink"按钮，在 CAS 登记号处再单击"NextLink"按钮，光标将出现在该记录的第一个键，光标将移到下一个 CAS 登记号，用 GotoLink 来显示其物质记录，可在物质记录中单击 CA 索引名称，查询该物质名称的文献。

（二）检索示范

1. 检索方式

1）作者检索

以检索作者为"金长青"的文章为例。打开"Browse"窗口，在检索字段下拉菜单中选择"Author"，然后输入"Jin，c"，屏幕自动按照输入顺序滚动，就可以找到 Jin，changqing 和 Jin，C.Q.，同时标记这两个作者，单击"Search"按钮即可。另一种方法是打开"Search"窗口，直接在检索框内输入"Jin，changqing or Jin，C.Q."，在右侧下拉菜单中选择"Author"，再单击"Search"按钮。

2）关键词检索

例如，检索氮氧化物选择催化还原方面的资料，而文章中不要出现氨的文献。检索式为"（ONx or nitrogen oxide）and（SCR or selective catalytic[*] reduction）not NH_3"，括号内优先执行检索，即打开"Search"窗口，在窗口第一个检索框内输入"ONx or nitrogen oxide"，在右侧下拉菜单中选择"Word"；在第二个检索框内输入"SCR or selective catalytic[*] reduction"，在右侧下拉菜单中选择"Word"，左侧下拉菜单中选择"and"；在第三个检索框内输入"NH_3"，在右侧下拉菜单中选择"Word"，左侧下拉菜单中选择"not"，再单击"Search"按钮。

3）化学物质检索

以检索母体为乙酸乙烯酯化合物的资料为例。单击"Subst"按钮，打开化学物质索引，在"Find"文本框中输入"acetic acid ethenyl ester"，屏幕自动滚动到位，如前面有"+"符号，双击该物质将其打开，再根据自己的需要选择。

4）分子式检索

以检索 4,4'-二乙酰胺基-2,2'-二苯乙烯二磺酸的制备为例。已知分子式为 $C_{18}H_{18}N_2O_8S_2$，则单击"Form"按钮，在"Find"文本框中按照分子式字母（包括数字）顺序输入，光标自动滚动到位，如前面有"+"符号，双击将其打开，再选择其制备方面的文献。

2. CA 手工检索

CA 手工检索如图 3.25 所示。

以检索有关"壳聚糖在药物控释中的作用"方面的文献为例。

（1）根据主题内容，确定主题词并译成英文。

（2）查最新的资料，可用期刊文摘的关键词（如 controlled drug release）索引。

（3）应用普通主题索引和化学物质索引查找以往文献。检索之前，应先使用索引指南（Index Guide）核对主题词，找出 CA 选用的规范标题。

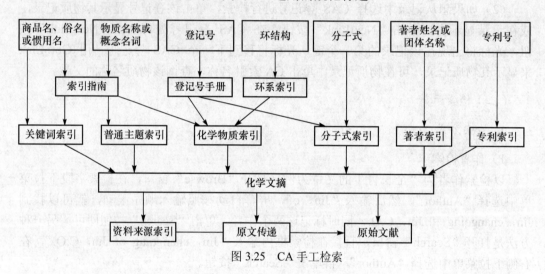

图 3.25　CA 手工检索

以"Drug delivery systems"为标题查普通主题索引；以"chitosan""chitin"或"chitan"为标题查化学物质索引。在 133GS2 查到如下结果：

Drug delivery systems controlled drug release formulation contg.chitin and chitosan，R 78978j.

在 133CS2 中得到 Chitosan［9012-16-4］。

（4）查找文摘。利用期关键词索引检索到的文献，只需在当期查找文摘。利用卷普通主题索引和化学物质索引检索到的文献，应在当卷查找文摘。

在 133 卷文摘中找到"应用壳聚糖作药物控释剂的研究趋势"一文的文摘：

133: 78978j Trends in controlled drug release formulations using chitin and chitosan. Gupta, K.C; Kumar, M. N V. Ravi (Polymer Research Laboratory, Department of Chemistry,

University of Roorkee, 247667 India). J. Sci. Ind. Res. 2000, 59 (3), 201–213 (Eng), National Institute Science Communication, CSIR. A review with 75 refs…（文摘略）

（5）根据文摘提供的原文出处进一步查找原文。刊载该文的母体文献名为 "J.Sci.Ind.Res."，利用 CASSI 查到刊名全称为 "Journal of Scientific and Industrial Research"，再根据卷、期号，查馆藏目录或期刊联合目录，或利用原文传递服务，便可进一步查找原文。

3. CA 光盘数据库检索

以 2002 年的光盘数据为例，检索界面如图 3.26 所示。

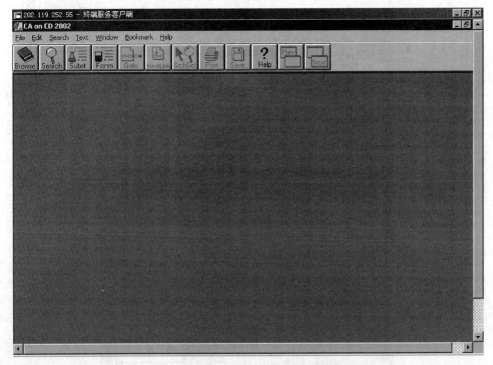

图 3.26　CA 光盘版检索界面

1）浏览索引式检索

单击工具中 "Browse" 按钮，或在 Search 命令菜单中选择 "Browse" 命令即可进入索引浏览式检索，浏览索引前须先选择索引字段，然后利用 "Find" 检索框及按钮找到检索词，便可检索该词。索引字段检索界面如图 3.27 所示。

2）高级检索

高级检索即词条检索，可进行多个字段及检索词的组合检索（可选择的字段与浏览格式中的索引字段相同），使用布尔逻辑运算符（可在界面左侧选择）、截词符（"*" 和 "？"）和限定符（"W"），并且可以利用下部的复选框限定检索词之间的位置关系，还可利用 "Query List" 按钮保存检索策略，其检索界面如图 3.28 所示。

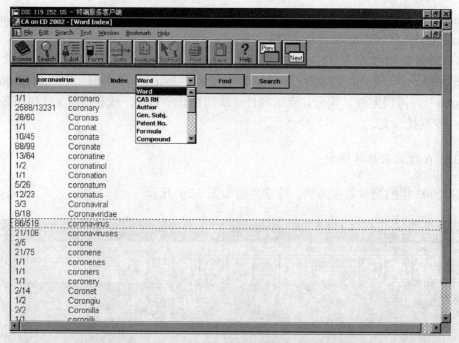

图 3.27　索引字段检索界面

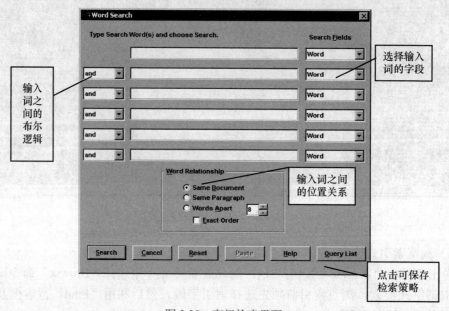

图 3.28　高级检索界面

3）化学物质等级名称检索

利用化学物质等级名称检索可看到化学物质名的多层次结构，有利于衍生物的族性检索。在检索界面单击"Subs"按钮或从 Search 命令菜单中选择"Substance Hierarchy"命令，即进入化学物质等级名称检索界面，屏幕显示物质第一层次名称，即母体化合物名称索引。无下层等级名称的化合物条目中直接给出相关文献记录数；有下层名称的物质前则出现"+"符号。如果选中的索引是带有"+"符号的条目，可双击该条目或单击"Expand"按钮进入其第二层名称索引表。依此方法，只要物质名称前有"+"符号，就可进入第三层、第四层……CA on CD 最多可提供六层名称索引。若欲返上一层次，只需双击带"－"符号的条目或单击"Collapse"按钮。找到所需物质（条目前无"+"或"－"符号）后，即可双击该物质条目或选择该条目后单击"Document"按钮进行检索，其检索界面如图 3.29 所示。

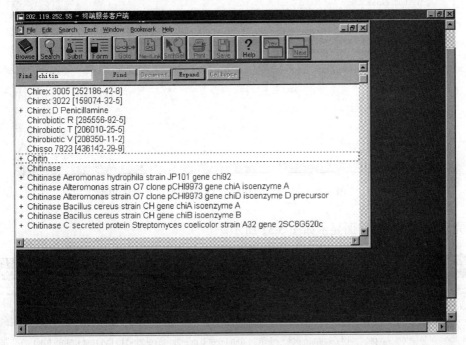

图 3.29　化学物质等级名称检索界面

4）其他检索方式

（1）从记录中选择词条进行检索。在记录显示窗口，将光标定位在所有字段中感兴趣的词条上，然后单击"SrchSel"按钮，或从 Search 命令菜单中选择"Search for Selection"命令，系统即对所选词条进行检索。

（2）从记录中选择 CAS 登记号进行检索。在记录显示窗口，可在文摘记录的后面找到感兴趣的登记号，单击该登记号可显示其物质记录名称，然后在该界面单击"Search"（上有登记号）按钮，便可对该登记号的物质进行检索；或在记录显示窗口，单击"NextLink"按钮，光标将出现在第一个 CAS 登记号处，再单击"NextLink"按钮，光标将移至下一个 CAS 登记号。以此方法找到感兴趣的登记号后，单击"Goto"按钮可显示其物质记录，在物质记录中单击 CA 索引名称或单击"Search"（上有登记号）按钮便可查询该物质的文献。从记录中选择 CAS 登录号进行检索界面如图 3.30 所示。

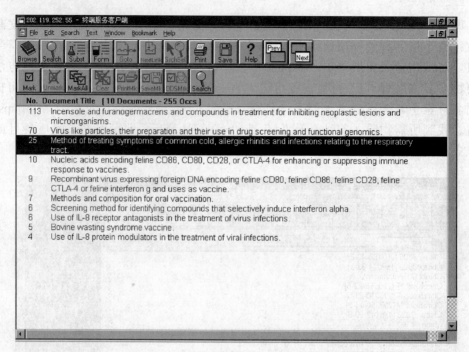

图 3.30　从记录中选择 CAS 登记号进行检索界面

完整的检索记录页面显示如图 3.31 所示。

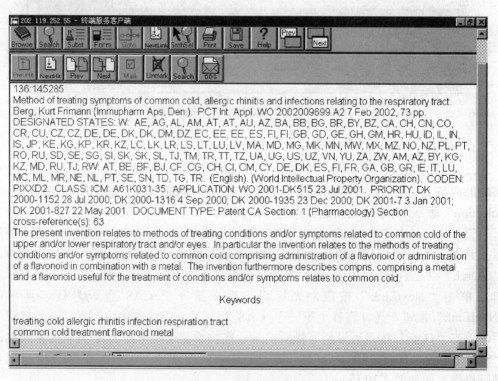

图 3.31　检索记录页面显示

将光标移至所选文献篇名处，单击"Mark"按钮，该条目的左侧便出现标记符；若要清除标记符可单击"Unmark"按钮。

在记录显示界面，单击"Save"按钮可存储当前屏幕显示内容。

从"File"菜单中选择"Print"命令或直接单击"Print"按钮，即可打印当前记录；单击"Print"按钮，即可打印所标注的检索结果。打印格式有 All（打印全部）、Bibliography（打印题录部分）、Bibliography+Abstract（打印题录部分和摘要）。

在题目浏览状态下单击"Save"按钮即可存储所标注的检索结果。

三、CA 网络版检索方法及示范

（一）简介

《化学文摘》是化学和生命科学研究领域中不可或缺的参考和研究工具，也是资料量最大、最具权威的出版物。网络版《化学文摘》SciFinder Scholar 整合了 Medline 医学数据库、欧洲和美国等 30 多家专利机构的全文专利资料及《化学文摘》1907 年至今的所有内容。它涵盖的学科包括应用化学、化学工程、普通化学、物理、生物学、生命科学、医学、聚合体学、材料学、地质学、食品科学和农学等。它有多种先进的检索方式，如化学结构式（其中的亚结构模组对研发工作极具帮助）和化学反应式检索等，这些功能是 CA 光盘中所没有的。它还可以通过 Chemport 链接到全文资料库及进行引文链接，可以通过 eScience 服务选择 Google、Chemindustry.com、ChemGuide 等检索引擎，进一步链接到相关网络资源。

SciFinder Scholar 可检索表 3.2 列出的数据库。

表 3.2　由 CAS 出版的数据库的内容

数据库	内　容
Reference Databases（文献数据库）	
CAPLUS	包含来自 150 多个国家、9000 多种期刊的文献，覆盖从 1907 年到现在的所有文献及部分 1907 年以前的文献，包括期刊、专利、会议记录、论文、技术报告、书等，涵盖化学、生化、化学工程及相关学科，还有尚未完全编目收录的最新文献（目前多于 2430 万条参考书目记录，每天更新 3000 条以上）
MEDLINE	包含来自 70 多个国家、3900 多种期刊的生物医学文献，覆盖从 1951 到现在的所有文献，以及尚未完全编目收录的最新文献（目前多于 1300 万参考书目记录，每周更新四次）
Structure Database（结构数据库）	
CASREGISTRY	涵盖从 1957 年到现在的特定的化学物质，包括有机化合物、生物序列、配位化合物、聚合物、合金、片状无机物。REGISTRY 包括了在 CASERGISTRY 中引用的物质及特定的注册。例如，在管制化学品列表 TSCA 和 EINECS 中的注册（目前多于 7400 万条物质记录，每天更新约 7 万条，每种化学物质有唯一对应的 CAS 注册号）
Reaction Database（反应数据库）	
CASREACT	包括从 1907 年到现在的单步或多步反应信息。CASREACT 中的反应包括 CAS 编目的反应及下列来源：ZIC/VINITI 数据库（1974～1991，InfoChem GmbH）、INPI（Institut National de la Propriete Insutrielle，法国）1986 年以前的数据，以及由教授 Klaus Kieslich 博士指导编辑的生物转化数据库（目前已超过 800 万条反应记录和 403000 条文献记录，每周更新 700～1300 条）

续表

数据库	内　容
Commercial Sources Database（商业来源数据库）	
CHEMCATS	化学品的来源信息，包括化学品目录手册及图书馆等内的供应商的地址、价格等信息（目前已超过 740 万条商业化学物质记录，来自 655 家供应商的 793 种目录）
Regulatory Database（管制数据库）	
CHEMLIST	涵盖从 1979 年到现在的管制化学品的信息，包括物质的特征、详细目录、来源及许可信息等（多于 22.8 万种化合物的详细清单，来自 13 个国家和国际性组织，每周更新 50 条以上新记录）

通过 SciFinder Scholar 可以得到的信息如表 3.3 所示。

表 3.3　SciFinder Scholar 信息表

范围	SciFinder Scholar 中的有效信息
文献信息	（1）题目； （2）作者/发明者； （3）公司名称/机构资源/专利受让方； （4）出版年限； （5）原文、出版、日期、印刷者、卷、期、页码、CODEN、ISSN； （6）权利标识，包括专利、申请人、优先权和专利家族信息； （7）文章或专利摘要； （8）指标化； （9）补充条款； （10）引文； （11）物质、序列以及文中提及的反应
物质信息	（1）化学名称； （2）CAS 注册号； （3）分子式； （4）物质图解； （5）序列信息，包括基因银行和专利注释； （6）属性数据； （7）化学供应商目录中的商品信息； （8）法规信息； （9）编者注释； （10）相关物质的参考文章； （11）物质参与的化学反应； （12）来自 STN 是其他有用数据列表及其相关信息
反应信息	（1）反应图，包括反应物、产物、试剂、催化剂、溶剂及反应步数； （2）参考文献中的引文链接； （3）副反应、参考文献、物质细节、商业资源、所有反应的信息规律； （4）注意事项

SciFinder Scholar 网络版检索界面如图 3.32 所示。

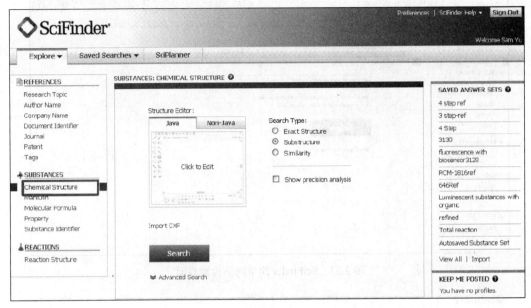

图 3.32 SciFinder Scholar 网络版检索界面

SciFinder 提供关键词、名称、出版社、母语、反应步骤、化学结构等，甚至是 Markush 等更为丰富的检索选项容易获得的附加化学和生物信息，同时 SciFinder 提供图文并茂的展示方式，能为用户展示详细的反应操作步骤和物化性质。

SciFinder 的检索方式包括主题检索、结构检索、作者名检索、机构名检索、文献标识符检索和从物质反应获得文献。其常用的主要是以关注某特定领域的文献的主题检索；关注物质有关的文献，先获得物质，再获得文献的结构检索；以及关注某科研人员的文献的作者名检索。

（二）检索示范

1. 文献检索

以检索 antihypertensive with target 抗高血压药物研究为主题，进行检索。

如图 3.33 所示，在检索框中输入"antihypertensive with target"，单击"Search"按钮，得到图 3.34 所示的检索内容。

若需进一步缩小检索范围，则单击"Advanced Search"左侧的下拉按钮，得到图 3.35 所示的界面，从而进行选择限定。

勾选图 3.34 中第二条信息左侧的复选框，单击"Get References"按钮，即得到相应的文献文摘，如图 3.36 所示。如需获取原文，可单击"Full Text"按钮。

KMP（keep me posted profile）是 SciFinder 提供的自动提醒功能，能及时将最新资讯推送到用户的电子邮箱中，如图 3.37 所示。用户可以单击"Create Keep Me Posted Alert"按钮进行设置。

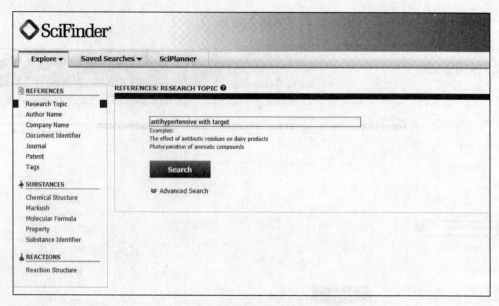

图 3.33　SciFinder 简单网络检索界面

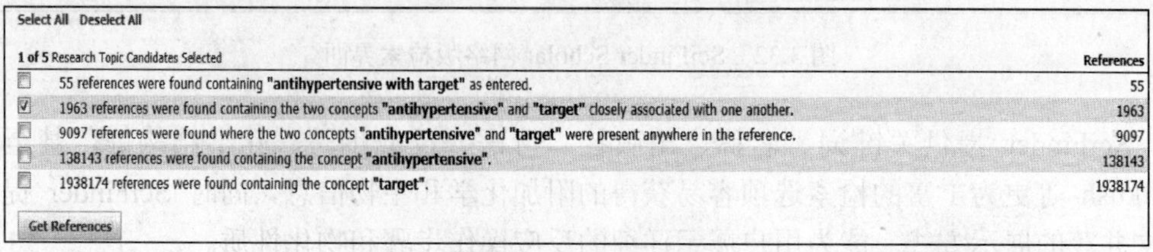

图 3.34　一次检索结果

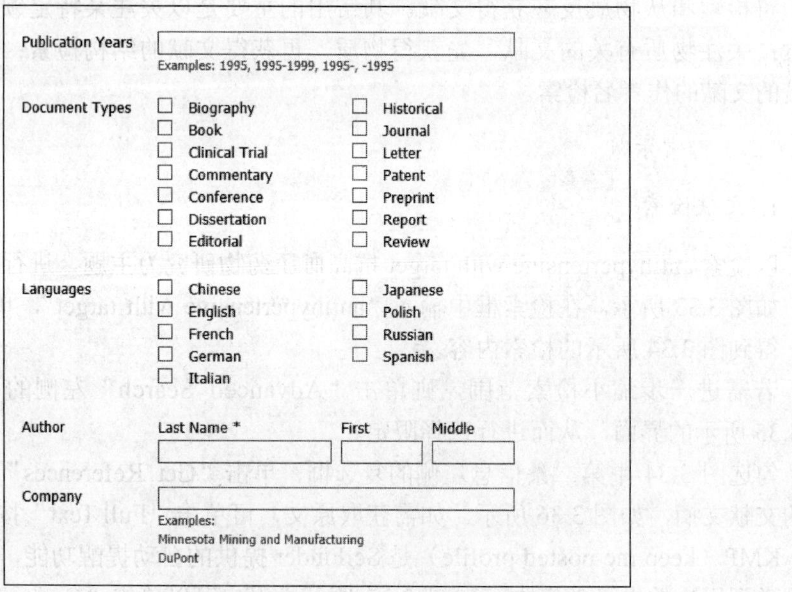

图 3.35　SciFinder 网络检索高级检索对话框界面

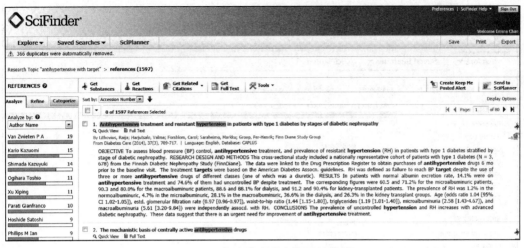

图 3.36 相应的文献文摘显示结果

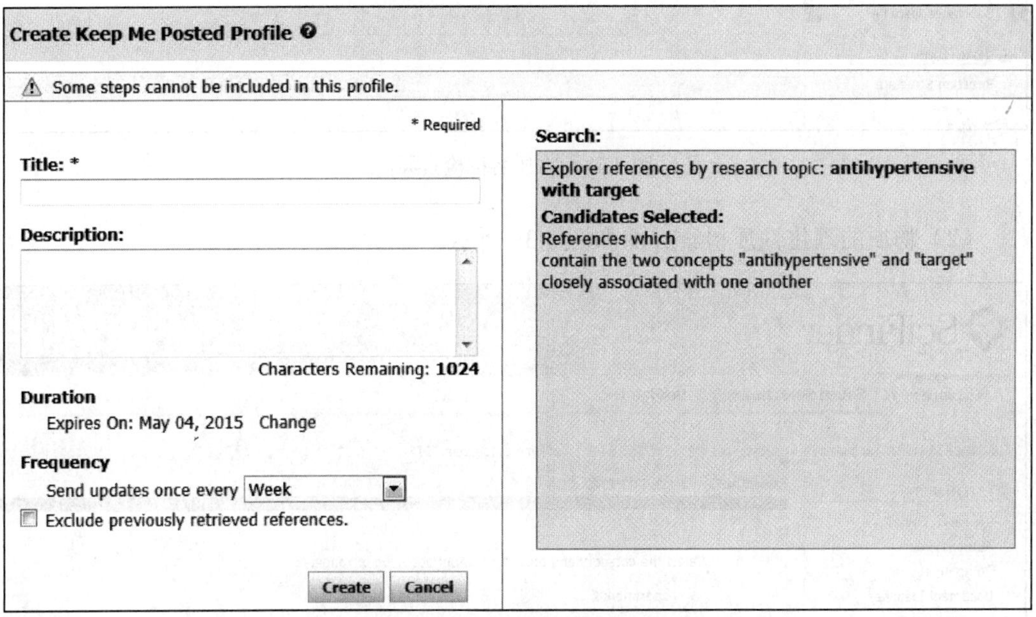

图 3.37 SciFinder 的 KMP 功能

2. 结构检索

一个完整的物质结果界面包含物质详情链接、文献链接、反应链接、商品信息链接、管制品信息链接、谱图链接、实验性质链接。

物质的检索方法可以通过物质名称、CAS No、分子式、结构式、理化性质等进行检索。在检索条中直接输入物质的名称、CAS No、俗名等，一次最多检索 25 个物质，换行换开显示。

（1）物质名称检索。例如，检索"青蒿素"，在检索框中输入"qinhaosu"，如图 3.38 所示。

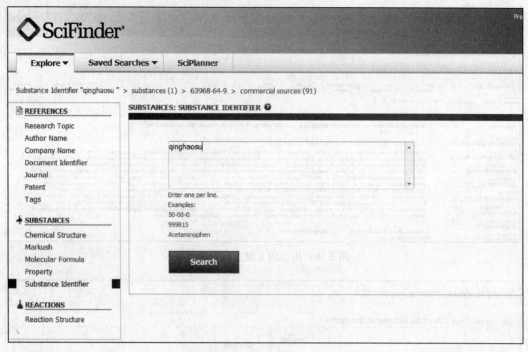

图 3.38 物质名称检索界面

（2）物质的理化性质检索界面如图 3.39 所示。

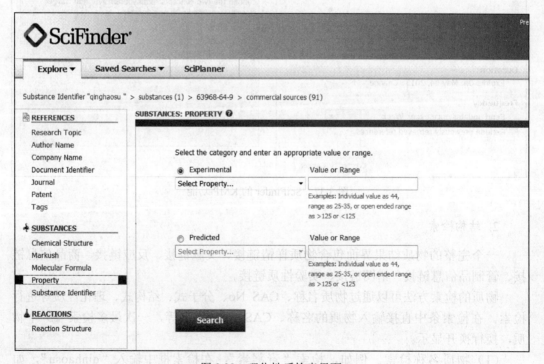

图 3.39 理化性质检索界面

（3）分子式检索。SciFinder 中的分子式检索需要按照 HILL 排序方式输入。简单来说，就是将 CH 写前面，其他的按照字母顺序书写，如图 3.40 所示。

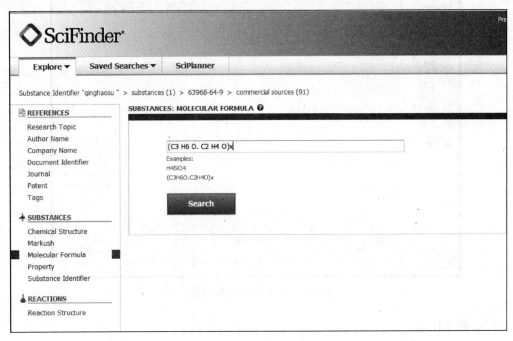

图 3.40 分子式检索界面

（4）结构式检索界面如图 3.41 所示。结构检索可以在 Java 和非 Java 环境下进行，图 3.42 所示为非 Java 检索编辑界面。

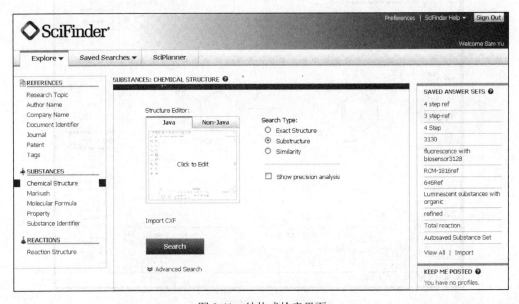

图 3.41 结构式检索界面

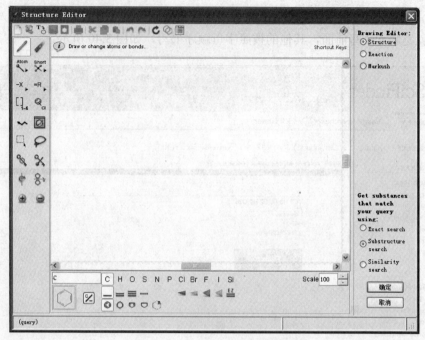

图 3.42 非 Java 结构编辑界面

3. 反应检索

输入图 3.43 所示的结构式，检索界面如图 3.44 所示。

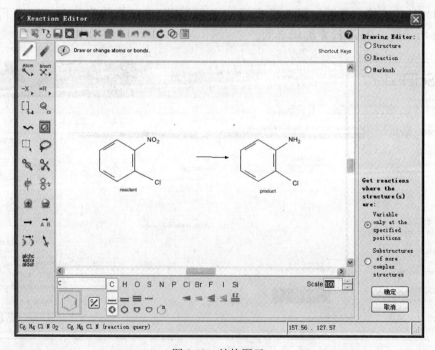

图 3.43 结构图示

SciFinder
Preferences | SciFinder Help | Sign Out
Welcome Emma Chan
Explore
Saved Searches
SciPlanner
Reaction Structure structure variable only at spe... > reactions (335)
REFERENCES
Research Topic
Author Name
Company Name
Document Identifier
Journal
Patent
Tags
SUBSTANCES
Chemical Structure
Markush
Molecular Formula
Property
Substance Identifier
REACTIONS
Reaction Structure
REACTIONS: REACTION STRUCTURE
Structure Editor:
Java
Non-Java
Click image to change structure or view detail.
Import CXF
Search
Advanced Search
Search Type:
Allow variability only as specified
Substructure
Non-Java Structure Editor
This editor lets you draw structures without having to resolve Java issues.
To switch between editors, click the tabs above the structure editor box.
SAVED ANSWER SETS
12321
piracetam for anti-ephileptic
alogliptin 晶体
biomass oil
雷奈佐利linezolid合成
碳纳米管制备
碳纳米管的制备
碳纳米
苯甲醛
溴甲醛
Autosaved Substance Set
View All | Import
KEEP ME POSTED
You have no profiles.
Learn how to:

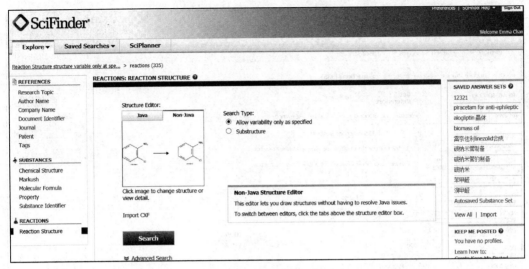

图 3.44　结构检索界面

若单击“Search”按钮，则主要以亚结构进行简单检索。高级检索限定如图 3.45 所示。点选“Any source”单选按钮，检索结果如图 3.46 所示。

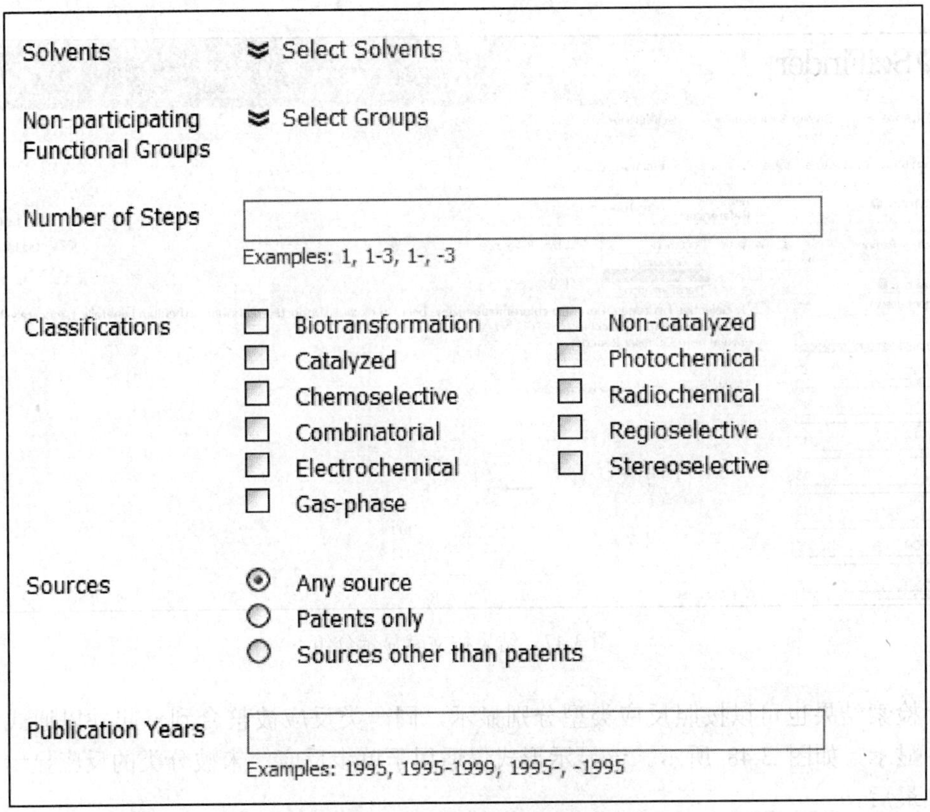

Solvents
Select Solvents
Non-participating Functional Groups
Select Groups
Number of Steps
Examples: 1, 1-3, 1-, -3
Classifications
Biotransformation
Catalyzed
Chemoselective
Combinatorial
Electrochemical
Gas-phase
Non-catalyzed
Photochemical
Radiochemical
Regioselective
Stereoselective
Sources
Any source
Patents only
Sources other than patents
Publication Years
Examples: 1995, 1995-1999, 1995-, -1995

图 3.45　高级检索限定

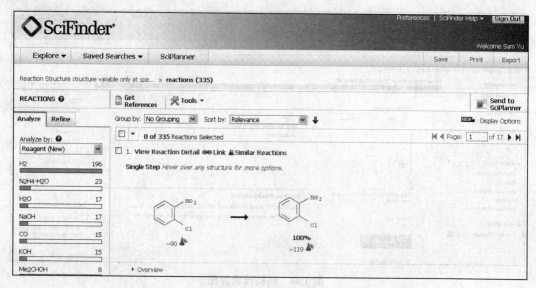

图 3.46　检索结果

一般检索结果可以选择以文献形式呈现，来自同一篇文献的反应都被整合到一起显示，如图 3.47 所示。

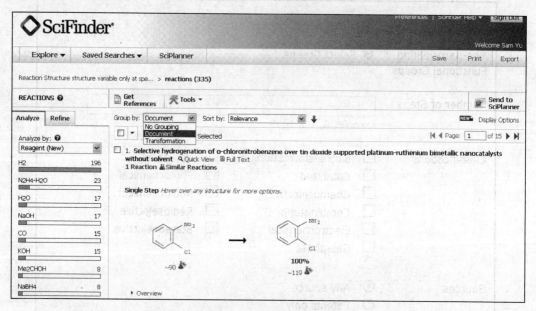

图 3.47　结果按文献显示分组

检索结果也可以按照反应类型分别显示，同一类反应被整合到一起并以通式结构集中显示，如图 3.48 所示。该显示形式仅适用于单步反应，未被分类的反应显示在结果集最后。

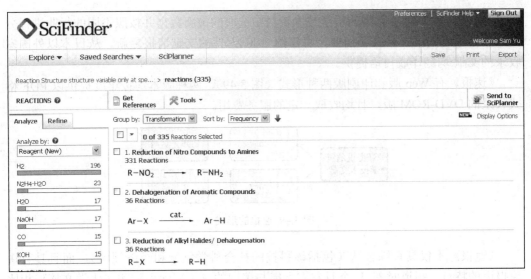

图 3.48　结果按反应类型分组

第四节　日本《科学技术文献速报》

一、科学技术振兴机构提供数据库简介

日本《科学技术文献速报》以下简称《速报》（日语简称为《文速 Bunsoku》），创刊于 1958 年，由日本科学技术情报中心（The Japan Information Center of Science and Technology，简称 JICST。1996 年改名为科学技术振兴机构(Japan Science and Technology Corporation，简称 JST。现称 Japan Science and Technology Agency）。JST 是 1996 年 10 月 1 日由科学技术情报中心（JICST）和原担任科学技术信息流通业务的以促进基础研究、新技术开发与研究交流业务的原新技术事业团于合并后正式成立的)编辑出版，是国外大型综合检索工具之一。

JST 提供的数据库的包括：文献/电子期刊，专利与技术，研究者与研究机构，安全，门户网站，软件与工具，科学，材料，环境，互动学习，综合搜索引擎等。

JST 提供的数据库中与化学、化工相关的有文献/电子期刊中 J-STAGE（日本学术团体的电子期刊网站）；专利与技术包括：J-STORE（专利和其他研究成果的数据库）；研究者与研究机构中 JREC-IN Portal（科技人员的职业数据库），researchmap（研究与发展活动的目录数据库）；安全包括：RISCAD（化学事故的相关信息系统数据库），Failure Knowledge Database（事故与失败数据库）；门户网站中 Asia Science and Technology Portal, Science Portal China（日本科技信息资源）；科学中 HHDB（生物大分子的氢和水化的数据库）；材料中 NikkajiWeb（日本化学物质词典），FGMs Databse（功能梯度材料数据库）；以及综合搜索引擎中 J-GLOBAL（链接研究者，文献，专利，机构等其他信息的搜索引擎）。

日本科学技术振兴机构北京代表处网址：

http://www.jst.go.jp/inter/beijing/index.htm

《速报》是 JST 从收集的科学技术资料中选取的最新数据并按照不同的行业进行分类，包括最近的报告数据和摘要，每年约 100 万件的文献情报更新。从日本以外国家收录的文献,均翻译成日语提供。

《速报》有 Web 版和印刷版两种形式（图 3.49），两种版本均按年度提供以 PDF 格式收录的 DVD-ROM 版，且均收取一定的服务费用。

图 3.49 速报的形式

《速报》不仅具有综合性（包括该科技的社会科学领域和经济领域），而且具有快速报道的特点。报道时差 1 个月左右。能与美国的《工程索引》和《化学文摘》相比美。在 20 世纪 80 年代时，《速报》已收录世界上 54 个国家、20 多种文字出版的文献资料 10000 多种，其中外国期刊 5800 种，日本国内期刊 4500 种。

另外，还有以美国政府报告为主的各种技术报告、会议资料等。2000 年以来收集世界上几万种文献资料。其中外国杂志 4304 种、日本国内杂志 7957 种、技术报告类 23369 篇、会议资料 337 册等。然后对将近 70 万篇论文做文摘报道，用速报形式出版发行。《速报》报道的文献包括医学、农学、生命科学在内的科学技术整个领域。对于天文学、基础数学方面的资料则不予报道。

《速报》1958 年创刊时仅有五个分册（表 3.4）。以后几年陆续出版各种分册，到 1981 年出版到 12 种分册。目前是 11 种分册，包括化学·化工篇（外国）、化学·化工篇（国内）、机械工程篇、电气工程篇、金属·矿山·地球科学篇、土木·建筑工程篇、物理·应用物理篇、管理·系统技术篇、环境公害篇、生命科学篇、能源·原子能工程篇等。其中能源·原子能工程篇只出 Web 版及其 DVD-ROM 版。

《速报》服务的网址是：http://jdream3.com/service/

表 3.4 《速报》各分册的出版情况

篇　名	印刷版	Web 版
化学·化工篇（国外）	旬刊（36 册）	一年 36 次
化学·化工篇（国内）	半月刊（24 册）	一年 24 次
机械工程篇	半月刊（24 册）	一年 24 次
电气工程篇	半月刊（24 册）	一年 24 次
金属·矿山·地球科学篇	月刊（12 册）	一年 12 次
土木·建筑工程篇	月刊（12 册）	一年 12 次
物理·应用物理篇	半月刊（24 册）	一年 24 次
管理·系统技术篇	月刊（12 册）	一年 12 次
环境公害篇	月刊（12 册）	一年 12 次
生命科学篇	旬刊（36 册）	一年 36 次
能源·原子能工程篇	—	一年 12 次

其化学·化工篇（外国）（分册代码 C）及化学·化工篇（国内）（分册代码 J）的内容一致，均包括：一般化学、分析化学与分离法、无机化学、络合物化学、有机化学、高分子化学、化学工程、一般化学工业、无机化学工业、有机化学工业与燃料工业、油脂、洗涤剂与化妆品工业、橡胶与塑料工业、颜料、染料、涂料与黏结剂工业、纤维工业、纸、纸浆与木材工业、摄影材料、皮革工业、农林产业、食品和食品工业、发酵工业，其他工业等。

二、《速报》检索方法简介

1. 网络版检索

JST（北京）主界面上有"JDreamⅢ"(科学技术文献数据库)以及"J-STORE"（riJST 研究成果数据库）等数据库。单击"JDreamⅢ"进入后可见图 3.50。

图 3.50　JDream3 提供检索栏目一览表

登录《速报》需要事先和 JST 签订服务合约，通过"ID／密码、IP 接入、管理者"三种方式进行（图 3.51）。

・查找「JDreamⅢサービス紹介」版面右上角的「サービスログイン」，点击「ログイン」按钮。

・合同中选择了 IP 接入者，请单击「IP 接续」的「ログイン」按钮。

・单击ログイン按钮后、显示出认证画面（图 3.52）。

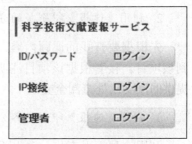

图 3.51　速报检索的三种服务方式

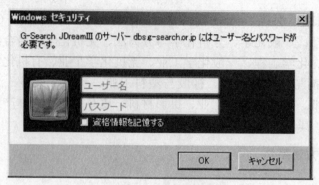

图 3.52　注册登录界面

・输入用户名及密码，出现《速报》服务头版画面（图 3.53）。

图 3.53　速报提供的服务界面

・显示已经签约的分册菜单，根据需要进行选择，获取相关资料。

2. 利用《速报》印刷版的分类检索查找内容方法

先根据要查找的课题内容，确定专业范围。然后在所需分册的"分类项目"中找到该项目。接着根据该项目注明的页码查阅有关内容的标题和文摘，进而通过文摘中提供的原文出处查阅全文。

3. 利用《速报》印刷版各分册后的关键词索引查找

利用这种索引查找，首先要确定查找课题的日语关键词 （如果不熟悉日语可以通过中日辞典确定日语关键词）及其所属专业范围，关键词的排列是根据日本五十音图的顺序进行。每一个关键词下列文摘号。

4. DVD-ROM 版《速报》的检索

各分册每年还出版有全年报道的光盘 DVD-ROM 版。光盘的检索基本上与印刷出版物相对应。但是比书本式的检索功能更全，可以从自然语，也可以从每一号的末尾索引语、标题、著者名、著者所属机构名、资料名、JST 资料号码、分类项目、语言、发行国、发行年、刊载号等进行检索。

本章介绍了常用的国外化学检索工具及其检索方法，如 SCI、EI、CA。ISI Knowledge、Engineering Village、SciFinder 是现代信息技术衍生出的现代网络检索工具。

1. 为什么说美国《化学文摘》（CA）是"打开世界化学化工文献的钥匙"？
2. CA 印刷版有哪些主要的检索途径？
3. CA 光盘版有哪些主要的检索途径？
4. 美国《工程索引》（EI）印刷版有哪些检索途径？
5. 美国《工程索引》（EI）光盘版有哪些检索途径？

EndNote

EndNote 是 Thomson 公司的产品，是当前国际主流的文献管理软件之一。EndNote 可以将不同来源的文献信息下载到本地，建立本地文献库，从而实现对文献信息的管理和使用；通过与 Microsoft Word 相嵌合，为论文、报告中参考文献的引入提供方便。

EndNote 可以为用户提供以下帮助：

（1）收集文献。通过建立 Library，存放收集到文献的 PDF 全文、图片、表格等资料；导入文献，分为数据库检索结果导入、搜索引擎导入、直接从 EndNote 远程连接导入和手工导入。

（2）管理文献。可个性化添加文献条录相关信息，对文献进行编辑、检索、分组、查重、共享等操作。

（3）学习文献。随时学习个人文献库内的文献，并可做学习笔记、分析文献、发现文献间的关联，供进一步研究使用。

（4）利用文献。可方便地使用期刊模板撰写论文和投稿；按照期刊要求的格式，方便地插入参考文献，并自动生成参考文献列表；可以按课题建立自己的数据库，随时检索自己收集到的所有文献，并通过检索结果，准确调阅出需要的 PDF 全文、图片、表格；撰写论文时，可以随时从 Word 文档中调阅、检索相关文献，并将重要的文献自动按照期刊要求的格式，放在正在撰写论文的参考文献处；撰写论文时，可以很快地找到相关的图片、表格，将其按照期刊要求的格式插入论文相应的位置；在转投其他期刊时，可以很快将论文格式转换成其他期刊的格式；为不同的课题查新创建不同的数据库，并随时可以检索、更新、编辑；将不同课题的数据库与工作小组成员共享。

（5）下载文献。EndNote 能直接连接上千个数据库，并提供通用的检索方式，提高了科技文献的检索效率。

第四章

专利信息数据库检索

学习目标

1. 熟悉国内外的专利信息网站。
2. 能利用搜索引擎查找中国专利文献的免费网站，并能通过找到的网站查找需要的专利文献。

必备知识

科技文献手工检索、计算机检索的基本操作知识。

选修知识

优先权数据库。

案例导入

在万方数据库中检索专利，选择高级检索，在"题名或关键词"中输入"铁""无机高分子"，用"与"连接，进行检索。检索一种含 Fe 的无机高分子聚合新型污水处理剂。

课前思考

专利作为一种集技术、法律和经济信息于一体的特殊文献，在科技日益发展的今天，已经越来越受到人们的关注。那么，如何查找专利，利用专利技术为应用技术研究、新产品开发服务呢？

第一节 专利文献简介

专利（patent）一词起源于拉丁文 litterae patentes（letters patent），意为公开信，最早是指与授予和公开宣布特权、爵位和头衔等相关的官方文件，后被人们用到对发明创造的公开授权上。从根源上来讲，专利与信息公开是密不可分的。

"专利"是指专有的权利和利益。Patent 包括垄断和公开两方面的意思，与专利的基本特征即独占和公开是吻合的。以公开换取独占是专利制度最基本的核心。

一、基本概念

1. 专利

专利是由国家专利行政部门依据发明申请所颁发的一种文件，由这种文件叙述发明的内容，并且产生一种法律状态，即该获得专利的发明在一般情况下只有得到专利所有人的许可才能利用（包括制造、使用、销售和进口等）。

2. 专利权

专利权是指国家专利机关依照专利法授予发明人或设计人对某项发明创造享有在一定期限内的专有权，具有专有性、时间性与区域性三个法律特征。

3. 专利法

专利法是国家制定的用以调整因确定发明创造的所有权和因发明创造的利用而产生的各种社会关系的法律规范的总和，主要包括专利申请权和专利权归属、授予专利权的条件限制、专利的申请和审批程序、专利权人的权利和义务、专利权限期终止和无效、专利实施的强制许可和专利权的保护。

4. 专利技术

专利技术是指取得授权的发明，在法律有效保护期内。

二、我国专利的类型

我国的专利分为发明专利、实用新型专利和外观设计专利三种类型。

（1）发明专利（invention patent）。发明专利是指对产品、方法或者其改进所提出的新的技术方案。

（2）实用新型专利（utility model patent）。实用新型是指对产品的形状、构造或者其结合所提出的适于实用的新的技术方案。

（3）外观设计专利（industrial design patent）。外观设计是指对产品的形状、图案、色彩或者其结合所做出的富有美感并适于工业应用的新设计。

例如，一把雨伞的形状、图案、色彩相当美观，则应申请外观设计专利；如果雨伞的伞柄、伞骨、伞头结构设计精简合理，既节省材料又有耐用的功能，则应申请实用新型专利。

三、专利的特点

要获得专利授权，必须要经过申请、审查、授权等程序。专利必须具备新颖性（novelty）、创造性（inventiveness）、实用性（practicability）才会获得授权。

专利的特点如下：

（1）专有性（monopoly）。专有性也称为独占性、垄断性，是指同一发明在一定的区域范围内，其他任何人未经许可不能对其进行制造、使用和销售等，否则属于侵权行为。

（2）时间性（limited duration）。时间性是指专利只有在法律规定的期限内才有效。专利权的有效保护期限结束以后，专利权人所享有的专利权便自动丧失，一般不能续展。发明专利权的期限为 20 年，实用新型专利权和外观设计权的期限为 10 年，均自申请日起计算。

（3）区域性（region）。区域性是指专利权是一种有区域范围限制的权利，它只在法律管辖区域内有效。但是，同一发明可以同时在二个或二个以上的国家申请专利，获得批准后其发明便可以在所有申请国获得法律保护。

由于专利权具有的区域性，一项发明要获得多国专利保护，就必须向多个国家提出申请，这样就产生了专利族。同族专利（patent family）是指具有共同优先权的、在不同国家或国际专利组织多次申请、多次公布或批准的、内容相同或基本相同的一组专利。其中向第一国申请专利的专利为基本专利。

四、专利文献

专利文献是一种集技术、法律与经济信息于一体的特殊文献。在科技日益发展的今天，专利文献越来越受到人们的关注。

专利文献有自己的分类体系和专用的检索工具。

专利信息是以专利文献为主要内容或以专利文献为依据，经分解、加工、标引、统计、分析、整合和转化等信息化手段处理，并经过各种信息化方式传播而形成的与专利有关的信息的总称。

（一）专利信息的种类

1. 技术信息

技术信息是指在专利说明书、权利要求书、附图和摘要等专利文献中披露的与发明创造技术内容有关的信息，以及通过专利文献所附的检索报告或相关文献间接提供的与发明创造相关的技术信息。

2. 法律信息

专利的权利要求书应当说明发明创造的技术特征，清楚、完整地说明申请项目及保护的范围，是专利的核心法律信息，也是对专利实施法律保护的依据。另外，法律信息还包括在专利公报及专利登记簿中记载的与专利权利保护有关的事务性信息，如授权、转让、许可、继承、变更、放弃、终止和恢复等法律状态信息。

3. 经济信息

经济信息是指专利文献中存在的与国家、行业或企业的经济活动密切相关的信息，这些信息反映了专利申请人或专利权人的经济利益趋向和市场占有的欲望，如国际或地区申请中的指定国范围信息、专利的技术贸易信息（专利许可、专利权转让或受让等）及与经营活动有关的信息（专利权质押、评估等）。企业通过对竞争对手的专利经济信息的监视，可以获悉对手的经济势力及研发能力，掌握对手的经营发展战略，以及可能的潜在市场。

4. 专利战略信息

通过对上述三种信息的检索、统计、分析和整合而产生的具有战略特征的专利信息称为专利战略信息，它是国家宏观经济、科技发展战略的重要保障，也是企业制定研发计划的可靠依据。

（二）专利文献的特点

与其他科技文献相比，专利文献的特点主要表现在以下几点：

（1）广泛性。从日常生活用品到复杂的高精尖技术，可以说专利文献覆盖了大多数领域。

（2）及时性。世界上大多数国家实行的是先申请制，发明人通常力求抢先提出申请。专利文献是跟踪技术创新领域最新进展的一个重要媒介，多个专利权威机构的调查表明，一般80%以上的专利不会再以其他形式（论文、会议等）发表。

（3）完整性。各国专利法都规定专利说明书的撰写必须完整、清楚，应达到内行人能据以实施的程度。

（4）标准性。专利文献格式统一规范，且具有统一分类体系。

（5）重复报道。同一发明可在多个国家提出申请，导致同一发明被多次公开、重复报道。

（6）冗长晦涩。由于专利文献是技术文件和法律文件的结合体，因此撰写时应依照法律规范，这样导致专利文献冗长晦涩。建议只读实施方法或实施案例。

（三）专利文献的主要组成部分

专利文献主要由以下几部分组成：

（1）专利说明书（patent specification）：申请人向专利局申请专利时所提交的基本文件之一，记载了发明的背景、目的和详细内容及实施案例等。

（2）权利要求书（claims）：也称为"专利权项"，记载了专利申请人请求专利局基于法律保护的范围，是专利审查和法院判决的依据。

（3）说明书附图（drawing）：可以更清楚地描述发明内容，通常包括示意图、线路图、工艺流程图等。实用新型专利必须有说明书附图。

（4）说明书摘要（abstract）：对发明的技术内容做简要的描述，包括发明名称、所属技术领域、要解决的问题、主要技术特征和用途。

（四）专利文献的用途

专利文献的主要用途如下：

（1）侵权判定。企业向国外出口新产品时应先检索专利文献，了解其受保护的国家与区域，以确定是否构成侵权。

（2）产品和技术开发。据 WIPO 统计，在研究工作中经常查阅专利文献可以缩短

60%的研究时间，节省 40%的研究经费。根据欧洲专利局的统计，欧洲每年大约要浪费 200 亿美元用于重复项目的开发投资。若能充分利用专利文献，则能节约出 40%的研发经费并用于高水平的研究工作，同时为科研人员节约时间，提高工作效率。

（3）新颖性判断。申请人或代理人在申请专利之前要对专利文献进行检索，从而判断该发明的新颖性和创造性。

（4）技术引进决策。对于拟引进的技术或设备，应通过专利文献了解其先进程度、是否申请了专利保护、专利权是否有效等，以便掌握实际情况，获得谈判主动权。

（5）技术评价与预测。通过对大量专利文献进行统计和分析，可以了解某一领域的现状和发展趋势，哪些国家或公司在该领域处于领先地位。

五、专利检索

（一）专利检索的目的

（1）为判断申请专利的发明创造是否具有新颖性查找对比文献。

进行新颖性、创造性检索时首先根据具体的技术内容，确定构成该发明的基本要素、基本要素的相互关系和发明的关键点。选择描述基本要素和发明的关键点的词汇，确定该发明创造的技术主题词和关键词，同时找出每个主题词、关键词的同义词、缩略词等。根据主题词和关键词找出分类号，选择检索范围，分析对比文献，判断新颖性。

（2）为了解某一技术的发展现状或查找某一技术解决方案收集技术资料。

为了解某一技术的发展现状或查找某一技术解决方案，收集技术资料，一般采用追溯检索，通过这种检索方式，可以了解前人在同一技术领域解决难题的具体方案，可以按技术主题或者是发明人、设计人、专利申请人、专利权人的名称找到特定的技术。

（3）为防止某种新技术应用或新产品上市导致侵犯他人的专利权进行检索。

这种检索称为防止侵权检索，是指为避免发生专利纠纷而主动进行的专利检索。防止侵权检索在检索对象、时间范围、国家范围及检索结果的判定依据方面的要点：①检索的对象为有效专利，只有有效专利才会被侵权；②检索的时间范围依各国专利保护期限而定，一般发明专利保护期限自申请日起 20 年，美国是自批准日起 17 年；③检索的国家范围依生产、销售产品的国家（地区）而定；④检索的结果判定主要依据权利要求书。

检索的方法与新颖性检索的方法相似，属于主题检索，与新颖性检索的区别是只检索专利。

（4）为宣告被控侵权的专利无效而查找证据。当一项新产品或采用某项新工艺、新方法被指控侵权时所进行的检索，即被动侵权检索。被动侵权检索的一般步骤：①确定是否为授权专利及是否为有效专利，如果未授权或已经失效，则终止检索，否则进入下一步工作；②分析是否属于侵权，阅读检索到的专利说明书的权利要求，与被控侵权的产品或方法的家属特征进行比较、分析，判断是否属于侵权，如果不侵权，终止检索，否则进入下一步工作；③为提无效诉讼而进行检索，具体检索方法与新颖性、专利性检索相同。

（5）为确定某一专利是否为有效进行检索。①专利有效性检索以号码为依据，如专利号、申请号、公开号、公告号等；②确定检索的国家（地区）范围；③查询专利的法律状态信息；④判断专利的有效性。

（6）为了解某一特定专利在其他国家或在某个特定国家是否申请了专利进行检索。

这种检索一般称为专利地域性检索。首先确定检索对象的优先权，即优先权国家、优先权日期、优先权申请号；然后检索和判断专利的地域效力。地域性检索中应注意的问题是：当被检索的专利具有两个以上优先权时，应将每个优先权分别进行检索，以免遗漏检索结果。

（二）专利文献检索方法

根据检索过程中使用检索工具的特点和系统的功能，专利文献的检索方法可分为手工检索和计算机检索。

1. 手工检索

手工检索是指从书本形式或缩微形式的检索工具中进行的检索，主要依靠人的脑力劳动进行，包括主题检索、名字检索和号码检索。

1）主题检索

主题检索是指从某一技术主题对专利信息进行查找的工作，检索的结果是找出含有该技术的相关文献。主题检索可分为分类检索、关键词（主题词）检索两类。

2）名字检索

名字检索是以某一名字作为专利检索线索，对专利文献进行查找的工作，名字检索包括发明人、设计人检索和专利申请人、专利权人检索。

3）号码检索

号码检索是指以某一专利或专利申请的特定号码作为专利检索线索，查找该专利或专利申请的其他有关信息的工作。号码检索包括专利申请号检索、优先权检索、文献号或专利号检索。

专利文献检索流程如图 4.1 所示。

图 4.1　专利文献检索流程

2. 计算机检索

计算机检索是指从可被计算机读取的各种载体的专利数据库中，依靠计算机查找专利信息。计算机检索可分为字段检索、通配检索、一般逻辑组配检索、邻词检索、截词检索、共存检索、范围检索、跨字段逻辑组配检索等。其中，逻辑组配包括逻辑"或（or）、空格"，逻辑"与（and）*"，逻辑"非（not）"；截词包括前方一致（后截断）"*、$"，模糊字符"%、？"；邻词包括"A 词 B 词"等。

第二节 中国专利信息数据库检索

我国自 1980 年 1 月经国务院批准成立专利局起，就陆续出版、发行专利文献。依据专利法保护对象的不同，专利公报分为《发明专利公报》《实用新型专利公报》和《外观设计专利公报》。依据各种专利审批程度的不同，说明书分为《发明专利申请公开说明书》、《发明专利申请审定说明书》及《实用新型专利申请说明书》。1992 年 9 月，《中华人民共和国专利法》重新修改，依照新法的审批程序，取消了发明专利申请审定公告程序，改为直接授权出版《发明专利说明书》及《实用新型专利说明书》。

一、中国专利文献的类型及编号

（一）中国专利文献的类型

中国专利文献主要是指各种专利申请文件、专利说明书、专利公报、专利分类表、专利索引和专利文摘等。根据《中华人民共和国专利法》的规定："本法所称的发明创造是指发明、实用新型和外观设计"，中国专利文献包括发明专利文献、实用新型专利文献和外观设计专利文献三种。

1. 发明专利文献

我国发明专利审批采用早期公开制，即在自申请日或优先日起满 18 个月时，国家知识产权局允许在《发明专利公报》（简称《公报》）上公开，并出版《发明专利公开说明书》。发明专利申请经实质性审查合格后，授予专利权，在《公报》上的"发明专利权授予"一栏公告，并出版《发明专利说明书》。

2. 实用新型专利文献

国家知识产权局在对实用新型专利申请进行初步审查，认定其符合专利法及实施细则的各项要求后，直接授予专利权，在《实用新型专利公报》上公布，并出版《实用新型专利说明书》。

3. 外观设计专利文献

国家知识产权局在外观设计专利申请进行初审，认定其合格后，直接授予专利权，并在《外观设计专利公报》中报道。外观设计专利不出版相应的说明书。

中国国家知识产权局专利检索

（二）中国专利文献的编号

"专利文献号"是指国家知识产权局按照法定程序，在专利申请公布、专利申请审定公告（在 1993 年 1 月 1 日前）和专利授权公告时给予的文献标识号码。

在中国专利文献的查阅和使用过程中，遇到的中国专利文献编号体系包括以下六种专利文献号。

（1）申请号：国家知识产权局受理一件专利申请时给予该专利申请的一个标识

号码。

（2）专利号：在授予专利权时给予该专利的一个标识号码。

（3）公开号：在发明专利申请公开时给予出版的发明专利申请文献的一个标识号码。

（4）审定号：在发明专利申请审定公告时给予公告的发明专利申请文献的一个标识号码。

（5）公告号：①在实用新型专利申请公告时给予出版的实用新型申请文献的一个标识号码；②在外观设计专利申请公告时给予出版的外观设计申请文献的一个标识号码。

（6）授权公告号：①在发明专利授权时给予出版的发明专利文献的一个标识号码；②在实用新型专利授权时给予出版的实用新型专利文献的一个标识号码；③在外观设计专利授权时给予出版的外观设计专利文献的一个标识号码。

为了满足专利申请量急剧增长的需要和适应专利申请号升位的变化，国家知识产权局从 2004 年 7 月 1 日起启用新标准的专利文献号。

（1）三种专利的申请号由 12 位数字和一个圆点（.）及一个校验位组成，按年编排，如 200310102344.5。其前四位数字表示申请年代，第五位数字表示要求保护的专利申请类型（1——发明、2——实用新型、3——外观设计、8——指定中国的发明专利的 PCT 国际申请、9——指定中国的实用新型专利的 PCT 国际申请），第六位至十二位数字（共七位数字）表示当年申请的顺序号，然后用一个圆点（.）分隔专利申请号和校验位，最后一位是校验位。

（2）所有专利说明书文献号均由表示中国国别代码的字母串 CN 和九位数字以及一个字母或一个字母加一个数字组成。其中，字母串 CN 以后的第一位数字表示要求保护的专利申请类型（1——发明、2——实用新型、3——外观设计），在此应该指出的是"指定中国的发明专利的 PCT 国际申请"和"指定中国的实用新型专利的 PCT 国际申请"的文献号不再另行编排，而是分别归入发明或实用新型一起编排；第二位至第九位为流水号，三种专利按各自的流水号序列顺排，逐年累计；最后一个字母或一个字母加一个数字表示专利文献种类标识代码，三种专利的文献种类标识代码如下所示。

① 发明专利文献种类标识代码：A——发明专利申请公布说明书，A8——发明专利申请公布说明书（扉页再版），A9——发明专利申请公布说明书（全文再版），B——发明专利说明书，B8——发明专利说明书（扉页再版），B9——发明专利说明书（全文再版），C1～C7——发明专利权部分无效宣告的公告。

② 实用新型专利文献种类标识代码：U——实用新型专利说明书，U8——实用新型专利说明书（扉页再版），U9——实用新型专利说明书（全文再版），Y1～Y7——实用新型专利权部分无效宣告的公告。

③ 外观设计专利文献种类标识代码：S——外观设计专利授权公告，S9——外观设计专利授权公告（全部再版），S1～S7——外观设计专利权部分无效宣告的公告，S8——预留给外观设计专利授权公告单行本的扉页再版。

二、中华人民共和国国家知识产权网

中华人民共和国国家知识产权网（http://www.sipo.gov.cn）由中华人民共和国国家知识产权局（SIPO）主办，提供与专利有关的各种信息、专利的网上咨询、专利基本知识介绍、专利检索服务等；提供专利申请、专利审查、专利保护、专利代理等服务；介绍专利申请、审查、保护方面的知识，提供 1985 年以来的发明专利和使用新型专利说明书全文及 1988 年以来的外观设计专利说明书全文。

1. 检索方式

1）中文检索

中文检索系统收录了 1985 年以来公开（告）的全部中国发明、实用新型、外观设计专利的中文著录项目、摘要及全文说明书图像。中文检索系统在检索界面上设置了主要检索字段的 16 种检索入口，可供公众进行中国专利信息检索。

2）英文检索

英文检索系统收录了 1985 年以来公开（告）的全部中国发明和实用新型专利的英文著录项目，以及发明英文摘要。

2. 检索类型

该网站提供字段检索、IPC 分类检索和法律状态检索。

1）字段检索

字段检索界面如图 4.2 所示。对于字段检索，首先选择检索的范围，然后选择检索字段［包括申请（专利）号、名称、摘要、分类号、主分类号、公开（公告）日、申请（专利权）人、发明（设计）人、地址、国际公布、申请日、专利代理机构、代理人、优先权等］，然后输入检索式，通过逻辑运算显示搜索的结果。

图 4.2　字段检索界面

2）IPC 分类检索

单击该网站检索界面的"IPC 分类检索"按钮，进入图 4.3 所示的 IPC 检索界面。

图 4.3 IPC 检索界面

在图 4.3 所示八个部类中单击各个类名称，系统自动在分类号字段中添加类目代号。

3）法律状态检索

法律状态信息栏目主要是对实质审查请求生效、申请撤回、申请的视为撤回、申请的驳回、授权、专利的视为授权、主动放弃专利权、专利权的恢复、专利权无效、专利权在期限届满前终止、专利权届满终止等。

当专利没有登记法律状态信息时，发明专利申请已处于公开状态，还未提出实质审查请求或请求尚未生效；对于实用新型和外观设计专利申请，则表示该专利申请已经授权。

单击检索界面左侧的"法律状态检索"按钮，进入法律状态检索界面，如图 4.4 所示。系统提供专利申请（专利）号、法律状态公告日和法律状态三个字段。

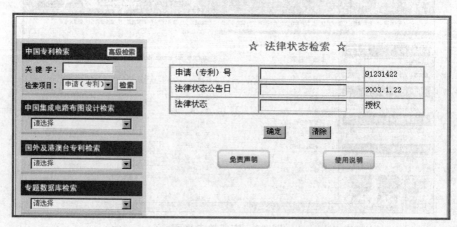

图 4.4 中国国家知识产权局法律状态检索界面

第三节 国外专利信息数据库检索

一、德温特世界专利索引

德温特世界专利索引（Derwent Innovations Index）是由 World Patent Index（世界专利索引）与 Patent Citation Index（专利引文索引）这两个权威的专利数据库整合之后，通过互联网访问，可以用来综合检索世界各国专利文献的数据库。用户不仅可以通过它检索专利信息，而且可以通过该数据库检索到专利的引用情况。用户还可以利用 Derwent Chemistry Resources 展开化学结构检索。同时，通过专利间引用与被引用这条线索可以帮助用户迅速地跟踪技术的最新进展；更可以利用其与 ISI Web of Science 的连接，深入理解基础研究与应用技术的互动与发展，进一步推动研究向应用的转化。

德温特世界专利索引收录了来自 40 多个专利机构授权的 1460 多万项基本发明，3000 多万条专利。每周更新并可回溯至 1963 年，为研究人员提供世界范围内的化学、电子与电气及工程技术领域内综合全面的发明信息，是检索全球专利的最权威的数据库。其检索界面如图 4.5 所示。

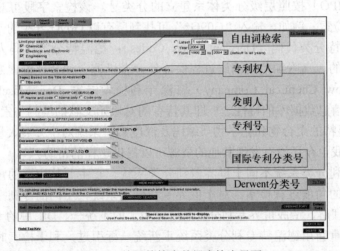

图 4.5 德温特检索数据库检索界面

1. 特点

（1）以专利权属人、专利发明人、主题词为简单的检索入口，快速获取基本信息，以节省时间。

（2）辅助检索工具帮助用户迅速找到相关的德温特手工代码（Derwent Manual Codes）和德温特分类代码（Derwent Class Codes），并且通过单击直接将相应的代码添加到检索框中进行检索。

（3）德温特专利系统重新编写的描述性的标题与摘要，使用户避免面对专利说明书原有摘要与标题的晦涩难懂，迅速了解专利的重点内容，迅速判断是否是自己所需的资料。

（4）德温特特有的深度索引，帮助用户增加检索的相关度，避免大量无关记录的出现。

（5）检索结果列表中列有每条专利对应的主要发明图，可以帮助用户迅速看到专利的主要图像资料。

（6）电子邮件定题跟踪服务帮助用户及时掌握行业内最新的专利申请情况。

（7）检索辅助工具可以帮助用户迅速查找相关的 Derwent 专业索引项。

2. 检索字段

（1）专利权人（assignee）：可检索专利记录中专利权人名称［patent assignee name(s)］和代码［code(s)］字段。

（2）发明人（inventor）：可检索专利记录中发明人字段。输入方式为姓，后跟名的首字母。当检索发明人姓名时，建议使用星号（*）以保证查全。

（3）专利号（patent number）：可检索专利记录中专利号字段。用户既可以输入完整的专利号，又可以利用通配符输入部分专利号进行查找。

（4）国际专利分类号（international patent classification，IPC）：IPC 是由世界知识产权组织（WIPO）按照层级分类体系建立的分类号。该检索字段可对专利记录中的 IPC 数据进行检索。例如，输入"G09G*"可找到所有以 G09G 开头的专利号的专利。

（5）德温特分类代码（Derwent Class Codes）：德温特分类代码为所有的技术设计，这些重要的、高附加值的编码过程保证使读者迅速、便捷地检索专利文献。陶氏化学公司（Dow Chemical Company）资深专利检索专家 Don Maschmeyer 指出，Derwent 专利信息数据库的特性之一即其特有的对原始文献的编码与索引体系。他说："我们发现德温特的聚合物和化学物质编码及深度索引系统对于开展大量专利的研究工作非常有用，我至今还没有发现其他的资源可以提供这样的帮助。"

德温特专利分类系统不同于世界专利分类系统。它主要从应用的角度进行分类，有利于从应用的角度进行检索。对于世界专利分类系统，不同的专利授权机构在使用时会有各自的理解，造成世界专利分类系统使用上的不统一。DII 中的专利记录项都由德温特的专家重新用德温特专利分类系统重新统一标引过，利于检索时的一致性。当然，DII 同时也保留了每一项专利中各专利机构原有的世界专利分类记录。

3. 分类

德温特专利分类系统被划分为 20 个大的学科领域或部分。这些类别被分为三组：化学（A～M）、工程（P～Q）、电子与电气（S～X）。这 20 个部分被进一步细分成类别。其中，每个类别包括部分的首字母，随后跟随两位数字。每一领域都被分为三个字符的子类。A～M 和 S～X 由德温特主题专家使用；工程类 P～Q 的类号由 IPC 自动赋予，如 P85 表示教育学、密码学、广告；T01 表示数字计算机；W04 表示视听录音系统。当分类代码和其他检索字段（如主题检索等）组合使用时，这些代码可以帮助用户精确有效地把检索结果限定在相关的学科领域。

德温特检索分类如表 4.1 所示。

表 4.1 德温特检索分类

类 别	代码	领 域	代码	领 域
化学	A	聚合物和塑料	G	印刷、涂敷、摄影
	B	医药	H	石油
	C	农用化学	J	化工
	D	食品、化妆品、洗涤剂水处理、生物技术	K	核工程、爆破、防护
	E	普通化学	L	耐火材料、陶瓷、水泥、有机（无机）电化学
	F	纺织、造纸	M	冶金
电子与电气（6 个部 50 个分部）	S	仪器、测量和测试	V	电子元件
	T	计算和控制	W	通信
	U	半导体和电子电路	X	电力工程
工程	P1	农业、食品、烟草	P5	金属成形
	P2	个人用品、家用产品	P6	非金属成形
	P3	卫生保健、娱乐	P7	挤压、印刷、印染
	P4	分离、混合	P8	光学、摄影
	Q1	一般车辆（Q18——车辆制动控制系统）	Q5	发动机、泵
	Q2	特殊车辆	Q6	工程元件
	Q3	运输、包装、存储	Q7	光、热
	Q4	建筑、结构	—	—

（1）德温特手工代码（Derwent Manual Code）。德温特手工代码是由德温特的专业人员为专利标引的代码。代码可用于显示一个发明中的新颖技术特点及其应用。利用手工代码进行专利的检索可显著改进检索的速度和准确性。例如，3G 的德温特手工代码是 W02-C03C1G，即无论专利文献中出现什么样的词，甚至并没有出现任何相关的词汇，只要涉及 3G 某一个方面的研究（如数据压缩、打包、传输等），DII 都会给这篇文献相同的记号：W02-C03C1G。这样只需要用这样一个代码，就可以很容易地查全这方面的文献，而不用去考虑各种复杂的主题词组合。

（2）德温特入藏登记号（Derwent Primary Accession Numbers）。入藏登记号可检索专利记录中的德温特入藏登记号字段。入藏号登记号（PAN）是由德温特为每一个专利家族中的第一条专利记录指定的唯一标识号，从而也是为该专利家族所指定的唯一编号。每个号码的组成是一个四位数的年号，随后是一个连字符号"-"，以及一个六位数的序列号，即 YYYY-NNNNNN 格式（如 1999-468964）。登记号后还有一个两位数的更新号，用以标示德温特出版该专利文摘的日期。当使用通配符检索 PAN 号时，应将通配符放在九位号码之后。例如，1999-52791*可检索到若干记录，而 1999-5279*则检索不到结果。

（3）环系索引号（Ring Index Number）。环系索引号（RIN）可检索专利记录中的环系索引数据，它是一个为化学有机环系统指定的五位数字的代码。自 1972 年以来的 Derwent World Patents Index 数据库中都可提供检索。可供检索的专利分类包括：①Section B（医药）；②Section C（农用化学）；③Section E（普通化学）。

检索式的输入方式如 01829 所示，也可以使用通配符，如 0182*或 018?9。

（4）德温特化学资源号（Derwent Chemistry Resource Number）。可检索专利记录中的化学资源（DCR）号字段。DCR 号是 Derwent Chemistry Resource 数据库中为特定化合物指定的唯一标识号。该标识为化合物数据库和德温特世界专利索引相应的题录记录索引之间提供了链接。

德温特化学资源号是一种独特的登记标识号，可用于标识两种或以上的相关化合物彼此之间的关系。它们组成一个标识系统，对于所有相关的化合物来说，它们的主干是相同的，但是用不同的后缀来表示某些特定的特性，如立体化学、异构体、盐类、同位素及物理形态。

DCR 号的结构组成是 NNNNNNNN-NN-NN-NN，其中："NNNNNNNN"表示 1～8 位数连续顺序号；第一个"NN"是立体化学的支链（数字范围 1～99）；第二个"NN"支链描述盐类的信息（数字范围 1～99）；第三个"NN"支链用以描述其他的相关信息，如外形、同位素、异构体等（数字范围 1～99）。

（5）德温特化合物号（Derwent Compound Number）。德温特化合物号（DCN）可检索专利记录中的化合物号字段，是检索 Questel.Orbit 上的 MMS 数据库独特的化合物检索入口的化合物编号。自 1987 年起 MMS 化合物数字索引在 DWPI 所有的主机上提供，涉及的专利分类包括：①Sections B（医药）；②Section C（农用化学）；③Section E（普通化学）。

（6）德温特注册号（Derwent Registry Number）。德温特注册号（DRN）可检索专利记录中的注册号字段，对应了 DWPI 数据中最常见的 2100 多个化合物。DRN 索引自 1981 年在 DWPI 中提供，用于检索从 B 部（医药）到 M（冶金）的化学专利的检索。

（7）专利权属机构代码。许多全球性的跨国公司或机构设在不同地区、国家的分支机构有可能会使用截然不同的名称，DII 中对这些机构的名称作了标准化处理，即专利权属机构代码。

借助专利与专利间，以及专利与论文间的引用与被引用关系，可以揭示出一项专利的理论、技术起源。并且利用 Citing Patent 的链接，可以迅速追踪到一项技术自诞生以来最新的进展情况。DII 中还会有 Citing Patent 的链接，显示某一项专利自发明以来被哪些专利引用过。

4. 检索示范

Structure Search 检索界面如图 4.6 所示。

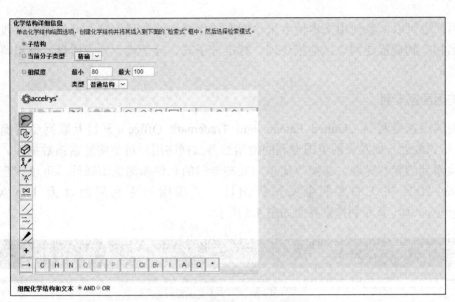

图 4.6　Structure Search 检索界面

进行化合物检索的步骤如下：

（1）单击页面中间的 Structure Details 画图区域。

（2）打开 ISIS/Draw，创建一个化合物结构图形（右击→选择"Edit"→选择"Transfer to ISIS/Draw"）。

（3）在 ISIS/Draw 中绘制结构图。

（4）单击"Transfer Mode"图标将结构图转移到结构检索框中。

（5）选择结构的近似度等限制项。

（6）单击"Search"按钮，访问 Compound Summary Results 页面，如图 4.7 所示。

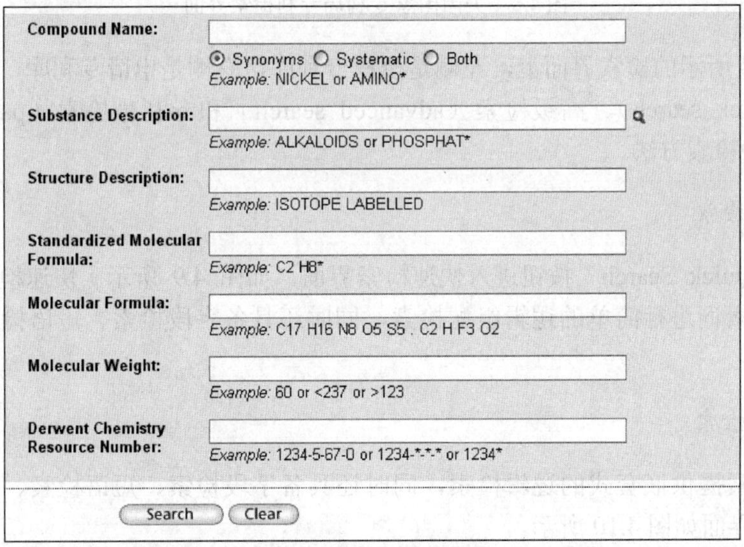

图 4.7　Compound Summary Results 页面

用户也可以单独使用文本检索来检索有关化合物的专利信息。可使用的字段有化合物名称、物质描述词、结构描述词、标准分子式、分子式、分子质量、德温特化学资源登记号等。

二、美国国家专利

美国国家专利局（United Patents and Trademark Office）通过互联网免费提供自1790 年到最近一周发表的美国专利的检索服务。网络用户可免费检索该数据库，并可浏览检索到的专利标题、文摘等信息，安装专门的软件和浏览器插件后可以在全文库中浏览 TIFF 格式的专利全文扫描图像。美国国家专利局网址为 http://www.uspto.gov/patft/，其专利检索界面如图 4.8 所示。

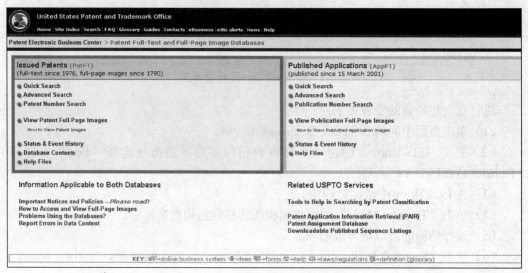

图 4.8　美国国家专利局专利检索界面

在图 4.8 所示的检索界面上，左侧是授权专利库，右侧是申请专利库，可以采用快速检索（quick search）、高级检索（advanced search）和专利号检索（patent number search）三种检索方法。

1. 快速检索

单击"Quick Search"按钮进入快速检索界面，如图 4.9 所示。快速检索允许用户使用两个检索词进行简单的逻辑组配检索，同时还具备字段检索、短语检索、年代范围检索功能。

2. 高级检索

高级检索提供嵌套式的逻辑检索，同时还具备字段检索、短语检索、年代检索功能，其检索界面如图 4.10 所示。

在高级检索界面，系统提供了比较全面的检索字段，如图 4.11 所示。

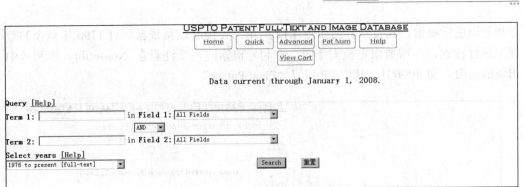

图 4.9 美国国家专利局快速检索界面

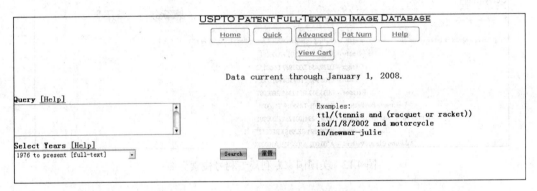

图 4.10 美国国家专利局高级检索界面

Field Code	Field Name	Field Code	Field Name
PN	Patent Number	IN	Inventor Name
ISD	Issue Date	IC	Inventor City
TTL	Title	IS	Inventor State
ABST	Abstract	ICN	Inventor Country
ACLM	Claim(s)	LREP	Attorney or Agent
SPEC	Description/Specification	AN	Assignee Name
CCL	Current US Classification	AC	Assignee City
ICL	International Classification	AS	Assignee State
APN	Application Serial Number	ACN	Assignee Country
APD	Application Date	EXP	Primary Examiner
PARN	Parent Case Information	EXA	Assistant Examiner
RLAP	Related US App. Data	REF	Referenced By
REIS	Reissue Data	FREF	Foreign References
PRIR	Foreign Priority	OREF	Other References
PCT	PCT Information	GOVT	Government Interest
APT	Application Type		

图 4.11 美国国家专利局检索字段

3. 专利号检索

假设用户已经知道需要检索的专利的专利号，则可以直接在专利号检索框中输入专利号码进行检索，其检索界面如图 4.12 所示。使用时，系统自动对 1790 年至今的数据库进行检索，不需要限定检索年限。专利号检索时，要注意在 Non-utility 专利号中出现的前缀，如 PP9001，其中 PP 代表"Plant Patent"。

图 4.12　美国国家专利局专利号检索界面

三、欧洲国家专利

欧洲专利局在 1998 年夏季与欧洲专利组织（European Patent Organization）的成员国共同在互联网上推出了面向公众的免费专利服务系统 Espacenet，它不仅提供欧洲专利的免费检索服务，还提供检索世界上其他一些国家的专利信息。Espacenet 数据库收录了包括欧洲及欧洲各国等 73 个国家及组织的专利著录数据、33 个国家及组织的英文文摘和 32 个国家及组织的专利全文，文献量为 4500 万件。

（一）Espacenet 数据库简介

Espacenet 数据库（http://ep.espacenet.com/）主要包括欧洲专利、世界知识产权组织专利和各国专利。

1. 欧洲专利

欧洲专利（EP）是由欧洲专利局出版的专利，可检索专利的著录项目，并可显示和下载专利全文的扫描图像的 PDF 格式，每周更新一次，用户可以通过关键词、申请号、公开号、优先权、公开日期、申请人、发明人、IPC 分类号等途径进行检索。

2. 世界知识产权组织专利

世界知识产权组织专利（WIPO）数据库收录最近 24 个月公布的 PCT 国际申请的著录数据、文摘和全文说明书，每周更新一次，可根据关键词、申请号、公开号、优先权、公开日期、申请人、发明人、IPC 分类号等途径进行检索。

3. 各国专利

各国专利（Worldwide）是欧洲专利局收集的专利信息的总和，包括 60 多个国家和地区及专利机构的专利著录项目，其中包括欧洲专利组织（EPO）、世界知识产权专利组织、法国等近 30 年来的专利全文，中国、日本专利文献的英文著录数据和文摘。

（二）Espacenet 数据库检索方法

Espacenet 数据库设置四种检索方式：智能检索（smart search）、高级检索（advanced search）、专利号检索（number search）、分类检索（classification search）。

1. 智能检索

智能检索拥有超过 9000 万的专利数据，其简化了原来的快速检索（Quick Search），用户可以选择专利权人、专利申请人、专利号、公告日、关键词、优先权等一系列检索词进行智能检索。在检索框中输入需要检索的对象后，数据将从 EP、WIPO 中检出。

智能检索的界面如图 4.13 所示。

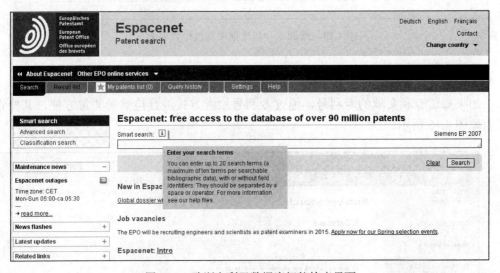

图 4.13   欧洲专利局数据库智能检索界面

2. 高级检索

高级检索界面如图 4.14 所示。

检索步骤如下：

（1）从 EP、WIPO、Worldwide 三个数据库中选取合适的专利数据库。

（2）选择一个或多个字段进行检索，其中 EP 和 WIPO 不提供英文专利名称和英文专利文摘中的关键词检索字段。

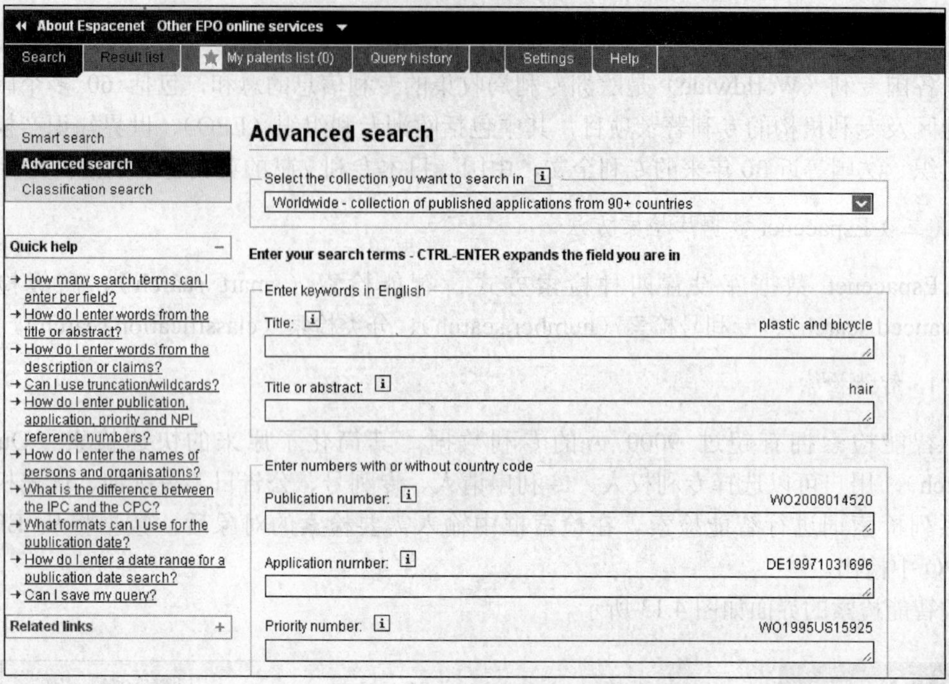

图 4.14　欧洲专利局数据库高级检索界面

3. 专利号检索

如果知道专利文献的专利号，通过专利号检索方式进行检索就非常方便，其检索界面如图 4.15 所示。

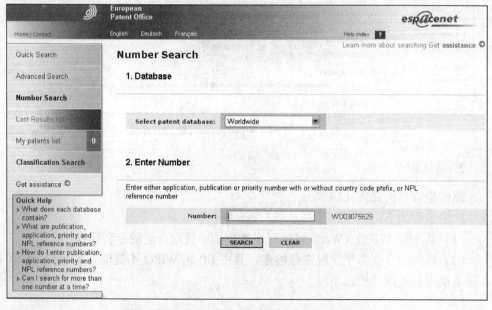

图 4.15　欧洲专利局数据库专利号检索界面

检索时，首先选择专利数据库，然后输入专利号即可检索到相应的专利。

4. 分类检索

Espacenet 的世界数据库可以使用欧洲专利局分类号（ECLA）分类系统（欧洲专利局对专利申请分类和进行检索的重要工具）进行主题检索，其检索界面如图 4.16 所示。

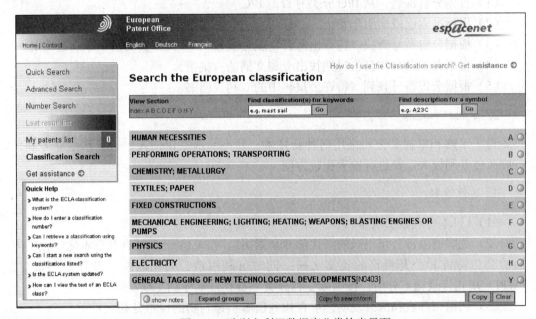

图 4.16　欧洲专利局数据库分类检索界面

利用专利分类检索方式，用户可以通过关键词检索相应的 ECLA 分类号及其含义，也可以通过浏览 ECLA 分类表确定所查找的技术主题的 ECLA 分类号。

四、日本国家专利

日本在 1885 年（明治 18 年）就通过《专卖专利条例》，并成立了特许厅专利（专利局）。日本专利文献的出版与其他国家不同，日本将发明专利、实用新型专利分别按照产业部门（后按照国际专利分类）划分，在相应名称公报中全文公布，而专利事务法律信息则是在日本专利公报中报道。

日本专利说明称为"公报"，是日本各类专利说明书的全文集，有《特许公报》《实用新案公报》《公开特许公报》《商标公报》《公开实用新案公报》《意匠公报》六种形式。其中《特许公报》发表比较重要的创造发明专利，俗称大专利；《实用新案公报》发表小的创造发明及结构、形式等的新设计，相当于实用新型，俗称小专利；《公开特许公报》和《公开实用新案公报》是前两种专利来不及审批而提前公开和延迟审查的专利申请案（待审查专利说明书）；《意匠公报》专门公布商品的图案设计；《商标公报》专门公布商标标志的图案设计。

日本专利的检索工具有索引和文摘两大类，索引可以单独使用，即从索引查到专利公告号后可以直接查阅公报，取得专利说明书；也可以和文摘一起使用，即从索引查到专利公告号后再查阅文摘，筛选后再查阅公报，以取得专利说明书全文。日本专利文献的查阅检索方法主要有分类、专利权人和专利号 3 种途径。

1. 分类途径

（1）首先分析课题，从 IPC 分类号查询 IPC 号码。
（2）用标准索引或索引年鉴中的"分类索引"查找 IPC 号对应的专利公告番号。
（3）根据公告番号查找"特许出愿公告编分类索引"，得知其文摘和专利说明书。
（4）根据公告番号和公告日期找出专利文摘的《集报》。
（5）根据公告番号找到《特许公报》中的专利说明书。

2. 专利权人途径

为了了解和掌握某公司采用何种新技术、新产品或某申请人申请了那些新专利，一般通过专利权人途径进行检索比较方便。

3. 其他途径

（1）《日本专利索引快报》。
（2）英国德温特公司出版的《化学专利索引》。按 CPI 分类号查到日本化学化工方面的公告特许和公开特许的英文文摘；同时可利用该公司出版的《世界专利索引》（WPI）周刊目录化工分册，按国际专利分类号查找日本专利文献。
（3）利用《苏联和国外发明》可查找到出版于该刊物的日本专利。
（4）美国《化学文摘》（CA）用英文报道了日本工业方面的公告特许和公开特许。

第四节　SooPAT 专利文献数据库网络检索

SooPAT 专利文献数据库（http://www.soopat.com/）创建于 2007 年，其目标是使专利搜索平民化，目前为广大用户免费使用。SooPAT 能进行国内和世界范围内的专利搜索。世界专利搜索包含 98 个国家和地区、超过 7200 万专利文献，时间跨度超过 350 年。

SooPAT 专利文献数据库网络检索

SooPAT 检索的界面风格与 Google 搜索界面类似，其检索服务提供了包括专利检索、高级检索、外观检索、国际专利分类检索、国际外观设计分类检索和世界专利检索六大类。

SooPAT 专利检索首页如图 4.17 所示。
SooPAT 专利导航首页如图 4.18 所示。
SooPAT 专利检索分为简单检索、高级检索、IPC 分类检索等。

1. 简单检索

SooPAT 简单检索界面同时提供中国专利和世界专利两个检索框。中国专利检索可以在发明、实用新型、外观设计、发明授权四个选项中选择一个进行限定。

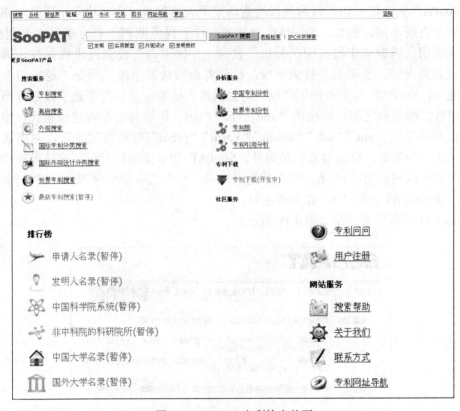

图 4.17　SooPAT 专利检索首页

图 4.18　SooPAT 专利导航首页

2. 高级检索

SooPAT 和中国知识产权网高级检索均采用表格形式，主要检索字段基本相同，个别字段有所不同。例如，SooPAT 世界专利检索提供欧洲专利分类号、专利权人/发明人国别代码检索字段；中国知识产权网"中国专利"检索提供优先权、国省代码、权利要求书、说明书等检索字段。检索界面默认各字段之间是"逻辑与"的关系。此外，SooPAT 和中国知识产权网均提供组合检索，可以对所选字段进行不同的逻辑组合。检索词之间可以使用"and""or""not"运算符组配构建检索式。中国知识产权网还提供"xor""adj""equ/n""xor/n""pre/n"等高级运算符，对逻辑和位置关系进一步限定，提高检索的精确性。SooPAT 和中国知识产权网支持模糊检索，中国知识产权网采用"?"和"%"作为通配符，"?"代表单个字符，"%"代表多个字符，而 SooPAT 采用"*"作为通配符。

SooPAT 高级检索界面如图 4.19 所示。

图 4.19　SooPAT 高级检索界面

3. IPC 分类搜索

　　SooPAT 中国专利和世界专利的 IPC 分类检索界面（图 4.20）一致，在页面的下方提供了国际专利分类号（IPC）检索工具，用户可以在检索框中输入关键词查分类号，也可以输入分类号查含义。

SooPAT IPC 　IDC搜索
◉输关键词查分类号　◎输分类号查含义

国际专利分类号（IPC）检索工具

农林牧渔	分离、混合	无机化学	纺织
食品	压力加工、铸	玻璃水泥陶瓷	绳
糖、烟、酒、醋	车铣刨磨焊	有机化学	造纸
服饰、鞋帽	工具机具	高分子化学	油脂、蜡
日用品、家具	非金属加工	染料、涂料	肥料
医疗卫生	办公、印刷	石油、煤	皮革
救生、消防	车、船、飞机	冶金	微观
运动、娱乐	包装、储运	表面处理	晶体生长
路、桥	发动机、泵	测量测试	电气元件
土木工程	机构部件	光学、照相	电子电路
给排水	照明	钟表	电力
建筑	蒸汽	控制、信号	电通信
锁、铰链	燃烧、热、炉	计算机	其他电技术
门窗、梯子	制冷、热泵	信息储存	
钻进、采矿	热交换	文教、广告、声	
水、污水处理	武器弹药	核技术	

图 4.20　IPC 分类检索界面

小　结

　　本章以专利的基础知识为引子，对中国专利及国外常用的专利检索方法进行了介绍，如欧洲专利德温特世界专利索引等。

作　业

　　1. 查找所在学校本专业拥有的专利技术，写出成果名称、成果研发人。要求写出检索工具、构造式、检索步骤及检索结果（包括专利名称、专利权人、专利号和申请日等）。

2. 检索以下相关主题的专利信息，按照要求写出检索工具、构造式、检索步骤及检索结果（包括专利名称、专利权人、专利号和申请日等）。

（1）全降解植物淀粉餐具。

（2）乙醛的制备。

（3）汽车尾气化学净化器。

（4）护发用洗涤化妆品。

（5）磷酸二氢钙的制备。

3. 通过中华人民共和国知识产权局网站检索有关碳纳米管方面的任一专利信息，并写出主要外部特征（包括专利名称、专利权人、发明人、申请人、专利号、申请日、公开日、代理机构等）和检索过程。

 知识链接

专利申请、专利权的重要期限

（1）就同一发明或者实用新型在我国申请，要求本国或者外国优先权期限至申请日前 12 个月内。

（2）外国人就同一外观设计在我国申请，要求外国优先权期限至申请日前 6 个月内。

（3）外国申请人要求外国优先权时，要求提供该外国专利受理机关出具的证明期限自申请日起 3 个月内。

（4）发明创造在我国政府主办或承认的国际展览会首次展出，或在规定的学术会议上首次发表，或未经申请人同意由他人泄露，不丧失新颖性的期限至申请日前 6 个月内。

（5）提交上述展览会、学术会议证明的期限自申请日起 2 个月内。

（6）发明涉及新的微生物、微生物学方法或者其产品，且使用物的微生物是公众不能得到的，保藏该微生物的日期申请日前，最迟至申请日。

（7）提交上述微生物的保藏证明及存活证明的期限自申请日起 3 个月内。

（8）专利申请费缴纳期限自申请日起 2 个月内。

（9）发明专利申请主动修改申请的期限提出实审请求时，及时对第一次审查意见答复。

（10）实用新型或外观设计专利申请主动修改申请的期限自申请日起 3 个月内。

（11）发明专利早期公布的期限自申请日起（或优先权日起）18 个月。

（12）发明专利申请请求实质审查的期限自申请日起（或优先权日起）3 年内。

（13）发明专利申请缴纳维持费的期限自申请日起满 2 年，从第三年起，每年缴纳。

（14）提出分案申请的期限是原案授权通知发出之前。

（15）提出行政复议的期限自接到专利局通知后 15 天内。

（16）请求恢复权利的期限自接到通知后 2 个月内。

（17）申请人请求复审期限自收到驳回决定后 3 个月内。

（18）申请人对复审不服，向法院起诉期限自收到复审决定起 3 个月内。

（19）办理专利登记手续的期限自接到通知起 2 个月内。

（20）发明专利权期限。1993 年以前的申请自申请日起 15 年；1993 年以后的申请自申请日起 20 年。

（21）实用新型或外观设计专利权期限。1993 年以前的申请自申请日起 5 年，可以续展三年；1993 年以后的申请自申请日起 10 年。

（22）申请维持费、年费滞纳期限自到期或届满起 6 个月内。

（23）专利许可合同或转让合同向专利局备案期限自合同生效起 3 个月内。

（24）侵犯专利权的诉讼时效自专利权人应当知道发生侵权行为起 2 年内。

（25）请求对专利实行强制许可的期限自颁证日起 3 年后。

（26）专利权人对强制许可或其费用决定不服，向法院起诉的期限自收到决定起 3 个月内。

（27）对侵权行为处理决定不服，向法院起诉的期限自收到决定起 3 个月内。

第五章
科技报告数据库检索

学习目标

1. 了解科技报告的基本知识及国内外主要科技报告。
2. 熟悉科技报告手工检索及计算机检索的工具及方法。

必备知识

手工检索、计算机检索的方法。

选修知识

科技报告的写作格式。

案例导入

研究在传统中医领域应用纳米技术的情况。

可以通过国内万方数据库的科技成果进行检索。在检索框中输入"中药纳米"进行检索,页面即显示符合条件的科技成果列表,如图5.1所示。

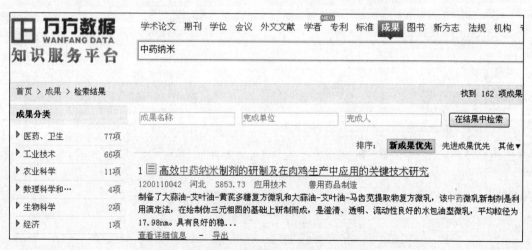

图 5.1 "中药纳米"检索结果

从科技成果列表中就可以了解纳米技术在中医领域的应用情况。

课前思考

什么是科技报告？它的作用是什么？它有什么特点？如何对其进行检索？

第一节　科技报告基础知识

一、科技报告的基本概念

科技报告是科学技术报告（Science & Technical Report）的简称，是科技人员为了描述其从事的科研、设计、工程、试验和鉴定等活动的过程、进展和结果，按照规定的标准格式编写而成的特种文献。科技报告内容翔实、专、深，附有图表、数据、研究方法等，能如实、完整、及时地描述科研的基本原理、方法、技术、工艺和过程等，科研工作者依据科技报告中的描述能重复实验过程或了解科研结果。所以，科技报告的数量、质量不仅能反映科研项目完成的质量和创新程度，也能反映出项目承担人的科研能力和水平，是科研工作承上启下的重要保障。科技报告持续积累所形成的国家基础性战略资源，既为科技管理部门提供真实的信息支撑，又为科研人员提供有效的信息保障，还能保证社会公众对政府科研投入和产出的知情权。

政府科技报告来源于政府资助的科研项目。一般而言，科技项目在不同的研发实施阶段会形成不同类型的科技报告，包括专题技术报告、技术进展报告，最终形成技术报告及组织管理报告。专题技术报告包括试验/实验报告、分析/研究报告、工程/生产/运行报告。

依据每个科研项目的专业特性和任务目标要求，不同的科研项目可产生和提交不同类型的科技报告，每个项目提交科技报告的具体类型和数量需要根据项目的类型、规模和任务性质而定。

二、科技报告的性质

科技报告与学术论文都是表述研究成果的文章，体例、格式也相似，但它们有着根本差别。学术论文以阐述作者的科学见解为目的，科技报告则以报告科研工作的过程与结果为目的。前者的学术性、理论性强，后者的告知性、技术性强。

科技报告的任务是向上级科研主管部门或资助单位等报告科技研究工作的情况，在报告中应该说明工作的性质、进展情况及取得的成果，以便取得指导和支持。同时在科技人员之间相互告知，促进学术交流。因此，科技报告不同于科技应用文"报告"。科技报告是研究者对研究工作的学术性报告，科技应用文中的"报告"通常是用来处理科技管理中的事务，并不具备学术性。

三、科技报告的特点

（1）科技报告专业性强，内容详尽，附有图表、数据、研究方法等信息，涉及或覆盖科研的全过程，其技术含量和使用价值远高于其他文献。

（2）科技报告时效性强，具有较强的新颖性和前沿性，能及时反映科研过程的进展和技术进步成果，代表项目研究的最新状况和水平，有助于提升研究起点，形成成果阶梯，可以加快一个国家整体的科技创新和科技进步步伐。

（3）科技报告出版周期不固定，大部分不公开出版发行，一般为非正式出版物。科技报告也不受篇幅限制，可以是几页，也可以是几百页，虽然具有严格的编写规范，但一般不经过同行专家评审和专业编辑人员审查，发表和出版相对较快。

（4）科技报告管理严格，有不同的密级划分和使用范围限制，以保证科技报告的安全利用，保护相关知识产权。

四、科技报告的作用与价值

（1）科技报告是国家科技实力的重要体现，是科技计划的重要产出形式。任何科研成果都是前人研究成果的延续创新和继承发展。科技报告完整而真实地反映了科研活动不同阶段的技术内容和经验教训，是系统地记录和保存科研项目的科研过程和结果的重要手段。建立科技报告体系，对国家财政投入产生的科技成果进行国家保存和集成管理，可以实现国家科技自主创新战略性资源的有序积累和保存，展现国家科技实力，可以避免科研项目成果分散于个人或项目承担单位手中而造成国家科研成果资产流失，既可以更好地为科技创新服务，又能有效地减少科技项目在不同科研管理体系中重复立项而造成的国家科技投入的浪费。

（2）科技报告是国家科技战略的基础资源，是科技知识共享交流的重要载体。科技报告没有篇幅的限制，可以全面、完整和翔实地记载科研活动中的任何过程和结果，其技术含量高、描述详尽、实效性强，是一种传承科学知识和科技成果的重要文献。科技报告能为科研人员提供有效的信息保障，使他们能够了解和借鉴他人的技术成果，使自己的工作有更高的技术起点，并可避免重复研究，把有限的人力和物力放在攻克新的技术难点上。政府投资形成的科技报告具有社会公益性特点，可建立有效的科技报告收集、积累、保存和利用机制，创建国家科技报告基础文献平台，促进科技报告在不同范围内的充分共享利用。科技报告为全社会的科技创新活动提供有效、高质、公平的服务，使从事科技活动的人员共同受益，有利于促进全社会科技资源高效配置和综合集成，实现跨部门、跨行业和跨区域的科技资源共享，提高全社会科技资源的利用效率，从而推动和促进国家科技成果的转化，实现科技对社会和经济发展的支撑和促进作用。

（3）科技报告是科技计划项目结题验收的重要依据，是科研管理的重要手段。科技报告为科技计划项目管理提供了有效的管理凭证和手段，对科技计划项目实施过程中形成提交的各阶段、各类型科技报告进行管理，可以更好地在项目设立、申报和评审阶段开展项目创新性判断，规范科技计划项目的过程管理；在项目的中期检查、结题验收阶段作为项目评价和成果奖励的有力依据，用于监督检查科研进展和结果，实现对科技成果真实性和创新性检验，也是界定知识产权权益归属的有效依据。建立科技报告体系，形成科技计划项目的凭据管理平台，有利于完善科技计划项目管理体制，加强项目实施记录与检验手段管理，规范科学研究秩序，提供科技计划运行的基础性管理措施。

（4）科技报告是科技信息公开的有效方式，是科技投入绩效考评的总结展示形式。国家科技计划项目所形成的科技报告的数量和质量，不仅反映了其完成项目的质量及项目创新性，也充分反映了其科研能力、创新水平和学术作风。建立科技报告体系，将为国家财政在科技领域的投入创建新的总结形式和成果展示方式，也为政府公共支出的绩效考评提供有效的依据，还可以成为科技管理部门实施政务公开的重要信息内容。同时，对科技报告的公开或涉限交流，在一定程度上形成了对科研项目尤其是重大科研项目的公示效果，增加了科研工作的透明性。这既有利于倡导诚信务实的科学精神，建立科研诚信制度，又为社会公众和科技界提供了对科技计划项目成果了解、利用的渠道，可使全社会加强对国家科技投入模式的理解和支持。

五、科技报告的分类

1. 按研究资料来源分类

科技报告按照研究资料来源可划分为实验报告、考察报告、研究报告等。

2. 按内容分类

科技报告按照内容可划分为基础理论研究和工程技术两大类。

3. 按研究进展程度分类

科技报告按照研究进展程度可划分为初期报告（Primary Report）、进展报告（Progress Report）、中间报告（Interim Report）、终结报告（Final Report）。初期报告是研究单位在进行某研究项目的一个计划性报告；进展报告报道了某项研究或某研究机构的工作进展情况；中间报告是报道某项研究课题某一阶段的工作小结及对下一阶段的建议等；最终报告则是科研工作完成后所写的报告。

4. 按秘密等级分类

科技报告按照秘密等级可划分为绝密报告（top secret report）、机密报告（secret report）、秘密报告（confidential report）、非密限制发行报告（restricted report）、非密报告（unclassified report）、解密报告（declassified report）。我国的科技报告分为公开、国内、内部、秘密、机密和绝密五个等级。报告级别分为国家级和省部级。属于保密的科技报告大多属于军事、国防工业和尖端技术成果。科技报告划分为公开科技报告、延期公开科技报告、解密科技报告、保密科技报告等。

5. 按出版形式分类

科技报告按照出版形式可划分为技术报告（technical reports，TR）、技术札记（technical notes，TN）、技术论文（technical papers，TP）、技术备忘录（technical memorandum，TM）、通报（bulletin）、技术译文（technical translations，TT）、合同户报告（contractor reports，CR）、特种出版物（special publications，SP）和其他报告（如会议出版物、教学用出版物、参考出版物、专利申请说明书及统计资料）等。

报告一般公开出版，内容较详尽，是科研成果的技术总结。

札记则内容不太完善，是编写报告的素材，也是科技人员编写的专业技术文件。

备忘录一般内部使用，限制发行，包括原始试验报告、数据及一些保密文献等，供行业少数内部人沟通信息使用。

论文是指准备在学术会议或期刊上发表的报告，常以单篇形式发表。

译文主要是指译自国外有参考价值的文献。

六、科技报告的编号

科技报告都有一个编号，但各系统、各单位的编号方法不完全相同，代号的结构形式也比较复杂。国外常见的主要科技报告的编号，一般有以下几种类型的代号：

1. 机构代号

机构代号是科技报告的主要部分，一般将编辑、出版、发行机构名称的首字母标在报告代号的首位，如 DOE-，代表"美国能源部"。机构代号可以代表机构的总称，也可以代表下属分支机构，如 STAN-CS-，代表"斯坦福大学，计算机系"。

2. 类型代号

类型代号主要代表科技报告的类型。

（1）用缩写字母表示。例如，PR 代表进展报告（progress report）、QPR 代表季度进展报告（quarterly progress report）、TM 代表技术备忘录（technical memorandum）、TP 代表技术论文（technical papers）、TT 代表技术译文（technical translations）。

（2）用数字表示。例如，DOE（原为 AEC）报告的 TID-3000 代表文献目录、TID-5000 代表研究发展报告、TID-7000 代表特殊出版物、TID-8000 代表丛书、TID-10000 代表按"民用计划"公布的研究报告。

3. 密级代号

密级代号代表科技报告的保密情况。例如，ARR 代表绝密报告、S 代表机密报告、C 代表保密报告、R 代表控制发行的报告、U 代表非保密报告。

4. 分类代号

分类代号是用字母或数字表示报告的主题分类。例如，P 代表物理学（Physics）。

5. 日期代号和序号

用数字表示报告出版发行年份和报告的顺序号，如下所示：
STAN—CS—82—916
（机构）　（年份）（序号）

七、科技报告与科技档案、期刊论文的区别

科技报告与科技档案既有联系，又有区别。科技档案用于资料的归档保存和备查，内容相对宽泛，侧重保存研究过程中形成的管理性文件和研究结果的依据性材

料，无固定格式要求，归档为案卷，成套保存，主要服务于科研实施单位和管理部门的科研管理。而科技报告用于科技信息和成果的积累、传播与交流，是记录、交流技术信息的技术文件，侧重描述研究的技术过程、内容和结果，需按规定的格式编写，每份报告自成一册，单独发行。同时，科技报告需要标注密级或授权使用范围，注重面向公众或特定群体开放共享。科技报告是科技档案最重要的组成部分。由于没有科技报告制度的约束，科技档案中对科技报告内容的描述十分欠缺。科技报告是文献化的科技档案。

科技报告与期刊论文具有较强的互补关系。期刊论文对内容的独创性具有严格的要求，需要经过专家评议。同时，期刊论文的内容和篇幅受到限制，只有一小部分具有创新性的最终研究成果能够在公开出版物上发表，而且对研究方法、试验过程、中间结果等描述较为简单。科技报告不受篇幅和出版的限制，可以翔实记载科研的整个过程、方法、结果等，无需同行评议，对科技报告中部分独创性或新颖性的内容，可以加上作者的科学见解进行公开发表，形成期刊论文。因此，期刊论文可以来源于科技报告，是科技报告全部内容的一部分，而科技报告中未发表的内容是对期刊论文的重要补充，可以说两者具有较强的互补关系。

科技报告中未发表的内容是对学术论文、专利等的重要补充。

第二节　国内外主要科技报告

一、中国国家科技报告

国家科技报告制度是指在国家层面建立起完善的科技报告政策法规体系、合理的组织管理体系、统一的标准规范体系和科学的收藏服务体系，将科技报告工作纳入科研管理程序，实现科技报告完整、规范的产生和呈交，统一、安全的保存和管理，安全、共享的交流和使用。

2013 年，国家科技部制定了《国家科技技划科技报告管理办法》（国科发计〔2013〕613 号）科技报告是国家基础性、战略性科技资源，是国家科技实力的重要体现。2014 年，我国按照《中共中央国务院关于深化科技体制改革　加快国家创新体系建设的意见》和《国务院关于改进中央财政科研项目和资金管理的若干意见》（国发〔2014〕11 号）文件的要求，我国正加快建立国家科技报告制度。

早在 1964 年，钱学森等多位科学家就呼吁"建立中国的 AD 报告"。1984 年，我国国防科技报告体系建设工作启动，核、航天、航空、船舶、兵器、电子等相关部门参加，2000 年国防科技报告体系进入规范化管理阶段。经过 30 多年的发展，中国国防科技报告已经逐步形成了一套较为完善的科技报告法规制度和统一管理的工作体系，迄今共收录 13 万份科技报告，初步建立起较为完善的国防科技报告管理体系。但除国防科技报告外，我国民口的科技报告管理比较零散和无序，一方面政府层面对呈交科技报告没有强制要求，科技报告工作未纳入科研管理程序，国家科技计划项目管理在科技报告的提交、管理、交流等方面没有明确要求；另一方面社会上缺乏对科技报告重要性的认识，科技报告的撰写、呈交和交流利用没有成为科研人员的自觉行为，致使大量科技成果没有形成科技报告，仍处于分散存档、搁置、甚至流失的状态。

为贯彻落实中共中央、国务院《关于深化科技体制改革加快建设国家创新体系的意见》，建立统一的科技报告制度，科技部决定在国家科技计划中开展科技报告试点工作。试点范围为"973"计划、"863"计划、科技支撑计划、重大专项、国际科技合作专项、大型仪器专项等国家科技计划项目及国家科技奖励项目。自 2006 年以来，立项、有电子文档的全部非涉密计划项目（课题）开始进行科技报告的回溯或呈交工作。涉密项目（课题）暂不纳入此次试点范围。国家科技投入形成的科技报告将通过"国家科技报告服务系统"对广大科研人员和社会公众实行开放共享。

1. 科技报告的主要工作内容和流程

科技报告工作需要从根本上纳入科技项目管理程序，将科技报告的编写和呈交纳入任务合同书的预期成果和考核指标中。科技报告工作主要包括以下几方面的内容和流程：

（1）下达科技报告任务。科技计划项目的申请单位，应当在立项报告的成果形式栏中写入呈交科技报告的内容。科技计划管理部门下达任务合同书时应明确规定呈交科技报告的类型、数量和时限等。

（2）撰写科技报告。科技计划项目负责人或主要成员按照任务合同书的要求，按规定撰写科技报告，对技术秘密等信息进行标记，设定密级或受限范围，并提交给本单位的科研管理部门或科技报告联络人。

（3）审核和提交科技报告。项目承担单位对本单位产生的科技报告进行格式审查、内容审查和保密审查，并将审核合格的非涉密科技报告全文按照计划管理渠道进行提交。

（4）验收和评审科技报告。各立项管理部门在组织项目验收时，根据任务合同书的要求，审核科技报告的完成情况。未按要求完成科技报告任务的项目，原则上不予通过验收。同时，确保将合格的科技报告移交到科技报告管理中心。

（5）交流和利用科技报告。科技报告管理中心负责接收和管理合格的科技报告。同时，将严格按照使用范围限制开展利用工作，并及时将公开或解密的科技报告全文和受限科技报告元数据信息上交国家科技报告管理中心。

2. 科技报告代码标识

按照国家标准《科技报告保密等级代码与标识》（GB/T 30534—2014），科技报告的密级可分为公开、限制、秘密、机密、绝密五级。公开级科技报告是指公开的科技计划项目产生的或项目承担单位认为可以公开的科技报告；限制级科技报告是指涉及技术诀窍或敏感信息，需要进行知识产权保护，在一定时期内不适宜全社会公开的科技报告，或称为延迟公开科技报告；秘密、机密、绝密科技报告是指内容涉及国家秘密的科技报告，具体保密等级应严格按照《中华人民共和国保守国家秘密法》和相关保密规定执行。科技报告的密级应由项目承担单位设定，相关部门审核，采用科技报告保密等级代码进行标识。在科技部科技报告试点工作期间，对呈交的公开或限制级科技报告，使用"公开""延迟公开"进行标识，对于"延迟公开"的科技报告，要标注延迟年限，一般延迟年限不超过五年。

3. 科技报告的格式

科技报告的撰写要遵循一定的规范要求。我国于 2009 年颁布国家标准《科技报告编写规则》（GB/T 7713.3—2009），并于 2014 年进行修订，现行标准为 GB/T 7713.3—2014，其对科技报告的构成、类型、编排格式、主要内容等进行详细规定，统一科技报告编写格式，主要目的和意义在于保证科技报告的内容质量和整体编写水平。科技报告一般由封面、基本信息表、目录、插图清单、附表清单、正文、参考文献、附录等部分组成。科研人员在撰写科技报告时应严格遵循科技报告编写规则，按要求撰写高质量的报告。

（1）体例。科技报告需要按照科学技术论文的体例撰写，便于科研人员交流使用。

（2）对象。科技报告要以第三人称撰写，主要针对科研人员或同行，而非管理者。

（3）内容。科技报告主要针对研究对象、研究过程、研究方法和研究结果进行描述，而不是针对本项目或本课题任务完成情况。科技报告的内容应完整、真实、准确、易读，有技术含量和保存利用价值。

（4）段落。科技报告要分章节撰写，章节结构应系统清晰，并需自拟章节标题，无法统一命题。

（5）报告正文由以下几部分组成：

① 引言部分。引言部分简要说明相关研究的背景、目的、范围、意义、相关研究综述，以及研究设想、方法、实验设计、预期结果、创新之处等，也可指明报告的读者对象。

② 主体部分。主体部分分章节自拟标题完整描述研究工作的理论、假设、过程、方法、结果等，应对使用到的关键装置、仪表仪器、材料原料等进行描述和说明。要提供必要的图、表、数据等信息。

由于项目性质、领域特点或报告类型不同，主体部分的结构和内容会有较大差异。

③ 结论部分。最终的结论或建议可以简述研究结果、研究发现、创新性成果等，评价研究的作用、影响，展望应用前景等。如果研究不能得出明确的结论，应进行必要的讨论。

（6）参考文献。科技报告中所有被引用的文献都要列入参考文献中。参考文献的著录遵照国家标准《文后参考文献著录规则》（GB/T 7714—2005）的规定执行。

（7）附录。附录是正文的辅助材料和补充内容，项目成果清单可作为附录。

4. 国防科技报告

我国国防科学技术报告（简称 GF 报告）是科研管理部门按照《中国人民解放军装备条例》和《中国国防科学技术报告管理规定》等法规制度的规定，所有装备研究、研制、试验、定型和部队科研、技术革新及装备维修、退役、科研管理、教学、培训等科研项目承担者，在完成或阶段完成每个科研项目时，必须由科研项目完成者按照国家军用标准《中国国防科学技术报告编写规则》（GJB 567A—1997）要求撰写和提交的，能够完整而真实地记录该科研阶段先进科学技术内容和经验教训，以技术积累、传播和交流为目的的科学技术报告。它是国家宝贵的知识、信息产品和重要的战略资源。

中国国防科技信息中心是 GF 报告的集中收藏机构，国防科研单位通过其所属机构的科技信息中心递交科技报告。

二、美国政府科技报告

美国政府科技报告是美国联邦政府在资助研发活动过程中产生的科技报告，来源单位主要是美国各级政府机构及其合同户。其中，合同户包括大学、营利和非营利组织、国家实验室等。

1. 发展时期

美国政府科技报告工作从 1945 年第 9568 号总统令开始有组织地开展，目前已形成世界上规模最大、内容最丰富、管理最完善的国家层面上的科技报告管理体系。美国政府科技报告体系的形成和发展过程大致经历了前期、雏形期、成型与发展期三个阶段。

（1）前期：19 世纪后期到 20 世纪初。在该阶段，科研机构逐渐增多，科研队伍不断扩大，产生了许多供内部交流使用的科研记录、文件、总结报告等；科技成果管理工作还比较分散，尚未形成体系；科技报告属于政府出版物中的一种，公开发行数量不多。1895 年，《美国政府出版物月报》将科技报告统一编目并公开出版，这标志着科技报告的正式产生。

（2）雏形期：第一次世界大战开始到第二次世界大战初期。在此阶段，美国大力发展科学技术，成立了国家航空咨询委员会、国家标准局等机构以保持其科技领先地位。随着科研经费的增加，研究范围逐步扩大，科研活动中产生的科技报告逐渐增多，科技报告在美国政府各部门之间已经有了较为广泛的交流使用。

（3）成型与发展期：第二次世界大战至今。1945 年，美国成立科技情报出版局，后发展为今天的国家技术信息服务局，专门从事国内外科技报告的收集、管理和服务工作；1946 年，成立科学技术信息办公室，负责能源科技报告工作；1951 年，成立武装部队技术情报局，负责军事科技情报工作；1958 年，成立科学技术情报局，负责管理航天航空局的科技报告。这些举措有力地推动了美国政府部门的科技情报工作，使科技报告真正成为国家基础性战略资源。

2. 发展现状

美国政府科技报告包括专题技术报告、技术进展报告、最终技术报告和组织管理报告等多种类型，覆盖工业、农业、能源、交通、军事、航空等几十个学科。美国政府科技报告体系主要包括国防部 AD 报告、航空航天局 NASA 报告、能源部 DE 报告和商务部 PB 报告四大科技报告系统，如图 5.2 所示。

1）PB 报告

第二次世界大战后，美国政府为了系统整理和充分交流利用战时的科研成果，于 1945 年成立了科学技术报告出版局（Office of Science and Technology Publication

Board），简称科技出版局（Office of Publication Board）。1946 年科技报告局开始发行 PB 报告。1960 年以后 PB 报告主要为各科研机构的非军事文献，侧重于工程技术、环境污染等。

1980 年以前 PB 的编号就是 PB 入藏顺序号，1980 年以后开始使用新的编号系统，新的编号格式为"PB+年代顺序号"。10 万号以前的主要是第二次世界大战后的科技资料（主要是德国），10 万号以后的主要是美国的科研机构、军事科研单位、院校等的科技报告。

PB 报告既有理论基础方面的报告，也有生产技术、材料技术、工艺等方面的报告，近年来以民用为主。PB 报告主要收录各种专题研究报告，同时也收录论文及会议文件等。

2）AD 报告

国防技术信息中心（Defense Technical Information Center，DTIC）是美国国防部内部负责获取、存储、检索和分发科技报告的中心机构，每年收藏 AD 报告约 3.3 万篇。AD 报告在使用中大致分为公开发行利用的公开科技报告、严格限制使用范围的非保密敏感科技报告和按有关保密规定发行利用的保密科技报告三大类。在实际使用中，AD 报告发行范围又细分为七类。

3）NASA 报告

航空航天信息中心（Center for Aerospace Information，CASI）负责美国国家航空航天局科技报告的集中收藏、保存和传播，其数据库中的科技报告记录已超过 360 万条。NASA 报告主要分为技术论文、技术备忘录、合同户报告、会议出版物、特殊出版物和技术译文六大系列。NASA 报告的使用对象划分为内部用户和外部用户两部分，其中内部用户包括国家航空航天局各部门及合同人员，外部用户主要包括其他政府机构、大学与其他教育机构、商业科技信息提供商等。

4）DE 报告

科学技术信息办公室（Office of Scientific and Technical Information，OSTI）是能源部科学办公室的直属机构，负责协调能源部的科学技术信息活动和 DE 报告的集中收藏和管理。DE 报告可以大致分为公开信息、公开发行的解密信息、非保密受控制信息、非保密受控制核信息和保密信息五种类型，并分别通过公开信息系统、有存取权限限制的信息系统及保密信息管理系统面向不同的用户提供服务。

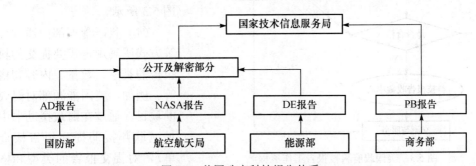

图 5.2　美国政府科技报告体系

3. 政策法规

美国在科技报告的产生、管理和安全使用方面有一整套完善的政策法规体系，分散在科研管理、信息资源管理、信息安全等相关制度之中，按覆盖范围可划分为三个层次：国家级政策法规、部门/行业级规章制度和基层单位规章制度。

（1）国家级政策法规。美国政府通过制定国家级政策法规或多个部门共同遵守的条例和制度，明确联邦投资产生的各类科技报告提交、共享等要求，明确相关知识产权规定，明确科技报告相关管理部门的职责和职能。例如，美国《国家技术信息法案》规定了国家技术信息服务局作为科学、技术及工程信息的收集、处理和传播中心的职能；《美国技术卓越法》规定，美国联邦单位必须及时将联邦资助研发活动产生的公开科学技术及工程信息传递给国家技术信息服务局；《美国联邦采办法规》规定，凡承包由联邦政府拨款资助的科研和生产项目者，都必须向联邦政府提交合格的科技报告。

（2）部门/行业级规章制度。以国家政策法规为基础，由各部门/行业根据自身需要和特点制定具体管理政策和办法。部门/行业级规章制度可以细分为两方面内容，其一是在相关计划管理、项目管理、合同管理制度中提出明确的科技报告提交和审查要求，将科技报告制度纳入科研管理制度中，确保科技报告的产生和提交；其二是制定专门科技信息制度，明确科技报告的提交范围、程序、方式、安全管理及相关部门和人员的职责，确保科技报告的安全管理和交流利用。例如，美国国防部颁发《国防部科技信息计划实施原则和工作纲要》，航天航空局出台《科技信息管理规定》和《撰写、提交和分发NASA科技信息的要求》等文件来规定本部门的科技报告相关管理工作。

在上述两级法规制度的指导下，各基层单位根据自身具体情况制定相应的科技报告工作细则。

4. 工作流程

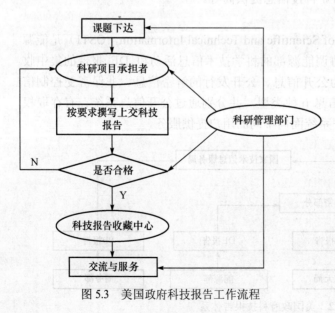

图 5.3　美国政府科技报告工作流程

美国政府通过启动科学技术信息计划，联合科研管理人员、科技信息人员和科研人员共同开展科技报告工作。美国政府科技报告的收集、管理和服务工作流程大致划分为五个阶段，如图 5.3 所示。

（1）科研管理部门通过合同等方式明确规定需要提交的科技报告的类型、数量、内容和格式等。例如，美国能源部对财政资助项目，通过在财政援助书中附加《联邦援助提交报告核查清单》，对提交报告的类型和格式等信息予以详细规定。

（2）项目承担单位根据合同、协议等要求，按照规定格式和渠道撰写并提交研发活动产生的科技报告，同时根据有关信息安全规定，在提交信息前对信息敏感性进行判断，并对密级、知识产权等进行适当标记和处理。

（3）科研管理部门对提交上来的科技报告的密级、分发限制、格式等进行审查，并确保科技报告按要求提交到本部门信息中心。

（4）本部门信息中心对提交上来的科技报告进行集中永久保存，并根据科技报告的分发限制，按照一定的安全利用制度在不同使用范围内提供服务。

（5）国家技术信息服务局对公开科技报告进行长期保存并提供公开服务。

5. 交流使用

美国政府科技报告实行分类分级交流服务模式，在方式上大致划分为公开科技报告的交流使用、受限科技报告的交流使用和保密科技报告的交流使用。

（1）公开科技报告。美国采用多种方式提供公开科技报告的交流使用。例如，国家技术信息服务局通过交换收藏其他国家政府及研究单位的科技报告扩大收藏范围，各部门信息中心通过本系统网站提供科技报告服务等。

（2）受限科技报告。受限科技报告一般只对本部门和其他政府机构人员及其合同户提供服务。科技报告收藏机构配合科研管理部门对使用者身份、使用权限进行审批和审查，并通过 IP 地址、密码控制等方式进行管理。

（3）保密科技报告。保密科技报告一般通过专门的渠道进行集中管理和服务。例如，能源部保密科技报告通过专门的能源保密信息管理系统提供服务。

6. 管理特点

（1）以政府为主导推动科技报告体系的建立。美国政府部门在科技报告体系建设过程中发挥着重要的主导作用。首先，将科技报告作为国家战略资源进行管理，通过建立一系列政策法规和规章制度来规范科技报告的产生、收集、管理和交流利用，科技报告工作成为政府强制行为；其次，对科技报告工作相关机构设置、运行机制、资金来源等予以明确规定。

（2）将科技报告工作纳入科研管理程序。美国将科技报告工作纳入科研管理部门的战略管理规划、信息管理计划之中。首先，各计划管理部门通过修订或完善本部门的制度、办法，明确每个项目产生和提交科技报告的数量、类型和时限等；其次，制定专门制度细化科技报告的提交流程、规范及相应的安全交流利用程序和方法等；最后，通过健全的组织机构和人员设置保证制度的落实和科技报告的提交。

（3）对科技报告编写、知识产权与共享有明确规定。美国在科技报告编写方面有较为严格的规范要求，有统一的编写格式和连续的编号规则。每篇科技报告都有永久不变的编号，有完整的元数据信息，包括科技报告描述信息、载体信息及发布权限管理信息等。在知识产权和使用方面，美国规定科技报告产权属于联邦政府或项目投资者，并建立了统一的密级管理及使用办法。

第三节　科技报告的检索工具

科技报告积累的根本目的是共享服务。科技报告将采取"分级管理、授权使用"的方式进行使用管理。相关部门将建立科技报告共享服务平台，实现公开科技报告的开放共享和受限科技报告的授权使用。对于公开科技报告全文，以及使用范围为"延迟公开"的科技报告的摘要等元数据信息，将在共享服务平台上向全社会开放。对于使用范围为"延迟公开"的科技报告，延迟期内将分级、分领域向科学技术部计划管理人员、相关组织部门及计划管理专家公开，或经报告撰写单位授权公开，进行受限查询使用。

一、科技报告的手工检索工具

以前的科技报告主要是印刷型的检索工具，因此检索主要以手工检索工具为主。

1. 国内手工检索工具

在我国，科技报告主要是以科技成果公报或科技成果研究报告的形式进行传播交流。自 20 世纪 60 年代，国家科学技术委员会（现国家科学技术部）就开始根据调查情况定期发布科技成果公报和出版研究成果公告，由国家科学技术部所属的中国科技信息研究所出版，名称为《科学技术研究成果公报》。这就是代表我国科技成果的科技报告。

2. 国外手工检索工具

美国科技报告的手工检索刊物主要是《政府报告通报及索引》（*Government Reports Announcements & Index*，GRA & I）。它由美国国家技术情报服务处（National Technical Information Service，NTIS）编辑，创刊于 1946 年，现为双周刊，是系统报道和检索美国国内外技术报告及其他特种文献的文摘性检索期刊。年报道量约 7 万件，其中技术报告 5.5 万件。外国技术报告来自加拿大、英国、日本、德国和东欧，占报道总量的 20% 以上。

GRA & I 报道的专业十分广泛，涉及现代科学技术的大部分学科。它共分 22 大类（category），178 个小类（subcategories）。大类的内容有航空科学、农业、天文学与天文物理、大气科学、行为与社会科学、生物与医学科学、化学、地球科学与海洋学、电子学与电工、能量转换、材料、数学科学、机械工程、工业工程、土木工程、造船工程、方法和设备、军事科学、导弹技术、导航通讯检测及反雷达、核子科学与技术、军械、物理学、推进与燃料和空间技术等。

二、科技报告联机数据库

1. DIALOG 联机检索系统

与 GRA & I 对应的"NTIS 美国政府报告数据库"，在 DIALOG 联机系统中是第 6 号文档，存储有 1964 年至今的报告摘要，文档规模已达 190 万篇记录，每双周更新。

DIALOG 系统的第 108 号文档为"Aerospace Database 航空航天数据库"，此数据库包含了 STAR 和 IAA 中的内容，存储 1962 年至今的记录，文档规模达 200 万篇。

DIALOG 系统的第 103 号文档为 "ENERGY SCIENCE & TECHNOLOGY 能源科学与技术数据库"，此数据库包含了 ERA 的内容，存储 1974 年至今的信息，文档规模达 280 多万篇。

另外，还有 "World Report 世界报告数据库"，为第 20 号文档；"Nuclear Science Abstracts 核科学数据库"，为第 109 号文档；"Federal Research in Progress（FEDRIP）（Abridged）联邦政府进展中研究报告（节略）数据库"，为第 265 号文档；"Federal Research in Progress（FEDRIP）（Unabridged）联邦政府进展中研究报告（全部）数据库"，为第 266 号文档。

2. ESA-IRS 联机检索系统

ESA-IRS（Europe Space Agency Information Retrieval System）联机检索系统是欧洲最大的联机情报检索系统，由欧洲航天局情报检索服务中心负责运营。该系统拥有 120 多个数据库，多数为文献数据库，内容涉及航空航天、宇宙学、天文学、天体物理、环境与污染、自然科学、工程技术、医学、商业等领域。

ESA-IRS 拥有的数据库中，虽有近半数与 DIALOG 系统重复、14%与 ORBIT 重复、10%与 BRS 重复、25%与 DATA-STAR 重复，但其也有自己所独有的数据库，如 PROCE-DATA（原材料价格数据库）、DATALINE（金融数据库）、报道英国制造业情况的 INDUSTRIAL MARKET LOCATIONS（工业市场信息）、介绍经济和开发方面情况的 INFOMAT BIS（商业信息）、提供欧洲国家公司财政信息的 NEWSLINE/NEXTLINE（公司金融文档）等，这些系统的数据库可以相互补充。

3. STN 联机检索系统

STN（the Scientific and Technical Information Network International）联机检索系统创建于 1983 年，可提供完整的科技信息领域的在线服务。它是由美国化学文摘社 CAS、德国卡尔斯鲁厄专业信息中心 FIZ-Karlsruhe 和日本科技情报中心 JST 共同合作经营的跨国网络数据库公司，是世界著名的国际联机检索系统之一。

STN 有超过 200 个数据库。数据库类型包括书目型、全文型、名录型、数值型和混合型；检索范围包括所有领域，内容以科技信息为主；专业范围涉及化学化工、生命科学、生物技术、医药、农业、食品科技、工程技术、材料科学、计算机科学、电子技术、环境科学、地质学、数学、物理、能源、航空航天、人文科学和专利等，此外也有商情信息，如化工产品、医药、公司信息等。

4. BDSIRS 全文信息联机检索系统

BDSIRS 全文信息联机检索系统属于北京文献服务处，拥有"美国政府研究报告文摘库 NTIS"（1963 年至今）、"中国国防科技报告题录库"（1978 年至今）。

5. TRIP 联机检索系统

TRIP 联机检索系统属于我国科技情报所，拥有"中国重大科技成果数据库

STAC"，报道国家级的科技成果，涉及农林、工业、交通运输、环境科学、医疗卫生、基础科学等内容，是《科学技术研究成果公报》的机读版，收录了 1986 年至今的信息，每季度更新。"中国适用技术成果数据库 CATAD"收集了各地区的科研单位、大专院校、工矿企业的新技术成果项目，是《中国成果大全》的机读版，1994 年开始收录，每年更新。

三、科技报告光盘数据库

1. 美国政府科技报告光盘数据库

美国政府科技报告光盘数据库由美国银盘信息公司开发，NTIS 每五年出版一张光盘，每张光盘约含 40 万篇文献，每 3 个月追加一次数据。

NTIS 属 DIALOG 联机数据库光盘产品，使用检索软件——KR OnDisc System，该软件提供简易菜单检索和 DIALOG 命令检索两种检索模式。菜单检索方式无需记忆命令，每一个检索步骤都是系统提供菜单，用户选择项目，反复进行直至得到检索结果；命令检索方式与联机检索类似，即通过输入检索指令的方式完成检索操作。

Windows 环境下的网络检索为用户提供了如下检索途径：

（1）Word/Phrase Index（字/词组索引检索）。在此页面的 Enter 窗口输入检索词的前几个字符，屏幕下方会显示出相应的索引词典，可在词典中浏览、选择检索词。用户可以同时选择多个检索词，系统对这些检索词按"逻辑或"的关系处理。

（2）NTIS Subject Heading（NTIS 主题词检索）。在此页面的 Enter 窗口输入主题词的前几个字符，屏幕下方会显示出相应的索引词典，可在词典中浏览、选择主题词。用户可以同时选择多个主题词，系统对这些词按"逻辑或"的关系处理。

（3）Author Name（作者检索）。在此页面的 Enter 窗口输入作者姓名的前几个字符，屏幕下方会显示出作者索引词典，可在词典中浏览、选择所要检索的作者姓名。用户可以同时选择多个作者，系统对这些作者姓名按"逻辑或"的关系处理。在索引中作者姓名的表示方法一般按姓、逗号、空格、名（或名字缩写）的顺序。

2. 国外科技调研报告全文数据库光盘

国外科技调研报告全文数据库光盘由万方数据制作发行，收录了自 1988～1997 年世界各国第一线工作人员撰写的科技发展研究报告。检索方式包括国别分类检索，全文任意词检索，题名、国别、分类、日期等字段组合检索，组配表达式检索和时间范围检索。

四、科技报告的网络检索工具

（一）国内科技报告的网络检索工具

国家科技报告服务系统（http://www.nstrs.cn/BaogaoLiulan.aspx）（图 5.4）按部门、学科、地域、类型对公开科技报告进行导航。

国家科技报告服务系统于 2014 年 3 月 1 日正式上线，展示了 1 万份国家科技计划项目的科技报告。系统开通了针对社会公众、专业人员和各级科研管理人员三类用户的服务。向社会公众无偿提供科技报告摘要浏览服务，社会公众不需要注册，即可通过检索科技报告摘要和基本信息，了解国家科技投入所产出科技报告的基本情况；向专业人员提供在线全文浏览服务，专业人员只需要实名注册，通过身份认证即可检索并在线浏览科技报告全文，但不能下载保存全文，科技报告作者实名注册后，将按提供报告页数的 15 倍享有获取原文推送服务的阅点；向各级科研管理人员提供面向科研管理的统计分析服务，管理人员通过科研管理部门批准注册，免费享有批准范围内的检索、查询、浏览、全文推送及相应统计分析等服务。

图 5.4　国家科技报告服务系统

（二）国外科技报告的网络检索工具

我国国家科技图书文献中心可进行国外科技报告的检索，同时也可以从相关网站进入国外科技报告的检索界面（图 5.5）。

1. 美国商务部国家技术情报服务局报告数据库

美国商务部下属的国家技术情报服务局（National Technical Informarion Service，NTIS）（http://www.ntis.gov）编辑出版的 NTIS 数据库主要收录美国政府立项研究及开发的项目报告，少量收录西欧、日本及世界各国（包括中国）200 多个政府机构及国际组织的科学研究报告，数量达 300 万篇。该库 75% 的文献是科技报告，其他文献有专利、会议论文、期刊论文等；25% 的文献是美国以外的文献：90% 的文献是英文文献。由 NTIS 订购号可以直接向 NTIS 订购原文，也可向国内收藏单位索取，如中国科学技术信息研究所、上海图书馆、中国国际科技信息中心、中国科学院文献情报中心等。

通过 NTIS 首页（图 5.6）或 NTIS 检索界面（图 5.7）可免费浏览或检索 1990 年

以来 NTIS 数据库的文献文摘信息，部分报告提供原文。

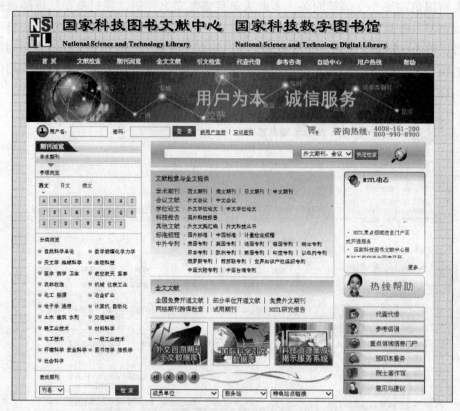

图 5.5 国家科技图书文献中心国外科技报告检索界面

图 5.6 NTIS 首页

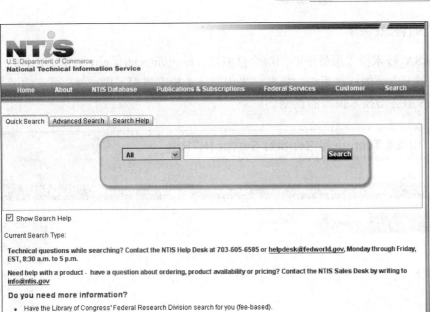

图 5.7　NTIS 检索界面

2. 美国国防部 AD 报告数据库

美国国防部 AD 报告数据库通过国防技术情报中心（Defense Technical Information Center，DTIC）（http://210.72.131.215/db/ad_index.html）提供免费检索服务。其数据包括 1974 年至今非公开与非密类技术报告的文摘题录、1965 年以来限制发行报告的题录文摘、1998 年至今所有非密公开发行和非密限制发行的报告全文及 1999 年以后非公开限制发行的报告全文，内容涉及生物医学、环境污染和控制、行为科学及社会科学等。该数据库首页如图 5.8 所示。

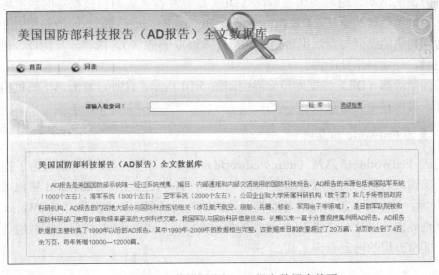

图 5.8　美国国防部 AD 报告数据库首页

3. NTRS 数据库

NASA 技术报告服务中心的综合性网站（http://ntrs.nasa.gov）分 20 多个子库，提供航空航天方面的科技报告的摘要，采用同一个检索界面（图 5.9）可完成多个分布式的 WAIS 服务器技术报告的查询。

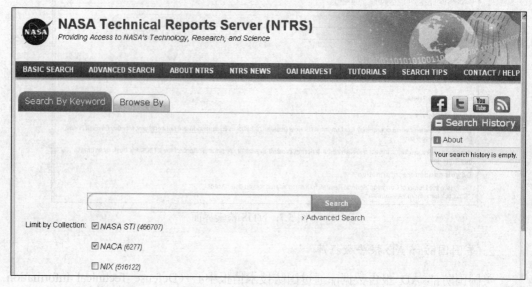

图 5.9　NTRS 数据库检索界面

4. 美国能源部（DE）数据库

美国能源部（http://www.osti.gov/home）管理美国各种核动力计划，每年与高等院校、公司和其他非营利组织签订约一亿美元的合同以支持核领域的学术、科研、信息和管理方面的活动。通过美国能源部（DE）数据库检索到的科技报告的线索可直接向数据库出版单位订购原文。DE Information Bridge Report Collection 能够检索并获得美国能源部提供的研究与发展报告全文（超过 65000 篇报告），内容涉及物理、化学、材料、生物、环境科学及能源。

美国能源部（DE）数据库检索界面如图 5.10 所示。此外，能源部下属机构也有一些网址，提供相应的信息。

5. 美国 FedWorld 信息网

美国 FedWorld 信息网（http://fedworld.ntis.gov）是美国技术情报局为了提供一个集中的美国政府信息的在线查询点，于 1992 年 11 月建立的。FedWorld 提供可访问的 20 多个库，对 1 万多篇文献进行查询。该网站首页（图 5.11）提供对 FedWorld Web 站点的查询界面，以及对这些 Web 站点的简单介绍。FedWorld 是访问美国政府各类信息的一个非常有用的网上查询工具。

图 5.10　美国能源部（DE）数据库检索界面

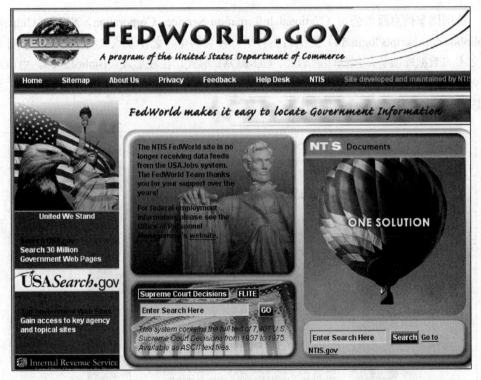

图 5.11　美国 FedWorld 网站首页

6. 美国联网的计算机科技报告图书馆

美国联网的计算机科技报告图书馆（Networked Computer Science Technical

Reference Library，NCSTRL）（http://www.ncstrl.org）收集了来自世界各国各大学计算机系、工业和政府研究实验室的计算机科技报告，供非商业和教育使用，也欢迎各国相应单位参加。该网站首页（图 5.12）给出了三个查询入口：书目信息的字段查询、关键词查询、加入单位名录查询。

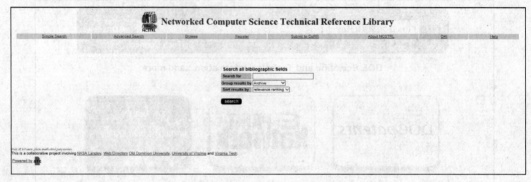

图 5.12　美国联网的计算机科技报告图书馆首页

7. 美国国家信息服务公司

美国国家信息服务公司（National Information Services Corporation，NISC）（http://nes.biblioline.com/scripts/login.dll）提供自然科学、社会科学、艺术及人文科学方面的书目式和全文本式数据库服务，包括印刷形式、CD-ROM 形式、在线形式（BiblioLine）。由该网站首页（图 5.13）可进入产品及服务，免费对美国教育资源信息中心（ERIC）的几个主要数据库进行查询等。

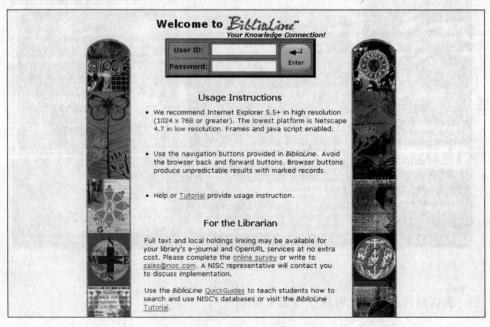

图 5.13　美国国家信息服务公司首页

8. 国际原子能机构因特网服务

国际原子能机构（IAEA）的因特网服务（Internet Service-Datalinks）（http://www.iaea.org/About/index.html）列出了 IAEA 的 Internet 服务项目，提供 FTP 服务、联合国有关的 Internet 链接、IAEA Web 数据库、IAEA 数据库目录、国际核信息系统书目库、国际农业科技信息系统书目库、核数据信息核物理数值库与书目库、原子与分子数据信息系统的数值库与书目库、反应堆信息系统、大气沉降物中同位素的全球网等。该网站首页如图 5.14 所示。

图 5.14 国际原子能机构首页

9. 日本科学技术信息集成系统

日本科学技术信息集成系统（Japan Science and Technology Information Aggregator，Electronic，J-STAGE）（https://www.jstage.jst.go.jp/browse）由日本科学技术振兴机构（Japan Science and Technology Agency，JST）开发，收录了日本各科技学会出版的文献（以英文为主），包括 255 种电子期刊，多种会议记录及研究报告。收录文献以学术研究为主，涉及科学技术的各个领域。该系统所有文献的题录和文摘均免费开放。

小 结

本章介绍了科技报告的概念、特点、作用、分类及其编号，并对我国的科技报告及联网检索和常用的国外检索工具，如美国政府科技报告等进行了介绍，同时对科技报告手工检索及计算机联机检索、网络检索的方法进行了介绍。

作 业

以"高细旦纤维材料"为关键词，对 2010～2013 年科技成果报告进行检索。

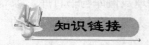
知识链接

科技实验报告

一、科技实验报告简介

科技实验报告是描述、记录某项科研课题实验的过程和结果的报告。它是科技报告中应用范围广泛的一种报告形式。

科技实验报告主要是科技工作者撰写的实验报告，要求有所发现、有所发明、有所创造，不是简单重复和再现别人的成果。这种复杂而新颖的实验报告内容丰富，需要谋篇成文，有时就是以"报告"实验全过程为主的科技论文，具有文献价值。大学生撰写的实验报告，其实验步骤和方法一般由教师拟定，目的是为了验证某一学科的定律或结论，训练学生的动手能力和表达能力。这是一种重复科学史上前人已经做过的实验，没有文献价值，只是教学中的一个环节。这种实验报告通常印制成表格，由实验者逐项填写。

实验报告种类繁多。尽管各类实验报告在内容上千差万别，但是从写作的角度来看，实验报告是否合格却存在着共同标准，即 1930 年 Ward.G.Reeder 提出的五项原则：正确性（accuracy）、客观性（objectivity）、公正性（impartiality）、确证性（verifiability）、可读性（readability）。

二、实验报告的一般格式和写法

不同的实验报告的构成不尽相同。有关测量和计算类型的实验报告由以下十部分组成，非测量和非计算类型的实验报告不包括其中的 7、8 部分。现分别介绍如下：

1. 实验名称

每篇实验报告都有自己的名称，即标题。实验名称应该简洁、鲜明、准确。

2. 实验目的

实验目的指明要进行此项实验的原因，要短小精悍，简明扼要。

3. 实验要求

实验要求同实验目的一样，要简练、明确，可分条列出。例如，《液体表面张力系数的测定》其实验要求为：①掌握用焦利称测量微小力的原理和方法；②用逐差法处理数据。

4. 实验原理

实验原理是进行实验的理论依据。有的实验要给出计算公式，以及公式的推导；电学实验要给出线路图；光学实验要给出光路图；化学实验常给出反应方程式。

5. 仪器设备或原材料

应列出每项实验所需的仪器设备或原材料，仪器设备应标明规格型号，原材料应标明化学成分，有时对于不常见的仪器要加以介绍。

化学实验中的试剂应标明形态、浓度、成分等。

6. 实验步骤

实验步骤就是实验进行的程序，通常是按操作时间先后划分成几步进行，并在前面标注序号，如（一）①②；（二）①②。操作过程的说明要简单、明了、清晰。

实验装置的安装过程和实验线路的连接过程，有时单纯用文字叙述很难表达清楚，此时就要求画出示意图，这样不仅使文字大大减少，而且使人看得更加清晰、明白。

7. 数据表格及处理结果

这是对整个实验记录的处理，数据记录要求是实验中的原始数据。从仪器表中读取数据时，要根据仪器表的最小刻度单位或准确度决定实验数据的有效数字位数。

数据都要列表加以整理，如发现异常数据，则应及时复试，及时纠正。列表表示时，表格一定要精心设计，使其易于显示数据的变化规律及参数之间的相互关系。项目栏要列出测物理量的名称、代号及量纲单位，说明栏中的小数点要上下对齐。

8. 误差分析

在实验中，由于实验条件、测量仪器、测量方法及测量技术等因素的影响，测量值与客观真值之间往往存在着差值，这个差值称为误差。因此，要对测量值与真实值进行误差分析。误差分析可从以下两方面着手进行。

（1）系统误差。其特点是：在相同实验条件下，对同一量进行反复多次测量时，误差总保持不变，或者测业条件改变时，误差可按一定规律变化。系统误差产生的原因如下：①仪器本身缺陷或者没有按规定条件使用造成的误差；②方法误差；③实验者生理上的缺欠，如估计读数时始终偏大或偏小，反应总是快或慢造成的误差。消除系统误差，可用等精度测量，或者通过多次测量。

（2）随机误差。其特点是：在相同实验条件下，对同一量进行多次测量时，在极力消除或者改正一切明显误差后，每次测量的误差以不可预知的方式变化。

9. 实验结果

对于非测量的实验，无需记录数据、分析误差、进行计算。其结果部分主要描述和分析实验中所发生的现象。例如，化学实验中反应速度的快慢，放热还是吸热，生成物的形态、颜色及气味；金相或岩相实验拍摄的显微照片；电学实验观察到的波形图等。

由于实验结果部分是整个实验的核心和成果，因此在写作前，一般应将数据整理好，并列出表格；写作时分好类，按一定顺序安排好数字、表格及图，并做必要的说明。为了准确起见，最好采用专业术语来描写，不许任何夸张，引用的数据必须是真实的，结论必须可靠，图与表格要符合规范要求，数字的记录方法和处理方法必须符合规定，否则，将会使整个实验报告丧失价值。

10. 讨论或结论

结论是根据实验结果所做出的最后判断，应将实验结果逐条列出，叙述时应该采用肯定的语言，可以引用关键性数据，一般不应再列出图和表格。

讨论是对思考题的回答，对异常现象或数据的解释，对实验方法及装置提出改进建议。通常分条进行讨论，说明也比较简单。例如，影响实验的根本因素是什么？提高与扩大实验结果的途径是什么？实验中发现了哪些规律？实验中观察到哪些现象？将实验结果与理论结果相对照，解释它们之间存在的差异及测量的误差分析。如果认为没有必要讨论，则可以不写。

实验报告的构成并非千篇一律，不同学科的实验，其报告的写法也有所差异。以上十项构成项目，只是实验报告的基本构成项目。

第六章

学位论文数据库检索

学习目标

1. 掌握学位论文的概念、特点，熟悉并了解学位论文撰写方法及其手工和计算机检索方法。

2. 掌握国内外主要博士、硕士论文检索工具。

必备知识

学位论文写作技巧。

选修知识

学位论文的书写格式。

案例导入

高等学校本科和研究生院的学生在结束学业时，为取得学位资格需要向校方提交一篇学术性研究论文。例如，某大学某教授的学生陈以一篇"直接醇类燃料电池阳极催化剂的研究"论文来完成自己的学业。在完成论文的过程中，他还参考了相关的学术论文，参考文献如下：

[1] 黄俊杰.羰基簇合物途径制备直接甲醇燃料电池阳极催化剂的研究[D]. 南京：南京师范大学，2004.

[2] 唐亚文.直接甲醇质子交换膜燃料电池阳极催化剂的研究[D]. 南京：南京师范大学，2002.

课前思考

怎样检索学位论文？怎样撰写学位论文？

第一节　学位论文简介

一、学位论文的概况

学位是对个人根据其专业学术水平而授予的一种称号。学位制起源于 12 世纪欧洲的意大利，随后风行于法国和英国。现在许多国家实行了学位制。尽管各国学位的设置不尽相同，但多数国家采用的是三级学位制，即学士（bachelor）、硕士（master）和博士（doctor）制度。

根据国际标准化组织（ISO）的定义，学位论文是指高等院校毕业生用以申请授予相应专业资格的学位而撰写的介绍其研究结果的文献。学位论文在欧洲国家多被称为"Thesis"，美国称之为"Dissertation"。学位论文一般不出版，只提供复制品，取得的手续也比较麻烦，因而不易为读者所利用。

从内容来看，学位论文的参考价值不亚于科技报告，学位论文大多比较详尽地总结了前人的工作，再通过科学实验，提出自己的观点，但其中也有所侧重。

学位论文是非卖品，不发行，但也有印成单行本，或在期刊上发表摘要的情况。少数也有全文发表的。例如，英国《生物化学学报》大约有 1/3 的文章来源于学位论文。美国化学工程师学会（AICHE）的《化学工程进展》每年 1 月号刊载前一年的美国化工博士论文的题目。

学位论文探讨问题比较专一，对问题的阐述较为详细和系统，特别是博士、硕士论文能反映某一学科当前水平，因而成为科学研究的重要学术信息源。

二、学位论文的分类

学位论文按照研究类型一般分为理论研究型和调研综述型。

理论研究型学位论文的作者通常在搜集、阅读了大量资料之后，依据前人提出的论点和结论，再通过自己的深入研究或大量实验，进一步提出自己的新论点和新假说。

调研综述型学位论文的作者主要是以前人关于某一主题领域的大量文献资料为依据，进行科学的分析、综合和核实对其专业领域的研究课题做出概括性的总结，提出自己独特的论点和新见解。

按照学位高低来分，学位论文可分为学士论文、硕士论文、博士论文三种。

学士论文是合格的本科毕业生撰写的论文。它应反映出作者能够准确地掌握大学阶段所学的专业基础知识，基本学会综合运用所学知识进行科学研究的方法，对所研究的题目有一定的心得体会，论文题目的范围不宜过宽，一般选择本学科某一重要问题的一个侧面或一个难点。

硕士论文是攻读硕士学位研究生所撰写的论文。它应能反映出作者广泛而深入地掌握专业基础知识，具有独立进行科研的能力，对所研究的题目有新的独立见解，论文具有一定的深度和较好的科学价值，对本专业学术水平的提高有积极作用。

博士论文是攻读博士学位研究生所撰写的论文。它要求作者在博士生导师的指导下，能够自己选择潜在的研究方向，开辟新的研究领域，掌握相当渊博的与本学科有关领域的知识，具有相当熟练的科学研究能力，对本学科能够提供创造性的见解，论文具有较高的学术价值，对学科的发展具有重要的推动作用。

三、学位论文的特点

（1）出版形式特殊。学位论文的目的只是供审查答辩之用，一般不通过出版社正式出版，而是以打印本的形式储存在规定的收藏地点，且每篇论文打印的数量均不多。

（2）内容具有独创性。学位论文一般具有独创性，探讨的课题比较专深。但因学位论文有不同的等级，故水平参差不齐。通常情况下，所谓学位论文习惯上只限于硕士和博士论文。

（3）数量大，难以系统地收集、管理和交流。随着科学技术的迅速发展，学位教育越来越受到各国的高度重视。仅美国每年就授予硕士学位学生达 30 万人，博士学位学生约 3 万人。由于学位论文一般在各授予单位或指定地点才有收藏，因此搜集起来比较困难。

由于学位论文的以上特点，学位论文需要通过专门检索工具和特殊搜集渠道才能获得。为此，许多国家编辑出版各类报道学位论文的检索工具。其中，有报道世界各国或几个国家的学位论文目录或文摘，也有报道一个国家的学位论文通报，还有报道某所大学的学位论文摘要汇编和一些学术期刊所附的学位论文介绍专栏等。

四、学位论文的基本组成和规格

学位论文必须按照一定的格式撰写和编印，以便及时向社会提供查阅，促进国内外学术交流。根据国家标准《科学技术报告、学位论文和学术论文的编写格式》（GB 7713—1987）的规定，论文的组成和排列顺序如下：封面、版权声明、题名、中英文摘要、关键词、目录、序言（或绪论、导论）、正文、结论、致谢、参考文献、附录、封底。

1. 题名

题名又称为题目或标题。题名是以最恰当、最简明的词语反映论文中最重要的特定内容的逻辑组合。论文题目是一篇论文给出的涉及论文范围与水平的第一个重要信息，好的论文题目可在关键词和编制题录、索引等二次文献的检索中提供方便。

论文题目要求准确得体，简短精炼，外延和内涵恰如其分，具体要求如下：

（1）准确得体。要求论文题目能准确表达论文内容，恰当反映所研究的范围和深度。论文题目既不能过于笼统，题不扣文，又不能含糊不清，使人看了之后如坠云雾之中。题目必须紧扣论文内容，做到题要扣文，文要扣题，这是撰写论文的基本准则。

（2）简短精炼。字数要少，用词要精选，力求达到"多一字嫌多，少一字嫌少"的程度。对于论文题目来说，究竟多少字算是合乎要求，并无统一的"硬性"规定，一般希望一篇论文题目不要超出 20 个字。若简短题名不足以显示论文内容或反映出属于系列研究的性质，则可利用正、副标题的方法解决，以加副标题来补充说明，使标题既充实准确，又不流于笼统和一般化，如"焦化废水处理及废水中有机污染物的测定（Ⅱ）——废水中多环芳烃（PAH）的高效液相色谱（PHLC）分析"。

（3）外延和内涵恰如其分。所谓外延，是指一个概念反映的每一个对象；而内涵则是指对每一个概念对象所特有属性的反映。外延和内涵属于形式逻辑中的概念。命题时，作者若不考虑逻辑上有关外延和内涵的恰当运用，则有可能出现不当，甚至谬误。

2. 摘要

论文一般应有摘要，为了国际交流，还应有外文（多用英文）摘要。摘要是论文内容不加注释和评论的简短陈述，具有独立性和自含性。摘要能使读者不用阅读全文，就能获得必要的信息。

论文的中文摘要一般为 200～300 字，外文摘要不宜超过 250 个实词。摘要一般应包含以下内容：研究目的和重要性；研究的主要内容，完成了哪些工作；获得的基本结论和研究成果，突出论文的新见解；结论或结果的意义。

3. 关键词

关键词是指为了文献标引工作从论文中选取出来以表示全文主题内容信息款目的单词或术语。

每篇论文可选取 3～8 个词作为关键词。关键词以显著的字符另起一行，排在摘要的左下方。关键词的选取标准有两个，一是所选定的词必须是论文中（包括标题、摘要）具有实际意义的词或术语；二是能表示文献的关键主题内容。

关键词的选择方法是：作者在完成论文写作后，纵观全文，选出能表示论文主要内容的信息和词汇，这些信息或词汇可以从论文标题中去选取，也可以从论文内容中去选取。

4. 序言

序言又称为序论或导论，属于整篇论文的引论部分。内容应包括本课题对学术发展、经济建设、社会进步的理论意义和现实意义，国内外相关研究成果述评，本论文所要解决的问题，论文运用的主要理论和方法、基本思路和行文结构等。

5. 正文

正文是一篇论文的本论，属于论文的主体，它占论文的主要篇幅，约为全文的2/3。

正文部分表述的主要内容是作者详细地阐述个人的研究成果，特别是详细地阐述作者提出的新的、独创性的东西。对于文科性质的学术论文，这一部分作者必须根据课题的性质，或正面立论、或批驳不同的看法、或解决别人的疑难问题，来周详地论证论文中的全部思想和新的见解；对于理科性质的论文，写作内容可以包括调查对象、实验和观测方法、仪器设备、原材料、实验和观测结果、计算方法和编程原理、数据资料、经过加工整理的图表、形成的论点和导出的结论。由于研究工作涉及的学科、选题、研究方法、工作进程、结果表达方式等有很大差异，因此对正文内容不能做统一安排，但正文的结构安排却有一定的形式。

学位论文的结构可以概括为四类：纵贯式、并列式、递进式、综合式。

（1）纵贯式。纵贯式是以时间的先后顺序，或以事物发展变化的前后顺序为程序，或以人们认识事物的发展规律为顺序来安排结构。凡是记述人物活动时间推移、事物的发展变化或者论述某个问题的内部规律性的论文，大都采用这种结构形式。

（2）并列式。并列式就是根据表观主题的需要，或按物体所在空间的方位，或按事物的本质属性、特征，以及材料类别来安排结构。其特点是：遵循论题，以不同事例的不同侧面论证中心意图。凡直接剖析事物或者比较事物的类别、差异的论文，一般采用并列结构形式。

（3）递进式。递进式就是根据材料的不同意义和作用，把材料分别归类，但类与类之间，或以层层递进的关系，或以因果关系来安排结构，是一种"步步深入"的关系，并且多层次之间是不可颠倒的。凡是要逐步深入地表现事理之间的分析综合的逻辑关系，以展示观点的论文往往采用这种结构形式。

（4）综合式。综合式就是以综合需要为顺序，将纵贯式、并列式、递进式进行结合运用。凡是内容庞杂、材料翔实、篇幅较长的论文，多半采用综合的形式。

正文部分可分不同章节，一般有综述部分和实验、研究部分，每章可以是独立的一篇学术论文。正文部分是学位论文的主体，一般包括实验装置、测试方法、理论分析、计算方法及实验结果分析等。

6. 结论

论文的结论部分是最终的、总体的结论，不是正文中各段小结的简单重复。结论应该准确、完整、明确、精炼。如果不可能导出应有的结论，也可以没有结论而进行必要的讨论。

结论部分的写作内容一般应包括：本文研究结果说明了什么问题，得出了什么规律，解决了什么理论或实际的问题；对前人有关的看法做了哪些修正、补充、发展及证实或否定；本文研究的不足之处或遗留未予解决的问题，以及对解决这些问题的可能关键点和方向。

结论部分的写作要求：措辞严谨、逻辑严密、文字具体。对尚不能完全肯定的内容要注意留有余地。

7. 致谢

必要时可在文末以简短的语言向对研究工作或论文写作给予了资助、帮助等的组织或个人致以谢意。

8. 参考文献

学位论文文后列出参考文献的目的：尊重别人的学术成果；反映真实的科学依据，文责自负；指明引用资料的出处，便于检索利用。

国家标准《文后参考文献著录规则》（GB/T 7714—2005）对参考文献的标注方法和参考文献的著录项目与著录格式做出了规定。

参考文献的标注方法有两种：顺序编码制和"著者-出版年"制。

参考文献的著录项目和著录格式如表 6.1 所示。

表 6.1　参考文献的著录项目和著录格式

著录项目	著录格式
专著著录格式	著者.书名[M].版本（第一版不写）.出版地：出版者，出版年：起止页码.
期刊著录格式	作者.题名[J].刊名，出版年份，卷号（期号）：起止页码.
论文集著录格式	作者.题名[A].见（英文用 In）：主编.论文集名[C].出版地：出版者，出版年：起止页码.
学位论文著录格式	作者.题名[D].保存地点：保存单位，年.
专利著录格式	专利所有者.专利题名[P].专利国别：专利号，出版日期.

9. 附录

附录部分包括原始数据、图、表、缩写符号、攻读学位期间发表的论文、个人简历、索引等。对需要收录于学位论文中且又不适合书写于正文中的附加数据、资料、详细公式推导等有特色的内容，可作为附录排写，序号采用"附录 1"、"附录 2"等。为便于检索文中内容，可编制索引置于论文之后（根据需要决定是否设置）。索引以论文中的专业词语为检索线索，指出其相关内容的所在页码。索引用中、英两种文字书写，中文在前。中文按各词汉语拼音第一个字母排序，英文按各词第一个英文字母排序。

论文印制规格及要求因学校而异。

第二节　学位论文数据库的手工检索

中国国家图书馆（原北京图书馆）和中国科学技术信息研究所（原中国科学技术情报研究所）是国家法定学位论文收藏单位。国内的学位论文主要由它们集中收藏。另外，设有硕士和博士教学点的大学或研究所也藏有本校攻读硕士学位和博士学位的学位论文。

一、学位论文手工检索的主要工具

1. 中国学位论文通报

《中国学位论文通报》由中国科学技术信息研究所编辑出版，1984 年创刊，1993 年停刊，代之以发行"中国学位论文数目数据库"软盘。该刊及数据库收录各院校向中国科技信息研究所送交的自然科学领域的硕士、博士和博士后的学位论文。

2. 中国科学院博士学位论文文摘

很多高等院校、科研机构编辑出版了一些"学位论文摘要汇编"。例如，上海医科大学研究生院 1985 年编写的《上海医科大学 1981 级研究生毕业论文摘要汇编》、中国医科大学编写的《中国医科大学 1982～1984 届硕士研究生学位论文摘要》等。

二、学位论文原文的获取

学位论文的原文一般可直接向授予单位索取，也可通过 UMI 数据库订购全文缩微片，或者向国内外一些收藏单位借阅或复制。

对于学位论文的搜集、管理与利用，欧美等国家一直给予高度重视。20 世纪 30 年代后期，美国就已成立了专门的学位论文复制收藏中心（UMI），定期报道所收藏的学位论文的题目和内容提要，目前美国已有 300 多所（占 90%）设有博士课程的大学与该公司保持协作关系，凡属协作的高等学校的论文，均可以直接从该公司获取。另外，美国研究图书馆协会（ARL）也开展了类似的业务。加拿大的学位论文由国家图书馆统一管理。英国的学位论文则由国家统一规定收藏于国家外借图书馆（NLL），由该馆负责供应学位论文的缩微复制件。欧洲其他国家通常是将学位论文复制数百份，供图书馆收存和国际交换。日本国立或公立大学的学位论文由国会图书馆收藏，私立大学的学位论文则由授予学位的大学图书馆收藏。我国对学位论文的收藏没有统一的规定，一般收藏于本院校的图书馆。如果要获取学位论文的原文或复制件，可向相应国家的收藏单位索取。

另外，国外学位论文的国内主要收藏中心有：国家图书馆（收藏自然科学和社会科学方面的博士论文）、中国科技信息研究所和中国社会科学院信息所（分别收藏自然科学和社会科学方面的博士和硕士论文）、清华大学图书馆等。这些单位均提供原始文献的复制件。也可向这些单位索取国外学位论文的原文。国内学位论文的收藏中心为中国科技信息研究所，它提供原始文献的复制服务。对于北京之外的读者，可首先考虑到原文所在院校或该地区的图书情报部门查阅。

第三节　学位论文数据库的网络检索

一、国家科技图书文献中心

国家科技图书文献中心（National Science and Technology Library，NSTL）是经国务院领导批准，于 2000 年 6 月 12 日成立的一个基于网络环境的科技信息资源服务机构，其首页如图 6.1 所示。它由中国科学院文献情报中心、中国科学技术信息研究所、机械工业信息研究院、冶金工业信息标准研究院、中国化工信息中心、中国农业科学院农业信息研究所、中国医学科学院医学信息研究所、中国标准化研究院标准馆和中国计量科学研究院文献馆组成。

通过国家科技图书文献中心网站可以对国内外的学位论文进行检索，其检索界面分别如图 6.2 和图 6.3 所示。

二、CNKI 博硕论文数据库

"中国优秀博硕士学位论文全文数据库"（CDMD）是目前国内相关资源最完备、收录质量最高、连续动态更新的中国博硕士学位论文全文数据库。分为理工 A、理工 B、理工 C、农业、医药卫生、文史哲、经济政治与法律、教育与社会科学综合、电子技术与信息科学等九大专辑，121 个专题数据库。

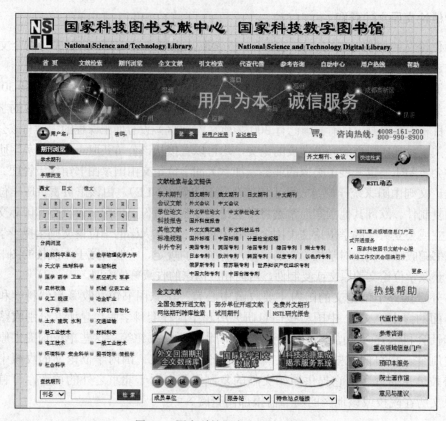

图 6.1　国家科技图书文献中心首页

图 6.2　中文学位论文检索界面

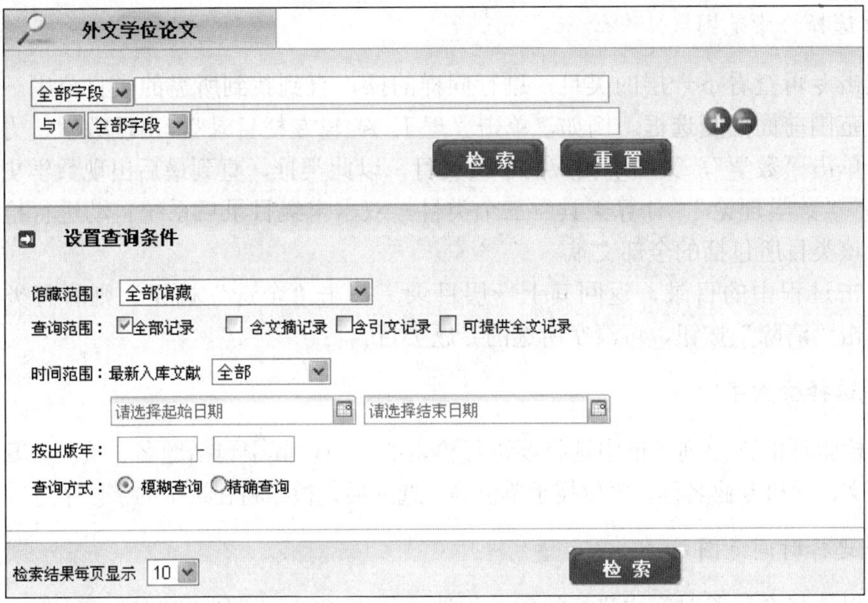

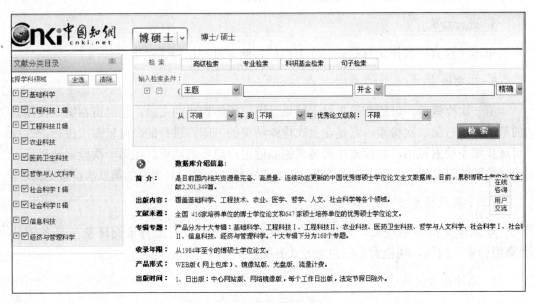

图 6.3 外文学位论文检索界面

登录网址 http://www.cnki.net，进入 CNKI 首页，进入中国博硕士学位论文全文数据库（图 6.4）。

图 6.4 CNKI 中国博硕士学位论文库

（一）初级检索方式

登录全文检索系统后，系统默认的检索方式即初级检索方式，在主页面左侧的导航栏中进行检索。

1. 选择检索范围

双击专辑查看下一层的类目，进行同样的操作直到找到所需的类目范围。勾选所需类目范围前面的复选框。例如，单击"理工 A 辑专栏目录"，出现数学、力学等类目；再单击"数学"，又出现相应的下级类目，以此类推，直到最后出现数学史与"数学范畴""数学理论""计算工具"三个类目。双击末级目录后系统自动进行检索，结果显示该类目所包括的全部文献。

单击过程中的目录，返回其上一层目录。单击"全选"按钮，则所有类目被选中。单击"清除"按钮，可清空所选的专题类目。

2. 选择检索字段

在检索项的下拉列表框中选择要进行检索的字段，其中包括题名、摘要、目录、作者、全文、学科专业名称、学位授予单位等。选择后，检索将在选中的字段中进行。

3. 选择时间范围

可以选择在一段时间内进行检索，如选择从"1999"年到"2005"年。

4. 输入检索词

在检索框内输入检索词。检索词为文章检索字段中出现的关键单词，当按相关度排序时，其出现的词频越高，文献记录越靠前排列。

5. 进行检索

单击"检索"按钮进行检索，在页面的右侧下部列出检索结果。

6. 二次检索

第一次检索后，可能有很多检索结果是用户所不期望的文献，这时可在第一次检索的基础上进行第二次检索，它是在上次检索结果的范围内进行的，可以多次进行，这样可逐步缩小检索范围，使检索结果越来越靠近用户想要的结果。在第一次检索结果后再选择需要的限定词，然后单击"结果中检索"按钮，即可得到需要的第二次检索结果。

（二）高级检索方式

登录全文检索系统后，要进行高级检索，单击主页右上方页面转换工具条中的"高级检索"按钮，切换到高级检索方式界面。

1. 选择检索范围

双击专辑查看下一层的类目，进行同样的操作直到找到所需的类目范围，勾选所需类目范围前面的复选框。双击末级目录后系统自动进行检索，结果显示该类目所包括的全部文献。

单击过程中的目录，返回其上一层目录。单击"全选"按钮，则所有类目被选中。单击"清除"按钮，可清空所选的专题类目。

2. 选择检索字段

在检索项的下拉列表框中选取要进行检索的字段。检索字段有：题名、摘要、目录、全文、学科专业名称、参考文献等。选择后，检索将在选中的字段中进行。

3. 输入检索词

高级检索界面中有四个检索框，用户可以依次在各检索框中输入关键词，并设置要检索的字段及条件，进行快速准确地组合检索。

4. 确定各检索词之间的逻辑关系

各个检索框之间设有逻辑运算符下拉列表框，其逻辑运算符选项有"并含"（and）、"不含"（not）和"或含"（or）。用 and 连接两个检索词，如 A and B，则检索结果：既满足条件 A 的记录，又满足条件 B 的记录；用 or 连接两个检索词，如 A or B，则检索结果：单独满足条件 A 的记录和单独满足条件 B 的记录；用 not 连接两个检索词，如 A not B，则检索结果：从满足条件 A 的记录中排除满足条件 B 的记录。

5. 选择时间范围和排序方式

从页面上按照学位年度及更新时间进行选择，在结果中可以按照发表时间进行排序。

6. 进行检索

单击"检索"按钮进行检索。检索结果显示页面列出了每个记录的中文题名、作者、学位授予单位等。

7. 二次检索

在首次检索结果的基础上对选择项进行限定，然后单击"结果中检索"按钮，即可得到与预期更加接近的结果。

三、万方学位论文数据库

万方学位论文数据库收录了各高等院校、研究生院及研究所向中国科技信息研究所送交的我国自然科学和社会科学各领域的硕士、博士和博士后论文。中国科技信息研究所是国家法定的学位论文的收藏机构，中文学位论文从 1963 年开始收藏，累计收藏学位论文 114 万余册，年增量 20 万余册；国外学位论文从 1983 年开始收集，累计收藏 11.4 万余册，年增量 1 万余册。专业涉及自然科学领域的各个专业。

在万方数据系统首页单击"学位"导航栏目链接进入学位论文页面。系统提供了三种检索界面，分别是"简单检索""高级检索"和"专业检索"。

1. 简单检索

简单检索界面是万方学位论文默认的检索界面，如图 6.5 所示。

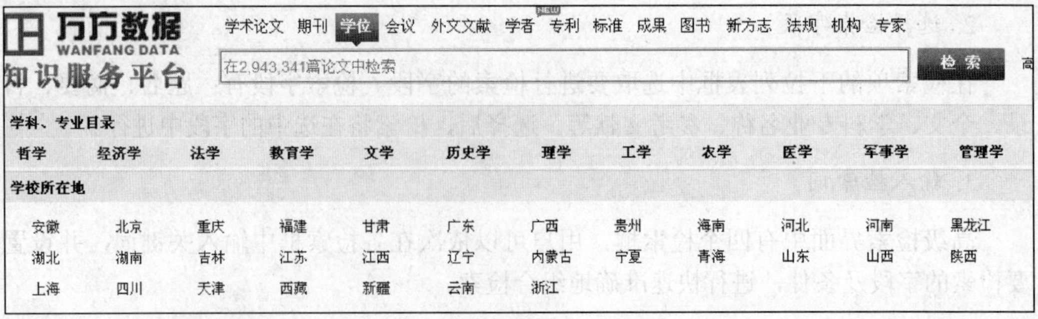

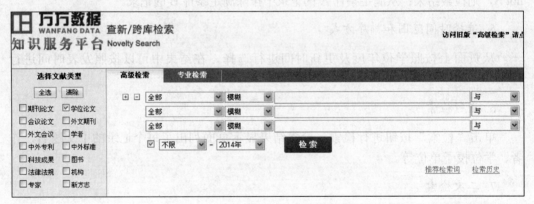

图 6.5　万方学位论文简单检索界面

2. 高级检索

高级检索界面如图 6.6 所示。高级检索检索项包括题名、作者、导师、关键词、摘要、专业、日期等。

图 6.6　万方学位论文高级检索界面

在选择检索项和输入检索词后，单击"检索"按钮就可以进行检索，从而显示检索结果页面。用户可以在检索框内直接输入检索词，在检索项中选择需要的检索项，同时可以限定年度。用户可以通过选择"每页显示"下拉列表框中的选项来确定检索结果页面每页显示检索结果的条数，可以是 10 条、20 条或者 50 条。

"高级检索"支持布尔检索、相邻检索、右截断检索、同字段检索、同句检索和位置检索等全文检索技术，具有较高的查全率和查准率。"高级检索"功能适合对检索技术有较多了解的用户使用。

3. 专业检索

万方学位论文专业检索功能更强大，但需要检索人员根据系统的检索语法编制检索式进行检索。专业检索适用于熟练掌握 CQL 检索技术的专业检索人员，其检索界面如图 6.7 所示。

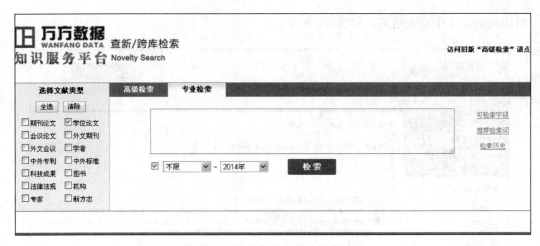

图 6.7 万方学位论文专业检索界面

用户可以使用精确检索词和逻辑运算符组成一个检索式。万方学位论文专业检索可检字段如图 6.8 所示。

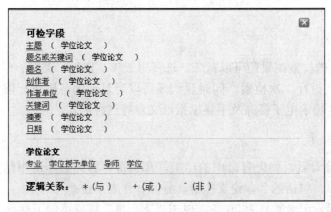

图 6.8 万方学位论文专业检索可检索字段

四、CALIS 高校学位论文数据库

CALIS 高校学位论文数据库（图 6.9）的文献来源于"211"工程的 61 所重点学校的硕、博士学位论文。CALIS 学位论文数据库以合作建设、资源共享为目的，为高校师生提供学位论文和会议论文的查询、文摘索引的浏览、全文提供（传递）等配套服务。

（一）检索方式

1. 快速检索

在页面中选择全部字段、题名、作者、导师、摘要或关键词中任意一个，在检索框中输入"淀粉改性"，将检索范围限定在"题名"范围，然后单击"检索"按钮，即可以得到 174 个检索结果，如图 6.9 所示。

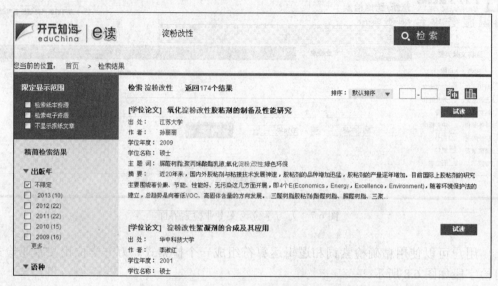

图 6.9 "淀粉改性"检索结果

2. 二次检索

图 6.9 所示的检索结果还可以精炼，选择出版年、语种、类型、学科、主题词和收录数据库等形式进行二次检索。同时我们还可以对显示的范围进行限定，可以限定为检索纸本资源、检索电子资源及不显示报纸文章等三种形式。

（二）显示结果

（1）执行检索后，如果有命中的结果，那么屏幕首先显示命中结果的数目并显示简要记录的列单，包括题名、论文作者、导师、作者单位。

（2）每页显示记录数目为 20 条，单击"下一页"按钮可向下翻页。

（3）单击想要查看的记录，系统显示文献的详细信息，并显示 CALIS 院校的馆藏信息。

五、PQDD 博硕士论文数据库

PQDD 是美国 UMI 公司 ProQuest Direct（PQD）系统的"博硕士论文数据库"，该库收录欧美 1000 余所大学文、理、工、农、医等领域的 250 万篇博士、硕士论文的摘要及索引，其中博士论文摘要为 350 字左右，硕士论文摘要为 150 字左右，并可看到 1997 年以来论文的前 24 页。每年约增加 4.5 万篇论文摘要，每周更新。与 PQDD 相应的书本式期刊有 *Dissertation Abstracts International*（国际学位论文摘要）、*American Doctoral Dissertation*（美国博士学位论文）、*Comprehensive Dissertation Index*（综合学位论文索引）、*Masters Abstracts International*（国际硕士学位论文文摘）。

PQDD 也是 DAO 光盘数据库的网络版（图 6.10），是目前世界上最大和最广泛使用的学位论文数据库。PQDD 提供基本检索和高级检索两种检索方式，其中文版检索界面如图 6.11 所示。

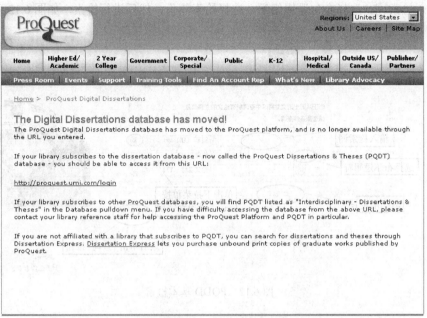

图 6.10   ProQues 网络版首页

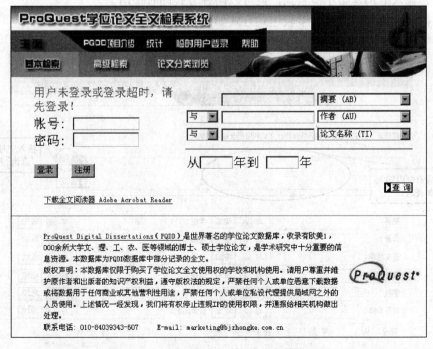

图 6.11   PQDD 博硕士论文中文版检索界面

1. 基本检索

基本检索是一种便捷的检索方法。进入数据库即进入基本检索界面，可以选择检索字段、输入检索词、选择布尔逻辑组配、选择检索年份，然后进行检索，如图 6.12 所示。

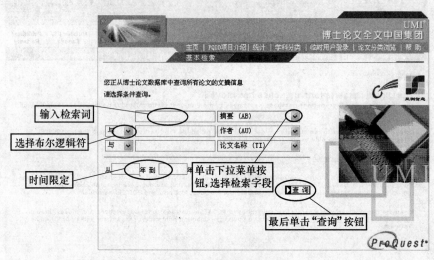

图 6.12　PQDD 基本检索

2. 高级检索

高级检索提供强大的检索功能。可以在检索框内直接输入布尔检索表达式，可以利用组合输入框构建布尔检索式，也可以两种方式同时使用。

在检索框内直接输入检索表达式方式如图 6.13 所示。

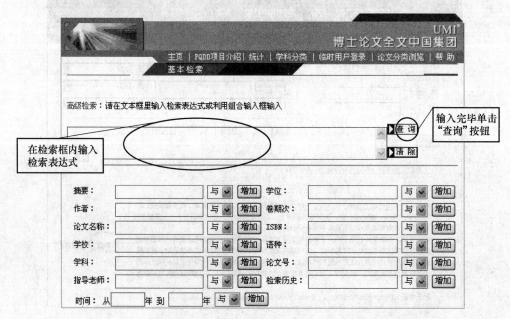

图 6.13　在检索框内直接输入检索表达式

高级检索提供了 14 个检索字段，包括：abstract、adviser、author、degree date、degree awarded、dissertation database ID、dissertation volume/issue、ISBN、keyword（basic index）、language of dissertation、publication/order number、school name/code、subject、title。

我国 20 多所高校购买了 PQDD 数据库的使用权。从这些高校的网站也可检索到 PQDD 提供的 150 万篇博士、硕士学位论文。

本章对学位论文的分类、特点、基本组成等做了介绍，读者应了解学位论文的基本知识；还对学位论文数据库主要检索工具《中国学位论文通报》、《中国科学院博士学位论文文摘》做了介绍，读者应掌握学位论文常用的检索工具，以及学位论文手工检索及网络检索的方法及获取方法。此外，对网络检索 CNKI 硕博论文数据库、万方学位论文数据库、CALIS 高校学位论文数据库、PQDD 博硕士论文数据库也做了相应介绍。

1. 从分类的角度检索一篇与自己专业有关的硕士论文。
2. 检索有关"碳纳米管研究"方面的博士论文。

学位论文的撰写

学位论文是学生完成学业的最后一个环节，目的在于总结专业学习的成果，培养综合运用所学知识解决实际问题的能力。因此，学位论文的撰写及答辩考核是学生取得毕业文凭的重要环节之一，也是衡量毕业生是否达到本专业学历水平的重要依据之一。但是，由于许多学生缺少平时训练，往往对学位论文的独立撰写感到很大压力，心中无数，难以下笔。因此，对学生学位论文的撰写进行必要的指导具有重要的意义。

1. 论文选题

选题是论文撰写成败的关键。它实际上就是确定"写什么"的问题，即确定科学研究的方向。如果"写什么"不明确，那么"怎么写"就无从谈起。选题在论文写作中的重要性，可以用伟大的科学家爱因斯坦的一句话来概括，这就是"提出一个问题往往比解决一个问题还重要"，因此，论文的选题就成为写好论文的首要环节。

在职学生对毕业论文的选题应本着理论与实践相结合的原则，可结合本单位或本人从事的工作提出论文题目，报学校审查同意后确定。在校学生一般由学校公布论文题目，学生自己选择。学位论文的总体要求是：通过论文写作和答辩考核，检验学生综合运用专业知识的能力。但是无论怎样选择课题，都要坚持选择有科学价值和现实意义、切实可行的课题。选好课题是学位论文成功的一半。

论文选题一般应遵循以下几方面的原则：

（1）要坚持有科学价值和现实意义的课题。必须把促进科学事业发展和解决现实存在的问题作为出发点和落脚点，许多已有初步研究成果的课题，还有待于丰富、完善和发展。这种补充性或纠正性的研究课题，也是有科学价值和现实指导意义的课题。

（2）选题时要了解本学科、本课题领域发展的状况。包括了解本学科、本课题目前的研究动向，前人或他人是否已经研究过、已达到什么程度、还有哪些问题没有研究或需要补充，解决自己所选择的课题的迫切性等。

（3）学位论文的写作是一种创造性劳动，不但要有作者个人的见解和主张，同时还需要具备一定的客观条件。由于作者个人的主观、客观条件都是各不相同的，因此在选题时，还应结合自己的特长、兴趣及占有资料的深度和广度、驾驭资料能力的强弱及实验条件等。具体地说，学生可以从以下方面来综合考虑。首先，要有充足的资料来源和便利的实验条件。选择一个具有丰富资料来源的课题和易得的仪器与试剂，是课题研究的基础。其次，选择的课题应具有重要的理论价值或应用前景。然后，要有浓厚的研究兴趣。如果对所选择的研究课题拥有浓厚的兴趣，就会激发自己研究的热情，调动自己的主动性和积极性，即使为此付出艰辛的努力也在所不辞，而具有这样的精神，正是搞好科研工作最大的优势。最后，在选题时应当考虑个人能力，要根据自己的能力选择切实可行的课题。这里的能力既指知识水平，也指专业特长，它是进行研究的基础。

（4）选题宜小不宜大。撰写论文，特别是初写论文的作者，在选题时切忌贪大，不要长篇大论。因为题目太大，涉及面必然广，在有限的篇幅内势必不能面面俱到，这样作者的思想就很难深入展开。另一方面，题目大，搜集资料、研究分析资料的工作量就很大，费时费力，不好把握，也不可能在短时间内完成。选题小一些，作者就可以从自己体会最深的地方入手，选择一个有新意的研究或论述角度，从容地展开自己的思想，更容易做出好文章。一般地说，选择那些本研究领域的某一重要侧面或某一当前疑难问题的焦点，这样的小题目才是恰当的。

2. 研究课题

研究课题一般程序：搜集资料、研究资料、明确论点、选定材料、实验过程、执笔撰写、修改定稿。

（1）搜集资料。搜集资料是研究课题的基础工作。学生可以从查阅图书馆、资料室的资料，做实地调查研究和实验与观察三个方面搜集资料。首先，查阅资料时要熟悉、掌握图书分类法，要善于利用书目、索引，要熟练地使用其他工具书，如年鉴、文摘、表册等。其次，做实地的调查研究。

（2）研究资料。研究资料是研究课题的重点工作。对不同资料采用通读、选读、研读的阅读方法。在研读过程中要积极思考，要以书或论文中的论点、论据、论证方法与研究方法来触发自己的思考，要眼、手、脑并用，发挥想象力，进行新的创造。

同时，在研究资料时，还要做好资料记录。

（3）明确论点、选定材料及实验过程。这是研究课题的核心工作。在研究资料和实验的基础上，作者提出自己的观点和见解，要突出创新。

（4）执笔撰写。这是研究课题的关键工作，作者应按拟定提纲、基本格式和撰写初稿来进行。事实上，论文提纲的编写并不完全是在论文准备工作完成之后才开始的，而是与准备工作同时进行的，并贯穿于论文写作全过程。拟定提纲有助于安排好全文的逻辑结构、构建论文的基本框架。毕业论文的基本格式一般由标题、摘要、正文、参考文献等方面的内容构成。撰写初稿是论文写作的关键阶段，一般来说，一篇论文包括论题、论点、论据、论证、论述五个要素。论题要主题突出，中心思想明确；论点要准确、鲜明；论据要充分有力；论证应分析细致，逻辑严密；论述应做到语言文字表达正确、通顺、简练、鲜明。

（5）修订改稿。这是研究课题的保障工作。通过这一环节，作者可以看出写作目的是否达到，写作意图是否表达清楚，内容是否紧扣主题，是否充实具体，材料用得是否恰当、有说服力，材料的安排与论证是否有逻辑效果，大、小段落的结构是否完整、衔接自然，句子词句是否正确妥当，文章是否合乎规范。

总之，撰写学位论文是一种复杂的思维活动，对于缺乏写作经验的学生来说，确实有一定的难度。因此，一定要虚心向指导教师求教。

第七章

会议信息数据库检索

学习目标

1. 通过对学术会议种类的了解，理解会议文献的种类及其重要性。
2. 了解并熟悉目前常用的会议信息文献检索工具。
3. 掌握国内外重要会议记录的检索方式及方法，并能熟练应用。

必备知识

对会议信息重要性的了解，以及网络和手工检索方式。

选修知识

网络下载工具的使用。

案例导入

　　某次年会的会议文集收集了当前国内外在高分子污水处理剂上的发展情况及国内外研究状况，现因研究工作需要，需查阅此次会议文集。例如，在 CNKI 会议检索中选择"全文"中含有"高分子""并且""全文"中含有"污水处理剂"，则可以得到1053 条国内外会议信息的检索结果。

课前思考

　　怎样检索某次学术会议收集的会议文献？

第一节　学术会议与会议文献简介

　　随着科学技术的迅速发展，学科分支越来越细。各国的学会、协会、研究机构及国际组织也越来越多，为了加强同行科学家之间的信息交流，各学术组织每年定期或不定期地召开学术会议，会议也就成为其交流学术的重要形式之一。全球每年召开的学术会议达 1 万次左右，正式发行的各种专业会议文献也将近 5000 篇。我国每年召开800 次以上学术会议。

一、学术会议

学术会议是指各种学会、协会、研究机构、学术组织等主持举办的各种研讨会、学术讨论会议，是科研人员进行学术会议的重要场合。学术会议的类型很多，名称也很多，如"大会""学术讨论会""经验交流会""高端论坛""峰会"等。

学术会议按其举办的规模可分为以下三种级别：

（1）国际性会议。国际性会议一般由国际性组织或若干个国家联合主办，或由一个国家举办，邀请各国代表参加，如巴黎生物多样性国际会议。

（2）全国性会议。全国性会议大多由全国性的专业学会、协会或几个单位联合举办，如第十次全国电子显微学会议。

（3）地区性会议。地区性会议一般以行政区的行业、机构来进行划分，仅限于本地区、本行业、本机构的代表参加，如上海市中国工程院院士咨询与学术活动中心举办的"东方科技论坛"等。

学术会议按会议性质还可分为常会（general assembly）、年会（annual meeting）、报告会（congres、conference、convention）、小型学术专业讨论会（symposium、colloquium）等。

二、会议文献

会议文献广义是指学术会议上产生的各种文献，包括会议论文，会议期间的有关文件、报告、讨论稿、征求意见稿等文献。狭义的会议文献一般仅指会议论文。围绕会议主题由专家提供或从大量会议征文中筛选出来的论文其专业性和学术性强，往往能代表本学科领域的学术水平和最新发展动向，许多学科中的新发现、新进展、新成就及所提出的新研究课题和新设想，都是以会议论文的形式向公众首次发布的。因此，它所传递的情报信息远比科技期刊迅速和直接，是一种主要的信息来源。

会议文献类型按出版时间的先后，有以下三种：

（1）会前文献。会前文献一般是指在会议进行之前预先印发给与会代表的论文、论文摘要或论文目录。会前文献具体有四种：会议论文预印本、会议论文摘要、议程和发言提要、会议日程表及代表名单。大约50%的会议只出版预印本，会后不再出版会议录，在此情况下，预印本就是唯一的会议资料，一般只发给会议人员，是难得的资料。

（2）会中文献。会中文献是指在会议进行中的文献，包括开幕词、讲演词、闭幕词、讨论记录、会议简报、决议等，参考价值不大。

（3）会后文献。会后文献主要指会议结束后正式发表的会议论文集，是系统地、较完整地经过编辑加工的论文集，比会前文献更准确、更成熟，参考价值较大。会后文献有许多不同的名称，如会议录（proceeding）、会议论文集（symposium、papers）、学术讨论论文集（colloquium papers）、会议论文汇编（transactions）、会议记录（records）、会议报告集（reports）、会议出版（publications）、会议辑要（digest）等。

会议文献的出版形式也很多，一般有图书、连续出版物、科技报告、视听资料四种形式。

（1）图书形式。大多数会议文献是以图书形式发表，如专题论文集。有的会议文献直接取用会议的名称，有的将其作为副标题。

（2）连续出版物形式。会后文献常以连续出版物（conference serial）形式出版，出版时间有定期和不定期两种。

（3）科技报告形式。有些会议文献以科技报告形式出版，如美国四大报告（AD、PB、DOE、NASA）中常编入会议文献。

（4）视听资料形式。由于会议录等出版较慢，国外有些学术会议直接将开会期间的录音、录像等视听资料在会后发售，以便快速报告。

识别会议文献的主要依据有会议名称、会址、会期、主办单位、会议录的出版单位等。

会议文献的特点如下：

（1）文献针对性强。每个会议都有其特定的主题，因而会议文献所涉及的专业领域集中，内容专深。

（2）信息传递速度快。一些重要的研究成果或新的发现，通常首先通过会议文献向社会公布。

（3）能反映具有代表性的各种观点。学术会议通常带有研讨争鸣的性质，要求论文具有独到的见解，这有助于了解有关领域的新发现、新动向和新成就。其主要依据著录项中的会议名称、时间、地址、会议录出版单位及其地址、出版年份、会议录提供单位及其地址、页码等加以识别。

三、会议文献检索工具

由于会议文献的种类和形式多种多样，因此其检索工具也比较多，一般有以下种类：

1. 预报举办会议消息的渠道

（1）世界会议公司（World Meeting Corp.），主要以医学为主。

（2）国际性科学会议（Scientific Meetings）（http://www.omicsgroup.com），其浏览首页如图 7.1 所示。

（3）《国际科技会议预报》（*Forthcomig International Scientific and Technical Conferences*）。

（4）中国学术会议在线（http://www.meeting.edu.cn/meeting）是经教育部批准，由教育部科技发展中心主办，面向广大科技人员的科学研究与学术交流信息服务平台。利用现代信息技术手段，将分阶段实施学术会议网上预报及在线服务、学术会议交互式直播/多路广播和会议资料点播三大功能，为用户提供学术会议信息预报、会议分类搜索、会议在线报名、会议论文征集、会议资料发布、会议视频点播、会议同步直播等服务。其首页如图 7.2 所示。

中国学术会议在线

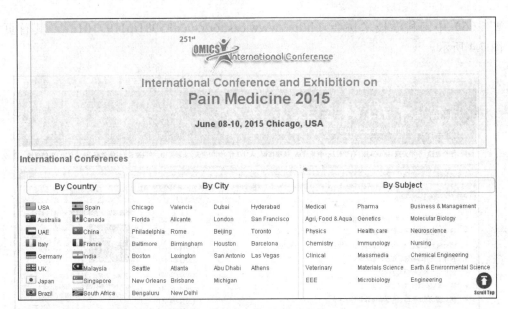

图 7.1　OMICS 集团会议浏览首页

图 7.2　中国学术会议在线首页

（5）科学网（http://meeting.sciencenet.cn）由中国科学院、中国工程院、国家自然科学基金委员会、中国科学技术协会主管，由具有 50 多年媒体经验的中国科学报社主办，具有深厚的媒体资本及科教界口碑。作为全球最大的中文科学社区，科学网致力于全方位服务华人科学与高等教育界，以网络社区为基础构建起面向全球华人科学家的网络新媒体，促进科技创新和学术交流。科学网标志如图 7.3 所示。

图 7.3　科学网标志

（6）中国科学技术协会（http://www.cast.org.cn/n35081/n11971013），其首页如图 7.4 所示。

图 7.4　中国科学技术协会首页

2. 报道会议录的刊物

（1）《已出版的会议录指南》（*Directory of Published Proceedings*），1964 年创刊，由美国英特多克公司（Inter Dok Corp.）编辑出版。它是一种专门收录会议录出版情况的期刊，报道世界各国学术会议名称、日期、地点、主办单位、会议文献主题及出版形式（如预印本、会议录等）、定价。主要收集单行本会议录，同时收集研究报告、期刊、专论、丛书中的会议论文。该指南分为以下三个分册：

①《工程、医学和技术分册》，月刊，有年度累积索引和累积索引补篇。

②《社会、人文科学分册》，季刊，有年度累积索引和累积索引补篇。

③《污染控制与生态学分册》，半年刊。它是从前两个分册中选出有关部分重编而成的，最主要的是《工程、医学和技术分册》。

各分册的正文部分按会议时间顺序摘录每次会议的日期、地址、名称、主办者、会议录出版者、订购号（ISBN 号或报告号等）、价格、会议录名称、在期刊中发表的会议论文的出处等事项。

索引部分包括以下内容：

① 主题/主办单位索引（subject/sponsor index）。按机构名称字顺编排，机构名称相同时，按会议名称字顺排列。

② 编者索引（editor index）。按编者姓名字顺编排，姓在前，名在后。

③ 会议地址索引（location index）。按召开会议的地址名称（市、州、国别）字顺排列。

另外，卷首还附有出版社及地址目录（publishers and addresses），目录按出版社名称字顺编排，并列有该出版社所属机构及地址等。

（2）《在版会议录》（*Proceedings in Print*），1964 年创刊，双月刊，由美国 Proceedings in Print Inc.出版。该刊物报道美国国内外举办的科技会议及其出版的会议录，侧重世界各国宇航会议文献。该刊物按会议日期编排，共分两部分：第一部分为近 2 年出版的会议录；第二部分为以前 2 年出版的会议录。该刊物编有"会议录主编者索引""会议主题索引"和"会议举办单位索引"三种索引。

利用《在版会议录》，可查获某一学术会议上发表的论文是否在会议结束后出版。若会后没有正式出版，则著录仅有预印本；若会后以会议录或期刊形式出版，则分别著录会议录或期刊的名称、日期和页码。

3. 会议论文

（1）《会议论文索引》（*Conference Paper Index*）。

（2）《科技会议录索引》（*Index to Scientific & Technical Proceedings*）。

（3）《中国学术会议文献通报》。

4. 一般文摘刊物

（1）《政府报告通报和索引》（*Government Reports Announcements and Index*）。

（2）《科学技术宇航报告》（*Scientific and Technical Aerospace Reports*）。

（3）《化学文摘》（*Chemical Abstracts*）。

（4）《生物学文摘/报告、评论、会议》（*Biological Abstracts/Reports*、*Reviews*、*Meetings*）。

（5）《工程索引》（*Engineering Index*）。

（6）《数学评论》（*Mathematical Reviews*）。

（7）《应用力学评论》（*Applied Mechanics Reviews*）。

（8）《国际宇航文摘》（*International Aerospace Abstracts*）。

（9）《物理文摘》（*Physics Abstracts*）。

（10）《电气与电子学文摘》（*Electrical & Electronics Abstracts*）。

（11）《计算机和控制文摘》（*Computer & Control Abstracts*）。

（12）《INIS 原子能索引》（*INIS Atom Index*）。

5. 专门学协会

（1）《电气电子工程师学会出版物索引》（*Index to IEEE Publications*）。

（2）《美国自动化工程师协会出版物目录》（*SAE Publication Catalog*）。

（3）《美国机械工程师协会出版物》（*ASME Publications*）。

（4）《美国机械工程师协会技术论文目录》（*ASME Technical Papers Catalog*）。

6. 报道馆藏会议录的目录

（1）《馆藏会议录索引》（*Index to Conference Proceedings Received*）。

（2）《英国图书馆出借部馆藏会议出版物索引》（*Index of Conference Publications Received by the BLLD*）。

（3）《日本科技情报中心连续性出版物馆藏目录》（JICST 逐次刊行物所藏目录）。

（4）《国立国会图书馆馆藏科技会议录目录，1948～1969 年》（国立国会图书馆所藏科学技术关系会议录目录，1948～1969 年）。

（5）《世界科学刊物出版目录，1900～1960 年，第四版》（*World List of Scientific Periodicals Published in the years* 1900～1960 *4thED*）。

（6）《英国期刊联合目录》（*British Union Catalog of Periodicals*）。

（7）《新连续出版物月报》（*New Serial Titles*）。

（8）《学术杂志联合目录：自然科学西文编》（学术杂志总合目录，自然科学欧文编）。

（9）《国会图书馆全国联合目录》（*National Union Catalog Library of Congress*）。

（10）《化学文摘社来源索引》（CASSI）。

（11）《馆藏国内学术会议资料目录》。

四、会议文献的原文获取

使用会议文献检索工具，可以查到会议录或会议论文的题目等信息。如果想进一步阅读原文，就需要了解会议文献在何处有收藏。除了向发行单位订购或本人联系外，还可以利用当地图书馆的馆藏目录、各大图书馆或情报所的馆藏目录和联合目录，查得馆藏索引号，借阅或复制会议文献。此外，还可以查阅有关的其他检索工具。

如果所需要的会议论文只有预印本一种形式，那么一般图书馆大都没有收藏，应向中国科技情报所、中国科学院图书馆等国内大型情报所和图书馆联系复制。国内的会议文献大都收录在中国科技情报所主办的《中国学术会议文献通报》和中国科学院文献情报中心的《馆藏国内学术会议资料目录》中；国外的会议文献收录在中国科技情报所编辑的《国外科技资料馆藏目录》中。

如果所需要的会议论文发表在已知的会议录中，那么应首先查阅本单位、本地区图书馆的馆藏图书目录；如果缺藏，可利用《西文科技会议录联合目录》进行查找。

《西文科技学术会议联合目录》由北京图书馆联合目录组编，书目文献出版社出版，已经出版三册：第一册报道 1976～1978 年的全国 129 个图书馆收藏的西文科技学术会议录 4976 种；第二册报道 1979～1980 年的全国 113 个图书馆收藏的西文科技学术会议录 3957 种；第三册是前两册的续集，收录了全国 94 个图书馆入藏的西文科技会议录 7100 余种（其中有少数会议录曾在前两册中被收录）。该联合目录包括英、德、法、意、西、波、捷、罗、匈等文种，是查找我国各大图书馆收藏的西文科技会议录的大型目录，可利用它查出收藏单位并进行借阅和复制。

对于以期刊形式出版的会议文献的获取，如果所需要的会议论文发表在已知的期刊中，应首先查阅本单位、本地区图书馆的馆藏期刊目录；如果缺藏，可利用《西文期刊联合目录》进行查找。

此外，国外也出版有很多查找会议文献的馆藏目录和联合目录，帮助查找出原始会议文献的收藏地点。

《英国图书馆出借部馆藏会议出版物索引》由英国图书馆出借部（British library lending division）编辑出版，1974 年创刊，月刊。其曾经出版过《英国图书馆出借部会议索引，1964～1973》（*BLLD Conference Index*，1964～1973）累积本及后来的年刊，另有月刊报道最新情报。该刊力图收全《世界会议》中所通报的学术会议上发表的文献，供读者借阅或复制。如果所需的会议录或会议文献已经绝版或国内馆藏不能确定，可使用此检索工具确定馆藏，然后向英国图书馆出借部提出复制的委托。

如果通过上述途径仍然无法获得原文，那么可以考虑直接与论文著者进行联系，或者与原文来源单位进行联系（许多检索工具提供了会议论文第一著者的单位和地址），来获得所需要的会议文献。

第二节　会议文献检索

一、联机检索

1. 中国学术会议论文联合数据库

中国学术会议论文联合数据库是中文综合性文献型数据库，由中国科学技术信息研究所、医科院科技情报所、中国农业科学院科技文献信息中心、林业部科学技术情报研究所共同研制，收录 1986 年至今的会议文献，涉及我国 130 多个国家级学会、协会、研究会召开的全国性自然科学学术会议论文，所有论文均为以上四个研制单位的馆藏，30%的记录有文摘或简介。专业范围包括：数理科学和化学、冶金工业、金属学和金属工艺、机械及仪表工业、动力工程、原子能技术、电子技术、无线电电子学与电讯技术、自动化技术与计算技术、化学工业、轻工业与手工业、建筑科学、水利工程、交通运输、航空与航天、环境科学等。该数据库是目前我国学术会议论文收集最多、学科覆盖最广的数据库，且提供联机检索服务。

2. 国防科技会议论文库

国防科技会议论文库是北京文献服务处 BDSIRS 全文信息联机检索系统中的一个数据库，收录 1983 年至今的国防科技会议文献。

3. 会议论文索引数据库

会议论文索引（*Conference Papers Index*）数据库是 DIALOG 联机系统的第 77 号文档和 ESA-IRS 联机系统的第 36 号文档，此数据库提供国际性、区域性或国家会议发表的科技会议论文，包括以下主题：

（1）生命科学，其中包括临床医学、实验生物学与医学、动物学、植物学、生化、药理学。

（2）工程，其中包括航天、机械、土木、电子、化学、核子、动力、环境。

（3）物理科学，其中包括地球科学、化学、物理学、数学、操作研究、材料科学与技术。由美国《剑桥科学文摘》社编辑，收录年代 DIALOG 为 1973 年至今；ESA-IRS 为 1972 年至今，不含文摘。

4. ISTP SEARCH 数据库

ISTP SEARCH 数据库是 ORBIT 联机系统中的 ISTP 数据库文档，提供会议论文资料。主题包括：农业、应用科学、生物学、化学、临床医学、生命科学、数学、物理学、技术等；收录年代为 1982 年至今，不含文摘。

5. Conferences in Energy，Physics and Mathematics（CONF）数据库

该数据库是 STN 联机系统中的 CONF 数据库文档，提供科技会议的名称、举办单位、会议地点、举行日期、联络人、主题及出版物。主题包括：能源、物理、数学、计算机科学、航天科学、工程、天文学等；收录年代为 1976 年至今，不含文摘。

二、光盘检索

万方数据电子出版社制作出版的中国学术会议论文数据库光盘，是国家重点数据库，也是目前我国学术会议论文收集最多、学科覆盖最广的数据库。每月更新一次，每年增补论文 2.5 万篇，采用全文检索系统。

三、网络检索

1. 万方中国学术会议文献数据库

万方中国学术会议文献数据库（China Conference Paper Database，CCPD）由中文全文数据库和西文全文数据库两部分构成，内容涵盖人文社会、自然、农林、医药、工程技术等学科领域，是目前国内收集学科最全、数量最多的会议论文数据库。

CCPD 可以以学术会议分类、会议主办单位分类两种方式进行导航，可以检索相关的会议论文和需要的会议。CCPD 的检索方式有简单检索、高级检索和专业检索三种形式。高级检索如图 7.5 所示，高级检索中各检索词段之间可以用"与""或""非"进行逻辑关联。

专业检索如图 7.6 所示。专业检索中的检索字段与会议论文（含名称、主办单位或会议 id）之间用"与""或""非"进行逻辑关联。

2. 中国知网会议论文数据库

中国知网（http://www.cnki.net）会议论文数据库包含中国重要会议论文全文数据库和国际会议论文全文数据库两部分。

中国重要会议论文全文数据库收录了国内重要会议主办单位或论文汇编单位书面授权，投稿到中国知网进行数字出版的会议论文，是《中国学术期刊（光盘版）》电子杂志社编辑出版的国家级连续电子出版物。其检索界面如图 7.7 所示。

国际会议论文全文数据库的文献是由国内外会议主办单位或论文汇编单位书面授权并推荐出版的重要国际会议论文，是由《中国学术期刊（光盘版）》电子杂志社编辑出版的国家级连续电子出版物专辑，重点收录 1999 年以来，中国科协系统及其他重要

会议主办单位举办的在国内召开的国际会议上发表的文献，部分重点会议文献可回溯至 1981 年。目前，该数据库已收录出版国际学术会议论文集 4200 本，累积文献总量 480717 篇。其检索界面如图 7.8 所示。

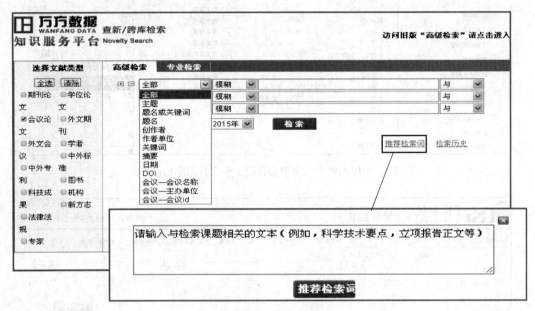

图 7.5　高级检索

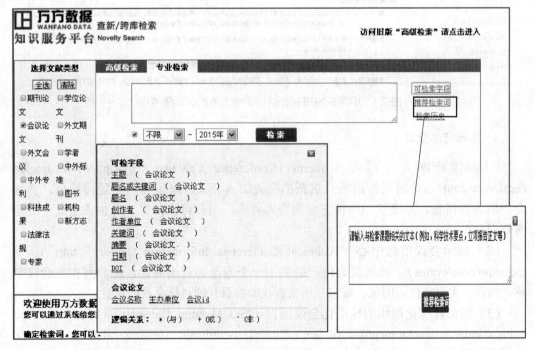

图 7.6　专业检索

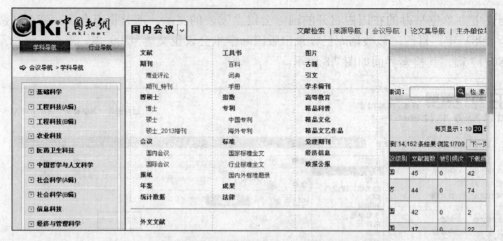

图 7.7　中国知网中国重要会议论文全文数据库检索界面

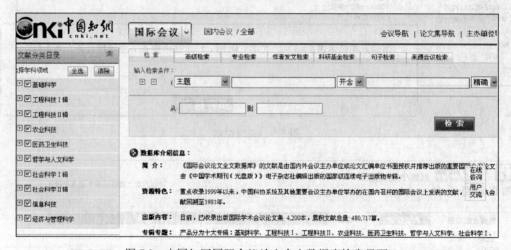

图 7.8　中国知网国际会议论文全文数据库检索界面

3. 其他网络资源

（1）因特网会议预告（Internet Conference Calendar）（http://www.conferen cecalendar.com）。此网页给出每日更新的有关学术会议、研讨会、专题讨论会、博览会、培训等信息，并提供一个很方便的查询界面，用户可按国家、各大洲进行分类免费查询。

（2）技术会议信息中心（Technical Conference Information Center）（http://www.techexpo.com/events）。此网页为用户提供了一个方便的查询界面，用户可根据会议名称、内容、主办单位、国家、城市及州来查找即将召开的科技会议的信息。

（3）国际标准化组织的标准化会议预告（ISO Meeting Calendar）（http://www.iso./home/standards-development/list_of_iso_technical_committees/meenting_calendar.htm）。此网页提供即将召开的国际标准化会议的具体时间、地点、内容等信息。

（4）医学会议查询（Medical Conference）（http://www.medical.theconferencewebsite.

com）。此医学会议库收录 4500 多条即将召开的医学会议信息，每日更新。网页为用户提供一个很方便的查询界面，只需单击选中的条目，便可查询会议信息。

（5）生物科学与医学方面的会议（Meetings in Bioscience and Medicine）（http://www.hum-molgen.org/meetings）。此网页能按照用户的需求进行查询，且用户可以在该网页查询 2015 年全年已经召开的或将要进行的生物科学与医学方面的国际会议的预告。

（6）农业会议预告（Agricultural Conferences，Meetings，Seminars Calendar）（http://www.agnic.org/events）。美国农业网络信息中心（AGNIC）提供的有关农业问题的美国国家及国际会议预告。利用此网页，可检索到 1996 年至今国际上重要农业会议的信息。

（7）IEEE 通信协会会议预告（IEEE Communications Society Conferences）（http://www.comsoc.org/conferences）。它是美国电气与电子工程师学会（IEEE）下属通信协会的 Web 网页，不仅提供由 IEEE 主持的有关学科领域即将召开的会议的时间、地点、内容，也给出了自 1996 年以来已召开的会议信息。

（8）工程、材料科学会议网页（Engineering，Material Science Conferences）（http://dir.yahoo.com/Science/Engineering/Material_Science/Conferences）。它是一个有关会议的超链接的网页，由此可了解到许多工程材料科学方面的会议信息及内容。

（9）美国地球物理联合会会议网页［American Geophysical Union（AGU）meetings page］（meetingsagu.org）。此网页提供即将召开及已召开的有关地球物理会议的内容和日期。

（10）原子与等离子体物理会议预告（Conferences on Atomic and Plasma Physics）（http://plasma-gate.weizmann.ac.il/CoAPP.html）。网页由以色列 Weizmann 物理研究所等离子体实验室提供，在此可查询到原子、等离子体物理方面即将召开的国际会议等信息。

（11）国际天文学会议（International Astronomy Meetings）（http://cadcwww.dao.nrc.ca/meetings/meetings.html）。此网页由加拿大天文数据中心提供，查询界面方便实用，用户可用三种不同的方式查找已召开的及即将召开的国际天文学会议。

（12）全球变化会议预告（Global Change Calendar）（http://www.epa.gov/ncea/global）。全球变化数据信息系统提供的全球变化会议预告，由美国环境部给予支持。该网页按学科列出了有关的会议预告，会议内容涉及气候、生物圈、环境科学、能源、地理、地质及地球物理等方面。

（13）ChinaInfo 网络中文检索系统（http://www.chinainfo.gov.cn http://db.sti.ac.cn/demo/cstp.htm）。ChinaInfo 检索系统为用户提供大量可以检索的数据库。其中，文献类数据库中有中国学术会议论文数据库，可查找中国学术会议论文。

中国科技信息研究所自 1985 年开始收录由国家级学会、协会、研究所组织召开的全国性学术会议论文，并制成了数据库。该数据库覆盖自然科学、工程技术、农林、医学等领域，每年涉及 600 余个重要的学术会议，每年增补论文 15 000 余篇。收录时间为 1980～1998 年，每年更新。

Internet 上拥有大量的会议文献，用户还可以通过网上搜索引擎，配以一定的检索关键词来查找会议文献。例如，利用某种搜索引擎配以"Proceedings，Conference，Meeting，Symposium"等表示会议文献的关键词，可在 Internet 上检索到若干会议文献，每个会议录后均附有网址，通过会议的网址可以进一步查询各个会议的详细情况，还可以将会议论文的原文通过网络上传回。国际会议的举办者也纷纷在网络上发布国际会议消息，国际上一些著名的学术机构和科研部门都有其网址，如 IEEE（http://www.ieee.org）、SPIE（http://www.spie.org）等，用户可以通过定期进入这些网址来及时了解这些学术机构的学术研究动态、学术会议召开计划及网络公开的会议文献。

四、检索示范

用初级检索查找"纳米材料在纺织上的应用"中文文献资料。

（1）检索课题：纳米材料在纺织上的应用。

（2）检索工具：中国重要会议论文全文数据库。

（3）检索途径：初级检索。

（4）课题分析：本课题属纺织行业，因此本检索课题可从纺织类有关的会议内容进行。

（5）会议名称：第四届功能性纺织品及纳米技术应用研讨会。

（6）检索结果如图 7.9 所示。

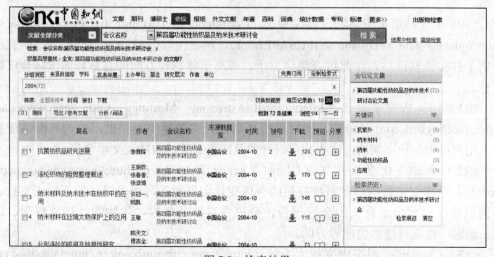

图 7.9　检索结果

（7）索取原文：在已登录的中国知网的《中国重要会议论文全文数据库》即可下载原文。

通过对学术会议和学术会议文献的定义、分类做简单介绍，使大家了解会议及会

议文献的基本情况，同时介绍了会议文献检索工具——预报举办会议消息的刊物、报道会议录的刊物等；国内会议文献检索——《中国学术会议文献通报》、中国重要会议论文全文数据库等；国外会议文献检索——《科技会议录索引》、《世界会议》、《欧洲研究会议》、《医学会议查询》等。

利用国内专业会议资料数据库检索个人责任者为"陈重西"的高分子材料的相关文献。

GrayLIT Network

GrayLIT Network 是由美国能源部（DE）科技信息办公室（OSTI）联合美国国防技术信息中心（DTIC）、美国航空总署（NASA）、美国环保总局（EPA）提供的科技报告数据库。它由以下五个数据库组成：

（1）Defense Technical Information Center（DTIC）Report Collection。该数据库提供解密文件，超过 42000 篇全文报告，内容涉及国防研究和基础科学。

（2）DE Information Bridge Report Collection。该数据库能够检索并获得美国能源部（Department of Energy）提供的研究与发展报告全文，超过 65 000 篇报告，内容涉及物理、化学、材料、生物、环境科学及能源。

（3）EPA-National Environmental Publications Internet Site（NEPIS）。该数据库超过 9000 篇报告，内容涉及水质、废水、生态问题、湿地等。

（4）NASA Jet Propulsion Lab（JPL）Technical Reports。该数据库超过 11 000 篇报告，内容涉及推进系统、外太空进展、机器人等。

（5）NASA Langley Technical Reports。该数据库超过 2500 篇报告，内容涉及航天、太空科学等。该数据库网址为 http://www.nasa.gov/centers/langley/reports。

第八章

标准信息检索

学习目标

1. 熟悉并了解国际标准、国家标准及相关行业标准、企业标准。
2. 掌握我国国家标准的手工及网络检索方法，熟悉相关行业标准的检索。

必备知识

国内外文献的检索方法。

选修知识

ISO 制定出来的国际标准除了有规范的名称之外，还有编号，编号的格式是：ISO+标准号+[-+分标准号]+冒号+发布年号（方括号中的内容可有可无），如 ISO 8402：1987、ISO 9000-1：1994 等。但是，"ISO 9000"不是指一个标准，而是指一族标准的统称。根据 ISO 9000-1：1994 的定义："'ISO 9000 族'是由 ISO/TC 176 制定的所有国际标准。"

案例导入

毒奶粉事件催生我国修改现行的婴儿配方奶粉行业新标准。开始实施的三项标准包括《婴幼儿配方粉及婴幼儿补充谷粉通用技术条件》《婴儿配方乳粉Ⅰ》（以下简称《配方Ⅰ》）《婴儿配方乳粉Ⅱ、Ⅲ》（以下简称《配方Ⅱ、Ⅲ》）。在"大头娃娃"事件中，各地查获的劣质奶粉营养含量（如蛋白质、脂肪等）远远不能满足婴幼儿生长的需要，这也正是导致大头娃娃的原因，所以，新的三项强制性标准对配方粉（含婴幼儿配方乳粉和婴幼儿配方豆粉）及补充谷粉的各类营养素限量指标做出了明确的规定，而且还区分了适于婴儿（0～6 个月）、较大婴儿（6～12 个月）和幼儿（12～36 个月）的三种不同需要。《配方Ⅰ》和《配方Ⅱ、Ⅲ》是分别针对特定配方制定的婴儿配方乳粉标准。同时，婴幼儿配方粉的标签必须标注以下内容：食品名称、配料表、热量、营养素（蛋白质、脂肪、碳水化合物、维生素、矿物质包括微量元素）、净含量、制造者的名称和地址，产品标准号、生产日期、保质期、食用方法、贮藏方法、适宜人群。婴儿配方粉标签上还应标明"婴儿最理想的食品是母乳，在母乳不足或无母乳时可食用本产品"字样；适宜 0～12 个月婴儿食用的婴儿配方粉，需标明"6 个月以上婴儿食用本产品时，应配合添加辅助食品"字样；较大婴儿配方粉，需标明"需配合添加辅助食品"字样。

ISO 9000 是什么认证？

第一节　标准文献简介

　　标准化是人类由自然人进入社会共同生活实践的必然产物，它随着生产的发展、科技的进步而发生、发展，受生产力发展的制约又为推动生产力的发展创造条件。早在 1789 年，美国艾利·惠特尼在武器工业中制定了公差与配合标准；1834 年，英国制定了惠物沃思螺纹型标准；1901 年，英国标准化学会正式成立。此后至 1935 年，荷兰、德国、美国、法国、日本等 25 个国家相继成立了国家标准化组织，在此基础上，1926 年成立了国家标准化协会国际联合会（ISA），1947 年国际标准化组织（ISO）正式成立。目前，世界上已有 100 多个国家成立了自己国家的标准化组织。

　　标准化是一项极为重要的技术政策，它是保证产品质量、合理利用、节约原料、提高技术和劳动生产率的直接手段，又是促进生产专业化与协作化、实现科学组织生产的前提条件。随着经济全球化的进程，特别是计算机技术高速发展和市场全球化，要求标准化摆脱传统的方式和观念。标准化的特点从个体水平评价发展到整体、系统评价；标准化的对象从静态演变为动态；现代标准化要以方法论、系统论、控制论、信息论和行为科学理论为指导，以标准化参数最优化为目的，以系统最优化为方法，建立与全球经济一体化、技术现代化相适应的标准化体系。

　　标准以科学、技术和经验的综合成果为基础，以促进最佳社会效益为目的。简单地说：标准是指对工农业生产和工程建设的产品质量、检验方法和技术要求等方面所做的统一规定，是有关方面应共同遵守的技术依据与准则。根据 WTO 的有关规定和国际惯例，标准是自愿性的，标准的内容只有通过法规和合同的引用才能强制执行。标准文献是标准化工作的成果，一般是指由技术标准、管理标准、工作标准及其他具有标准性质的类似文件所组成的一种特定文献体系。广义的标准文献是指记载、报道标准化的所有出版物；狭义的标准文献是指技术标准、规范和技术要求等，主要是指技术标准。标准必须随着现代科学技术和生产发展而更新换代，并且随着技术水平的提高而不断补充、修订，甚至废止。

　　标准文献主要是指与技术标准、生产组织标准和管理标准有关的文献，也包括国家颁布的环境保护法、森林法、消费品安全保障法、药典、政府标准化管理机构的有关文件及与标准化工作有关的其他文献。标准文献的数量十分庞大，根据国际标准化组织 ISO 20 世纪 80 年代统计，全世界已出版各类标准文献 1000 余种，达 75 万件。它是科技情报主要来源之一。通过标准文献，可以了解和研究国内外工农业产品、工程建设的特点和技术政策水平，对开发新产品、改进老产品也有重要参考和借鉴作用。同时也可以作为商品检验、国际贸易和技术合作的依据。总之，掌握有关标准的基本知识和国内外各种标准的检索方法是很重要的。标准文献对化学化工工作者，特别是分析化学工作者是不可缺少的参考资料。化工方面的标准主要有产品标准、原料标准、中间产品标准、分析标准和设备标准等。

标准文献除了以标准命名外，还常以规范、规程、建议等名称出现。国外标准文献常以 standard（标准）、specification（规格、规范）、rules（规则）、instruction（规则）、practice（工艺）、bulletin（公报）等命名。

一、标准文献的分类

标准文献可按其适用范围、研究的内容、标准实施的约束力和标准的性质进行分类。

（一）按适用范围分类

目前，国际上存在两级标准，即国际标准和区域标准，各国对本国标准的分级也不尽相同，如许多国家将其分为国家标准、协会标准和公司标准。我国按 1989 年 4 月 1 日起正式实施的《中华人民共和国标准化法》将标准分为四级：国家标准、行业标准、地方（省、直辖市、自治区）标准和企业标准。总体来说，若按标准的适用范围划分，可以将其划分为以下五大类。

1. 国际标准

国际标准是指由国际权威组织制定并为国际承认和通用的标准，如国际标准化组织标准、国际电工委员会推荐的标准、国际理论与应用化学联合会（IUPAC）标准等。

2. 区域标准

区域标准是指适用于世界某一区域的，由区域性标准化组织及参与标准化活动的区域团体所制定并通过的标准。国际上有权威的区域性标准化组织有欧洲标准化委员会、欧洲电工标准化委员会（CENELEC）、经济互助委员会标准化常设委员会（前苏联和东欧国家间的经济合作国际协议机构）等。

3. 国家标准

国家标准是指经全国性标准化组织批准、发布，在全国范围内统一实施的标准，如中国国家标准（GB）、美国国家标准学会（ANSI）标准、日本工业标准（JIS）和英国标准（BS）等。

4. 行业标准

行业标准是指经某一专业统一组织或专业部门通过的标准，用于一个国家的某一专业或相关专业，如美国材料与试验协会（ASTM）标准、英国农用化学品协会（BAA）标准及我国的各部颁标准。我国行业标准是在没有国家标准而又需要在全国某个行业范围内统一技术要求而制定和实施的标准，在相应国家标准实施后即行废止，在《中华人民共和国标准化法》实施前，曾设有部颁标准和行业标准，现已不存在部颁标准，部颁标准已向行业标准过渡。

5. 企业标准

企业标准是一个企业或部门批准的，只适用于本企业或部门的标准。企业标准是企业组织生产、经营活动的依据。

（二）按研究的内容分类

1. 基础标准

基础标准是指在一定范围内作为其他标准的基础并普遍使用的具有广泛指导意义的标准，一般可以分为：①概念和符号标准；②精度和互换性标准；③实现系列化和保证配套关系的标准；④结构要素标准；⑤产品质量保证和环境条件标准；⑥安全、卫生和环境保护标准；⑦管理标准；⑧量和单位。

2. 产品标准

产品标准是对产品结构、质量和检验方法所做出的技术规定，产品标准的主要内容包括：①产品的适用范围；②产品的品种、规格和结构形式；③产品的主要性能；④产品的试验、检验方法和验收规则；⑤产品包装、储存和运输等方面的要求。

3. 方法标准

方法标准是以试验、检查、分析、抽样、统计、计算、测定、作业等方法为对象制定的标准，如试验方法、检查方法、分析方法、测定方法、抽样方法、设计规范、计算方法、工艺规程、作业指导书、生产方法、操作方法及包装、运输方法等。

4. 安全与环境保护标准

安全与环境保护标准是以保护人、物、环境安全而制定的标准。

（三）按标准实施的约束力分类

1. 强制性标准

强制性标准是指具有法律属性，在一定范围内通过法律、行政法规等手段强制执行的标准。

根据《国家标准管理法》和《行业标准管理办法》，下列标准属于强制性标准：

（1）药品、食品卫生、兽药、农药和劳动卫生标准；

（2）产品生产、储运和使用中的安全及劳动安全标准；

（3）工程建设的质量、安全、卫生等标准；

（4）环境保护和环境质量方面的标准；

（5）有关国计民生方面的重要产品标准等。

2. 推荐性标准

推荐性标准又称为非强制性标准和自愿性标准，任何单位均有权决定是否采用，违反这类标准，不构成经济或法律方面的责任，但若一经接受并采用，同意纳入商品经济合同中，各方就必须共同遵守，具有法律上的约束性。

（四）按标准的性质分类

1. 技术标准

技术标准是针对标准化领域中需要协调统一的技术事项而制定的标准。其主要是事物的技术性内容，它是从事生产、建设及商品流通的一种共同遵守的技术依据。

2. 管理标准

管理标准是针对标准化领域中需要协调统一的管理事项所制定的标准。其主要是规定人们在生产活动和社会生活中的组织结构、职责权限、过程方法、程序文件及资料分配等事宜，它是合理组织国民经济，正确处理各种生产关系，正确实现合理分配，提高生产效率和数量的依据。

3. 工作标准

工作标准是针对标准领域中需要协调统一的工作事项所制定的标准。工作标准是针对具体岗位而规定人员和组织在生产经营管理活动中的职责、权限，对各种过程的定性要求及活动程序和考核评价要求。

二、国际标准分类法

国际标准是指由国际标准化组织、国际电工委员会和国际电信联盟（ITU）所制定的标准，以及在《国际标准题内关键词索引》（KWIC Index）中收录的其他 27 个国际组织制定的标准。国际标准化组织是国际专业标准化机构，成立于 1947 年 2 月 23 日，现已有 100 多个国家参加了这一组织。ISO 下设 163 个技术委员会（technical committee，TC），647 个分委员会（subcommittee，SC），1804 个工作组（working group）。ISO 的目的是在世界范围内制定标准，以利于国际间的货物交换和公共事业，在知识、科学技术和经济活动中发展国际合作。

随着世界经济一体化的发展，特别是世界贸易组织（WTO）委托 ISO 负责贸易技术壁垒协定中有关标准通报事宜具体实施后，各国使用自己的分类法分别检索标准文献的情况已无法适应需要。因此采用国际标准分类法（International Classification for Standard，ICS）在世界范围内已是大势所趋。ISO 于 1994 年率先在 ISO 标准上采用了 ICS 进行分类。此后，许多国家包括法国和德国首先在本国国家标准中采用 ICS 分类法。我国也从 1997 年 1 月 1 日起在国家标准、行业标准和地方标准上使用 ICS 类号，替代原有的国际十进位分类法。目前 ISO 出版了 ICS 第四版，我国已编译了中文版《国际标准分类 ICS 法（第三版）》。

ISO 发布的标准在 1994 年以前使用国际十进分类法（UDC），1994 年以后改用 ICS 分类法。

ICS 分类法由三级类构成。一级类包含标准化领域的 40 个大类，每一大类号以两位数字表示，如 01、03、07（表 8.1）；二级类号由一级类号和被圆点隔开的三位数字组成，如 71.040（分析化学）。全部 40 个大类分为 335 个二级类，335 个二级类中的 124 个被进一步分成三级类。三级类的类号由二级类的类号和被一个圆点隔开的两位数组成，如 71.040.01（分析化学综合）。

表 8.1 国际标准分类号中的一级类目

类别	类目名称	类别	类目名称
01	综合、术语学、标准化、文献	49	航空器和航天器工程
03	社会学、服务、公司（企业）的组织和管理、行政、运输	53	材料储运设备
07	数学、自然科学	55	货物的包装和调运
11	医药卫生技术	59	纺织和皮革技术
13	环保、保健和安全	61	服装工业
17	计量学和测量、物理现象	65	农业
19	试验	67	食品技术
21	机械系统和通用件	71	化工技术
23	流体系统和通用件	73	采矿和矿产品
25	机械制造	75	石油及相关技术
27	能源和热传导工程	77	冶金
29	电气工程	79	木材技术
31	电子学	81	玻璃和陶瓷工业
33	电信、音频和视频工程	83	橡胶和塑料工业
35	信息技术、办公机械	85	造纸技术
37	成像技术	87	涂料和颜料工业
39	精密机械、珠宝	91	建筑材料和建筑物
43	道路车辆工程	93	土木工程
45	铁路工程	95	军事工程
47	造船和海上构筑物	97	家用和商用设备、文娱、体育

表 8.1 中，第 71 类是化工技术，在该类目下的二、三级类目如表 8.2 所示。

表 8.2 化工技术的二、三级类目

类别	类目名称	类别	类目名称
71	化工技术	71.040.20	实验室器皿和有关仪器
71.010	化工技术综合	71.040.30	化学试剂（包括化学标准物质）
71.020	化工生产（包括设备的布置和运行、工艺设计和控制、操作规程、安全措施等）	71.040.40	化学分析（通用方法入此，专用化学分析方法入各专业类；此类包括气体分析）
71.040	分析化学（该类包括通用标准）	71.040.50	物理化学分析方法（包括分光度分析和色谱分析）
71.040.01	分析化学综合	71.040.99	有关分析化学的其他标准
71.040.10	化学实验室、实验室设备（包括液体比重计、酒精比重计等；体积、质量、密度、黏度测量用仪器，见 17.060；光学测量仪器，见 17.180.30；温度测量仪器仪表，见 17.200.20；实验室器皿，见 71.040.20）	71.060	无机化学

续表

类别	类目名称	类别	类目名称
71.060.01	无机化学综合	71.100	化工产品（摄影用化学药品，见 37.040.30；橡胶和塑料用原料，见 83.040；涂料和清漆，见 87.040；墨水，见 87.080）
71.060.10	化学元素	71.100.01	化工产品综合
71.060.20	氧化物（包括二氧化物、过氧化物等）	71.100.10	铝生产用材料
71.060.30	酸	71.100.20	工业气体（包括压缩空气和氢气；液化石油气，见 75.1、60.30）
71.060.40	碱	71.100.30	爆炸物、焰火
71.060.50	盐	71.100.35	工业和家庭消毒用化学品（医用消毒剂和防腐剂，见 11.080.20）
71.060.99	其他无机化学品	71.100.40	表面活性剂及其他助剂
71.080	有机化学	71.100.45	制冷剂和防冻液
71.080.01	有机化学综合	71.100.50	木材防护化学药品
71.080.10	脂族烃	71.100.55	硅树脂
71.080.15	芳香烃	71.100.60	香精油
71.080.20	卤代烃	71.100.70	美容品、化妆品
71.080.30	有机氮化物	71.100.80	水处理剂
71.080.40	有机酸	71.100.99	其他化工产品
71.080.50	酐	71.120	化工设备（危险化学品的运输，见 13.300）
71.080.60	醇、醚	71.120.01	化工设备综合
71.080.70	酯类	71.120.10	反应容器及其组件
71.080.80	醛和酮	71.120.20	蒸馏塔
71.80.90	酚	71.120.30	热交换器
71.080.99	其他有机化学品	71.120.99	其他化工设备

第二节　中国标准文献检索

一、中国标准文献分类

《中国标准文献分类法》（以下简称《中标法》）是我国原国家标准局 1984 年主持颁布的，经 4 年多的试行，于 1989 年 1 月由国家技术监督局正式发布实施。目前，我国所有技术标准文献全部采用《中标法》分类，适当结合学科分类。类目设置以专业划分为主，一级类目设有 24 个专业类目，用拉丁字母表示，二级类目用双位数表示。每个大类下设 00～99 共 100 个二级类目。大类的类目如表 8.3 所示。

表8.3 《中标法》大类的类目

类别	类目名称	类别	类目名称
A	综合	N	仪器、仪表
B	农业、林业	P	建筑
C	医药、卫生、劳动保护	Q	建材
D	矿业	R	公路与水路运输
E	石油	S	铁路
G	化工	U	船舶
H	冶金	V	航空、航天
J	机械	W	纺织
K	电工	X	食品
L	电子技术、计算机	Y	轻工、文化与生活用品
M	通信、广播	Z	环境保护

在 A 类综合一级大类中包含了标准化与一般规定、经济和文化、基础标准、基础学科、计量、标准物质、测绘、标志包装运输和储存及社会公共安全等内容。而在其余一级大类均按照本专业领域内容设置类目和类号。各个大类下通常先设置一个综合性的二级类目（包括术语、符号和一般规定等），再设置其余二级类目。例如，"G 化工"类下就设置了"00/09 化工综合""10/14 无机化工原料""15/19 有机化工原料""20/29 化肥农药""30/39 合成材料""40/49 橡胶制品及其辅助材料""50/59 涂料、颜料、染料""60/69 化学试剂""70/79 化学助剂、表面活性剂、催化剂、水处理剂""80/84 信息用化学品""85/89 其他化工产品""90/99 化工机械与设备"等第二级类号和类目。

为了便于读者能从中国标准文献分类号转换成相应的国际标准分类号，化工部分的"中国标准文献分类-国际标准分类对照"可参考附录。

全部内容可参见由国家标准化管理委员会编译，中国标准出版社于 2003 年 10 月出版的《国际标准分类法 ICS（第三版）》，该书为了方便国内标准化分类体系中国标准文献分类法与国际标准分类法进行数据对比和转换，提供了"国际标准分类-中国标准文献分类对照"和"中国标准文献分类-国际标准分类对照"两部分内容。

二、国家标准文献共享服务平台

1. 国家标准文献共享服务平台简介

国家标准文献共享服务平台（http://www.cssn.net.cn）是国家级标准信息服务门户，是世界标准服务网（http://www.wssn.net.cn）的中国站点，也是我国目前最权威的标准化服务网络。国家标准文献共享服务平台的标准信息主要依托于国家标准化管理委员会、中国标准化研究院标准馆及院属科研部门、地方标准化研究院（所）及国内外相关标准化机构。中国标准化研究院标准馆收藏有 60 多个国家、70 多个国际和区域性标准化组织、450 多个专业学（协）会的标准及我国全部国家标准和行业标准共计约 60 万件。此外，还收集了 160 多种国内外标准化期刊和 7000 多种标准化专著。

国内的标准数据直接从国家质量技术监督检验检疫总局获取，国外的标准数据从国外标准组织获取。为保证标准的时效性，数据及时更新，标准文本的服务方式有标准文本复印、标准文本传真、标准文本传输、标准文本邮寄。

国家标准文献共享服务平台提供的标准数据包括了 1998 年的全部国际标准共 18773 个，行业标准近 50000 个，ISO 标准 10200 个，IEC 标准 4500 个及美、英、德、日的国家标准。可以直接在网上查询数据库中的所有标准，但在查询之前必须通过银行汇入网费（800 元/年）和预交服务费（1000 元）。图 8.1 所示为国家标准文献共享服务平台主页。

图 8.1　国家标准文献共享服务平台主页

主页上提供的栏目内容有标准动态、资源检索、网上书店等。国家标准文献共享服务平台提供用户检索查询的数据库如下：

（1）国家标准、国家建设标准（GBJ）、中国 70 余个行业标准、中国台湾地区标准、技术法规。

（2）国际标准化组织标准、国际电工委员会标准、国际电信联盟标准、欧洲标准（EN）、欧共体法规（EC）、欧洲计算机制造商协会标准（ECMA）、欧洲电子元器件协会（CECC）标准。

（3）德国标准（DIN）、英国标准（BS）、法国标准（NF）、日本工业标准（JIS）、美国标准学会（ANSI）标准、澳大利亚（AS）国家标准、加拿大标准协会（CSA）标准、加拿大通用标准局（CGSB）标准。

（4）美国铝协会（AA）标准、美国国家公路与运输协会（AASHTO）标准、美国船舶局（ABS）标准、美国音频工程协会（AES）标准及德国工程师协会（VDI）标准等。

该网站从 2001 年 4 月起推出开放式标准服务，标准信息数据库免费向社会开放。根据不同类别的网员有不同的服务内容和收费标准，D 类网员可免费检索网站数据库。

在国家标准文献共享服务平台首页单击"高级检索"按钮，即进入高级检索界面，如图 8.2 所示。

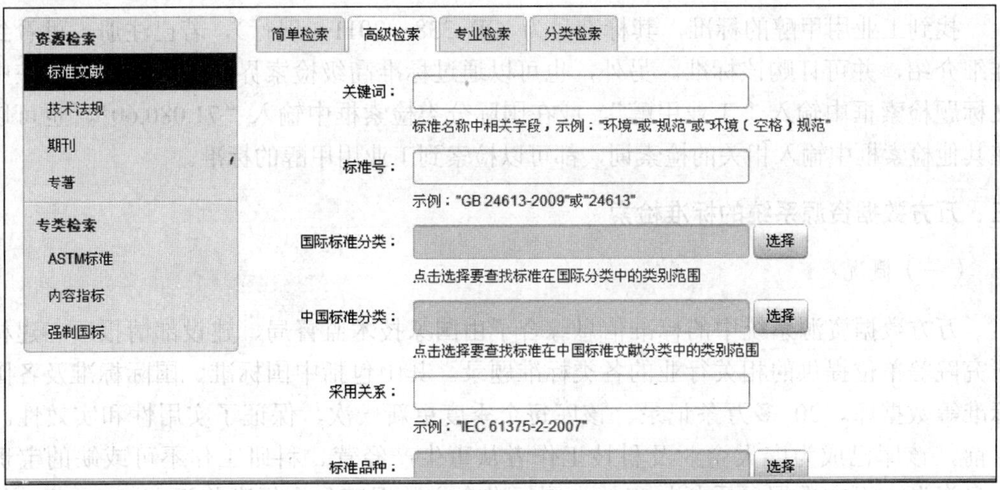

图 8.2　国家标准文献共享服务平台高级检索界面

国家标准文献共享服务平台除了图 8.2 所示界面的高级检索以外，还有简单检索、专业检索、分类检索。

在对数据库的种类、中国标准分类、国际标准分类其字段间的关系做出选择后，在界面提供的六个检索框中输入一个或多个检索词，然后选择所需要的时间区间，单击“搜索”按钮即开始检索。

2. 检索示范

利用国家标准文献共享服务平台查找我国工业甲醇的有关标准。

登录网址 http://www.cssn.net.cn，进入国家标准文献共享服务平台主页，在图 8.2 所示的界面单击“分类检索”按钮，进入分类检索界面，单击标准分类检索中的“国际标准分类”按钮，展开子类，根据检索的对象，可依次单击“化工技术(71)”→“有机化学（71.080）”→“醇、醚（71.080.60）”，即可以看到检索结果，如图 8.3 所示。

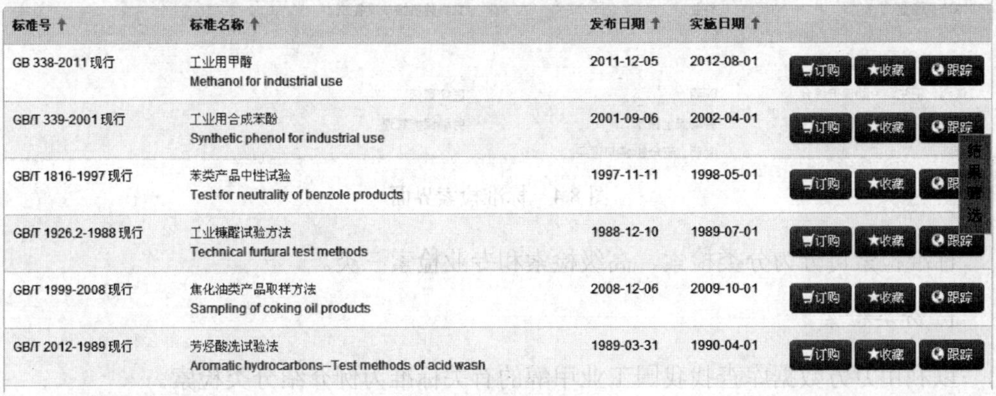

标准号 ↑	标准名称 ↑	发布日期 ↑	实施日期 ↑	
GB 338-2011 现行	工业用甲醇 Methanol for industrial use	2011-12-05	2012-08-01	订购 收藏 跟踪
GB/T 339-2001 现行	工业用合成苯酚 Synthetic phenol for industrial use	2001-09-06	2002-04-01	订购 收藏 跟踪
GB/T 1816-1997 现行	苯类产品中性试验 Test for neutrality of benzole products	1997-11-11	1998-05-01	订购 收藏 跟踪
GB/T 1926.2-1988 现行	工业糠醛试验方法 Technical furfural test methods	1988-12-10	1989-07-01	订购 收藏 跟踪
GB/T 1999-2008 现行	焦化油类产品取样方法 Sampling of coking oil products	2008-12-06	2009-10-01	订购 收藏 跟踪
GB/T 2012-1989 现行	芳烃酸洗试验法 Aromatic hydrocarbons--Test methods of acid wash	1989-03-31	1990-04-01	订购 收藏 跟踪

图 8.3　检索结果

找到工业用甲醇的标准，其标准号为 GB 338—2011（现行），若已注册，可看到详细介绍，并可订购该标准。另外，也可以通过标准高级检索界面进行检索，可在中文标题检索框中输入"工业甲醇"，或在国际分类检索框中输入"71.080.60"，也可以在其他检索框中输入相关的检索词，都可以检索到工业用甲醇的标准。

三、万方数据资源系统的标准检索

（一）概况

万方数据资源系统中的标准信息综合了由国家技术监督局、建设部情报所、建材研究院等单位提供的相关行业的各类标准题录。其中包括中国标准、国际标准及各国标准等数据库，20 多万条记录。该库每个季度更新一次，保证了实用性和实效性。目前，该库已成为广大企业及科技工作者从事生产经营、科研工作不可或缺的宝贵信息资源。万方数据受委托加工的中国标准全文数据库包含标准将近 40000 条，包括国家标准 18464 条，其中国家强制性标准 9304 条，行业标准 21525 条。

（二）检索分类

在万方数据首页的检索区汇集了期刊、会议、学位、专利、标准等主要数据库的单库检索，单击"标准"按钮，进入标准检索界面，如图 8.4 所示。

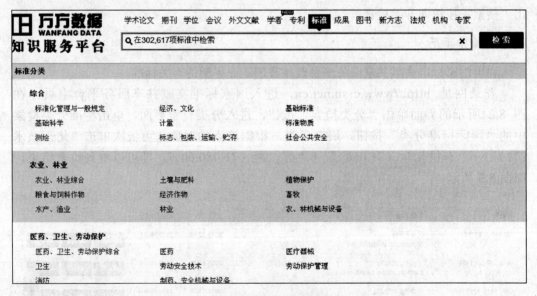

图 8.4　标准检索界面

标准检索可分为分类检索、高级检索和专业检索三类。

1. 分类检索

以利用万方数据库查找我国工业甲醇的有关标准为例介绍分类检索。

找到"化工"分类，单击"有机化工原料"按钮，即进入检索结果界面，在检索框中输入"工业甲醇",检索结果如图 8.5 所示。

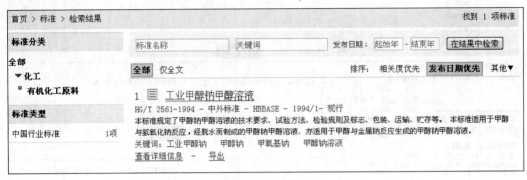

图 8.5　检索结果

2. 高级检索

利用高级检索进行标准检索时,首先确定检索策略,可以使用主题字段检索,主题字段包括题名、关键词、标题或关键词。检索词进行"与""或""非"逻辑运算。在高级检索框中构造检索条件,由系统生成表达式,查看检索结果的高频关键词,提供相关检索词。标准的高级检索界面如图 8.6 所示。

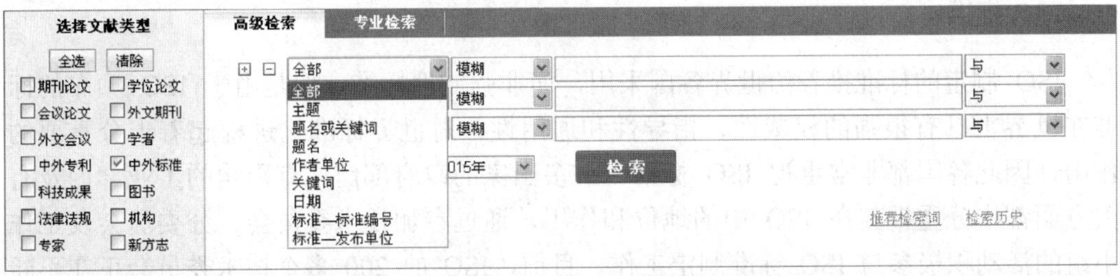

图 8.6　高级检索界面

系统会记录用户每个会话的检索历史,单击"检索历史"按钮,可以查看用户最近的检索历史。检索历史界面包括检索策略和检索数据库等信息。用户可以单击检索历史中的检索策略,查看该表达式对应的检索结果。

同时系统会记录用户每个会话的浏览历史,用户单击"浏览历史"链接,可以查看用户最近的浏览历史。浏览历史页面包括论文标题和数据库名。用户可以单击浏览历史中的标题,查看标题对应的信息界面。

3. 专业检索

用户可以在检索框中直接输入可检索字段,如主题、题名或关键词、作者单位、日期等;也可以输入标准,如标准的编号、发布单位。

执行检索:当检索信息填写完毕后,单击"检索"按钮,执行检索,如图 8.7 所示。

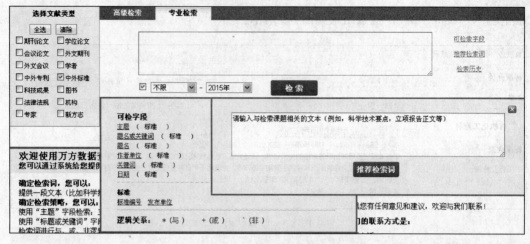

图 8.7 专业检索界面

第三节 国际标准文献检索

国际标准是由国际标准化团体批准或由国际标准组织认可的各种国际专业学会、协会等组织制定的标准，包括 ISO、IEC 等标准。

一、ISO 标准

ISO 制定的标准推荐给世界各国采用，而非强制性标准。但是由于 ISO 颁布的标准在世界上具有很强的权威性、指导性和通用性，对世界标准化进程起着十分重要的作用，因此各国都非常重视 ISO 标准。许多国家的政府部门，有影响的工业部门及有关方面都十分重视其在 ISO 中的地位和作用，通过参加技术委员会、分委员会及工作小组的活动积极参与 ISO 标准制定工作。目前，ISO 的 200 多个技术委员会正在不断地制定新的产品、工艺及管理方面的标准。

ISO 标准号的结构形式为标准代号+顺序号+制定（修订）年份，如 ISO 3628：1976，表示 1976 年颁布的照相级硼酸规格的标准。

1. ISO 标准的印刷型检索工具

ISO 标准的印刷型检索工具主要有《国际标准化组织标准目录》（ISO *Catalogue*）和《ISO 技术规则》两种。《国际标准化组织标准目录》为年刊，用英、法文报道 ISO 技术委员会制定的全部现行标准，1994 年后采用国际标准分类法，每年还有四期补充目录，以查找最新标准。

《国际标准化组织标准目录》提供以下五种检索途径：

（1）主题分类目录（list of standards classified by subject）。这是目录的正文部分，按 ICS 标准分类法编排。

（2）字顺索引（alphabetical index）。该索引采用标题中的关键词对标题中除禁用词之外的每一个关键词进行轮排。

（3）标准序号索引（list in numerical order）。该索引按照标准号顺序排列，著录内容有标准号、技术委员会（TC）号、标准在分类目录中的页码。

（4）技术委员会序号目录（list in technical committee order）。该目录先按技术委员会归类，再按标准顺序号排列。著录内容包括技术委员会号、标准号和标准在分类目录中的页码。

（5）作废标准目录（withdrawals）。该目录列出已作废标准的标准号，按序号排列，并列出所属技术委员会序号及作废年份，最后给出现行标准的标准号及制定年份。

《国际标准化组织标准目录》主要通过主题、分类和标准号三种途径进行检索。检索方法如图 8.8 所示。

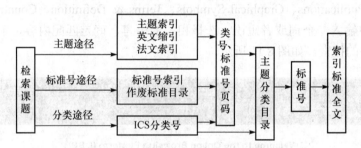

图 8.8　《国际标准化组织标准目录》检索方法

《ISO 标准目录补充本》（ISO *Catalogue Supplement*）是《国际标准化组织标准目录》的季度累积本，收录本季度内公布的正式标准和草案标准。

《ISO 技术规则》由国际标准化组织编辑出版，其为年刊，每期报道 4000 多份可视为国际标准的文件和已达到委员会草案（CD）阶段及国际标准草案（DIS）阶段的全部文件。

2. ISO 标准的检索

登录 http://www.iso.org/iso/home.htm，进入 ISO 标准主页，如图 8.9 所示。

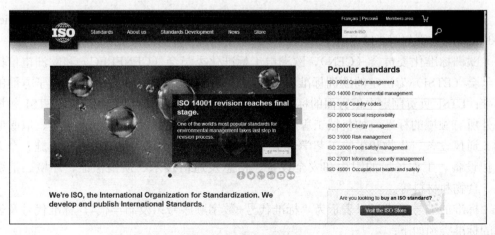

图 8.9　ISO 标准主页

Search

图 8.10 快速检索

我们可以用 3 种方式查询并浏览 ISO 标准，分别为 ICS（国际分类标准）、TC（技术委员会）、Standars of Catalogue（标准目录）。

检索 ISO 标准有快速检索和高级检索两大类。

（1）快速检索。在检索框中输入一个单词或短语，如"ISO 9001"，然后单击"go"按钮，即可获得所有领域内相关的标准，如图 8.10 所示。

（2）高级检索。高级检索查询具体条目，需根据相关内容选择合适的按钮，如 All、Standards、Collections、Publications、Graphical Symbols、Terms & Definition、Country Codes，然后在检索框中输入一个词或者短语，选择相关的语言，确定匹配内容，单击🔍按钮，即可进行相关的检索，如图 8.11 所示。

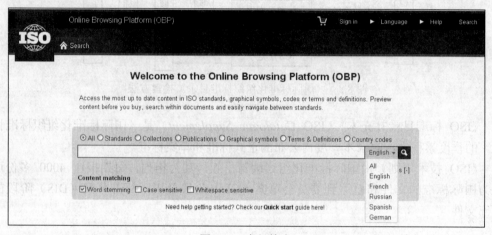

图 8.11 高级检索

二、欧洲标准

欧洲标准（http://ec.europa.eu/enterprise/newapproach/nando/index.cfm?fuseaction=notified body.main）首页如图 8.12 所示。

欧洲标准化委员会（CEN）、欧洲电工标准化委员会（CENELEC）和欧洲电信标准学会（ETSI）为法定的欧洲标准制定组织。CENELEC 负责制定电工、电子方面的标准；ETSI 负责制定电信方面的标准；而 CEN 负责制定除了 CENELEC、ETSI 领域以外所有领域的标准，如机械工程、建筑和土木工程、燃气用具、冷却装置、取暖装置、通风设备、生物和生物工艺学、卫生保健、日用品、体育用品及娱乐设施、个人防护设备、工作场所的卫生和安全设备、信息及通信技术、质量保证、环境、消费品、食物和材料等。

标准的编号形式可以表示为"标准代号+数字顺序号：发布年代"，标准代号及表示的标准类别如下：

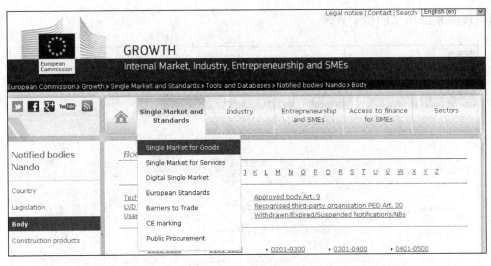

图 8.12　欧洲标准首页

EN——欧洲标准；

ENV——暂行标准；

HD——协调文件；

prEN——欧洲标准草案；

prENv——行标准草案；

prHD——协调文件草案。

标准代号与数字顺序号之间空一格，标准各分部分序号间以"–"相隔，发布年代与数字顺序号间以"："相隔。标准编号后以"+"相隔所附带的 A1、A2、A3、AC 等（该标准的修改件），如"EN 13816：2002""EN 50157-2-2：1998""EN 12286：1998+A1：2000"等。

各成员国在将欧洲标准转化为本国国家标准时，无需重新编号，只需在欧洲标准编号前冠以成员国国家标准代号，并将发布年代改为本国采用欧洲标准的年代即可，如 DIN EN 13906-2：2002（德国标准，采用 EN 13906-2：2001）、BS EN 13906-2：2002（英国标准，采用 EN 1 3906-2：2001）。

1. 欧洲标准的检索途径

通常通过以下途径检索欧洲标准：①查阅标准目录，中国标准出版社出版有众多印刷和电子型的欧洲标准目录和各成员国标准化组织的目录；②检索美国 HIS 公司出版的专门检索光盘，或者德国 Perinorm 的检索光盘；③到国内各标准服务网上检索，如到中国标准服务网、上海标准化服务信息网、浙江省科技信息网等进行欧洲标准的检索，并通过联系而获取相关原文；④到 CEN 的网站(www.cenorm.be)上进行检索。

2. CEN 网站标准检索。

在 CEN 主页（https://www.cen.eu/Pages/default.aspx）下进入"Search Standards"，然

后出现图 8.13 所示的检索界面。

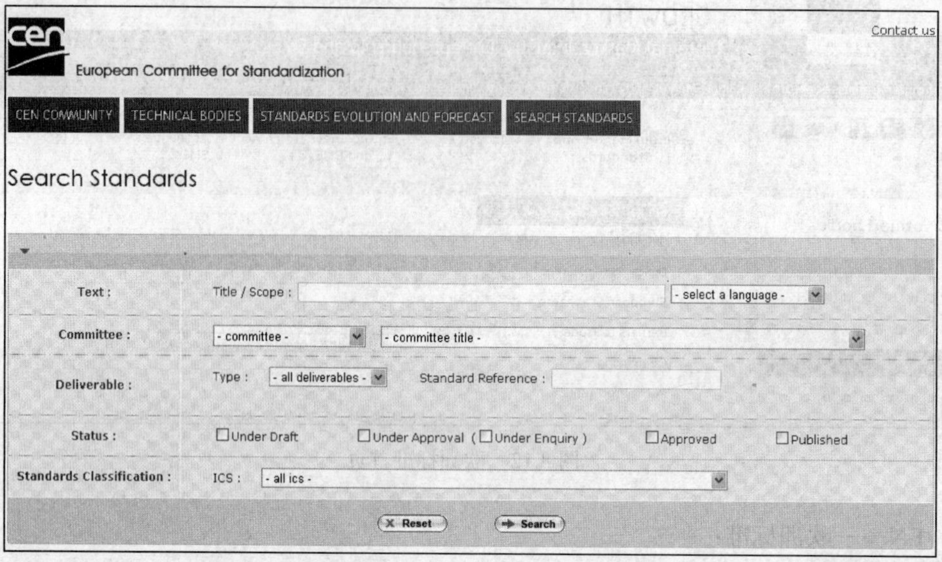

图 8.13　CEN standards　检索首页

三、ASTM 美国材料与试验协会标准

（一）ASTM 标准概况及其代号与编号

ASTM 是美国材料与试验协会的英文缩写，其英文全称为 American Society for Testing and Materials，该技术协会成立于 1898 年。ASTM 的前身是国际材料试验协会，1902 年，国际材料试验协会美国分会正式独立，取名为美国材料试验学会，1961年改为现名。ASTM 的技术委员会下共设有 2004 个技术分委员会。ASTM 标准分卷共73 卷，以 ASTM 标准年鉴形式出版发行。

ASTM 标准代号是 ASTM。ASTM 标准编号形式如下：ASTM+字母分类代码+标准序号+制定年份+标准英文名称，字母分类代码如下：

A——黑色金属；

B——有色金属（铜、铝、粉末冶金材料，导线等）；

C——水泥、陶瓷、混凝土与砖石材料；

D——其他各种材料（石油产品、燃料、低强塑料等）；

E——杂类（金属化学分析、耐火试验、无损试验、统计方法等）；

F——特殊用途材料（电子材料、防震材料、外科用材料等）；

G——材料的腐蚀、变质与降级。

（二）美国试验与材料协会标准年鉴

《美国试验与材料协会标准年鉴》（*Annual Book of ASTM Standards*）由 ASTM 编辑出版，每年出版一次。1983 年后按 16 部分组织，共有 66 卷，其中 01～15 部分 65 卷刊登 ASTM 标准全文，第 16 部分 00.01 卷是 ASTM 标准的总索引，是检索 ASTM 标准的主要检索工具。

1. 主题索引

主题索引按主题字顺编排，有些主题词后还有"See"和"Sa"（see also）以扩大检索范围。每个主题词下按标准的题名字顺编排，每一标准名后注有 ASTM 的标准号和该标准全文所在卷号。

2. 标准序号索引

标准序号索引按标准号中分类号字母及序号列出全部 ASTM 的现行标准，标准序号后有标准题名及全文所在卷号。

（三）检索示范

查找天然橡胶中炭黑评价方法的 ASTM 标准。

进入 ASTM 标准中国复制中心（http://www.astmcape.com.cn），在主页上单击标准检索，进入检索界面，单击英文对应标准和中文对应标准中的分类字母中的任一个，即可浏览该类中的全部 ASTM 标准。其检索界面有三个检索框，检索字段分别是标准编号、中文名称和英文名称，根据题意在中文名称检索框中输入"天然橡胶"或在英文名称检索框中输入"Natural Rubber"都可以检索到标准编号为 ASTM D3192：2009，名称为《NR（天然橡胶）中炭黑含量的评定方法》的标准。

四、JSA 日本标准

日本标准协会（Japanese Standards Association，JSA）成立于 1945 年 12 月，是一个民间组织，JSA 负责日本工业标准的出版和颁布工作。

JSA 网站（http://www.jsa.or.jp）与日本工业标准委员会网站（JIS）互相链接，JSA 网站的最大特点是设立了日本标准委员会的标准数据库及 ASSN（东盟国家标准服务网）数据库，可提供有关标准的检索服务。

JSA 英文网站首页包括"JSA 简介""标准化活动""出版物""JSA 简报""WTO/TBT""新闻消息""JSA 网络商店""链接"八个栏目。JSA 网站有日文和英文两个版本，单击首页上"English"按钮，即可进入英文版本，如图 8.14 所示。

1. 日本工业标准

日本工业标准（Japanese Industrial Standard，JIS）是日本工业标准调查会（JISC）负责制订的，其编号形式如下：标准代号（JIS）＋部类号＋类目号（数字号）＋序号＋年份。

图 8.15 所示为 JIS 标准数据库检索系统英文首页。截至 2012 年 3 月，JIS 收集有10289 份标准。进入"JIS Cata-logue"网页后，页面显示一份检索表格，有关键词和JIS 标准号两种检索渠道。利用关键词检索时，只要输入相应的检索词，就会得到对应该检索词的标准。当检索词为两个以上时，通过布尔逻辑运算符将检索词连接起来，

单击"检索"按钮，就会列出符合要求全部标准，包括标准号、标准名称。如果已知
要查询标准的标准号，那么输入 JIS 号即可。单击页面显示的任何一条标准，可以显示
出该标准更详细的内容，如制定时间、英文版本情况、购买价格，但不能查阅全文，
如需查阅全文，则要付费。用户不能在网上通过 E-mail 下订阅单，而要经世界各地的
订阅代理机构办理手续。在国内可向国家技术质量监督检验检疫总局索购全文。

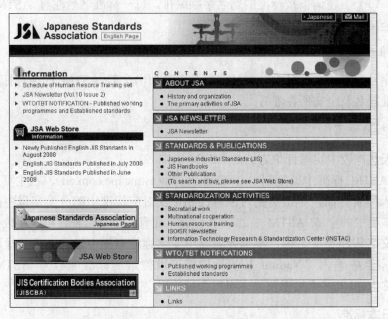

图 8.14　JSA 网站英文首页

图 8.15　JISC 英文网站首页

2. 东盟国家标准服务网

JSA 网站的另一个大型数据库是东盟国家标准服务网（Asean Standard Service Network, ASSN），它是由印度尼西亚、马来西亚、菲律宾、新加坡、泰国、越南等东盟成员国共享的数据库。

小　结

标准文献是与技术标准、生产组织标准和管理标准有关的文献，可分为国际标准、区域性标准、国家标准、行业标准、企业标准、基础标准、产品标准、方法标准、安全与环境保护标准、强制性标准、推荐性标准、技术标准、管理标准、工作标准、ISO 标准等。通过对中国标准文献分类、国家标准文献共享服务平台进行介绍，使读者掌握对万方数据资源系统的中文标准全文库的检索方法；同时对国际标准文献 ISO 标准印刷型检索工具检索做了介绍，对欧盟标准、美国材料与试验协会标准、日本标准——日本工业标准、东盟国家标准服务网做了相应介绍。

作　业

1. 检索国家标准《建筑材料放射性核素限量》（GB 6556—2010）。
2. 通过 ASTM 官方网站查询与三聚氰胺有关的标准。

知识链接

ISO 9001 验证

ISO 9000 是国际标准化组织制定的质量管理体系国际标准，而其中的 ISO 9001 用于证实组织具有提供满足顾客和适用法规要求的产品的能力，目的在于增进顾客满意度。随着商品经济的不断扩大和日益国际化，为提高产品的信誉，减少重复检验，削弱和消除贸易技术壁垒，维护生产者、经销者、用户和消费者各方权益，该第三认证方不受产销双方经济利益支配，公证、科学是各国对产品和企业进行质量评价和监督的通行证。该认证可作为顾客对供方质量体系审核的依据，企业有满足其订购产品技术要求的能力。

第九章

科技档案检索

学习目标

1. 熟悉科技档案直接利用的主要方式。
2. 能对需要的档案进行检索。

必备知识

计算机及网络基础。

选修知识

中华人民共和国行业标准《档案馆指南编制规范》（DA/T 3—1992）。

案例导入

查阅 2007 年成都市申报全国宜居城市的资料。

对科技档案进行检索时，可在本地的科技情报局进行检索。本案例中"成都市申报宜居城市"的资料可以在四川省科技情报局进行档案查阅，若该档案已解密，则可进行借阅及复印等操作。

课前思考

如何利用本校档案馆资源对本校精细化工专业科研工作的开展情况进行检索？

第一节　科技档案简介

一、科技档案的概念

科技档案，即科学技术档案，是有关部门在技术活动中直接形成的有价值的技术文件、图纸、图表、照片等原始记录的总称。详细内容包括任务书、技术指标、审批文件、研究计划、方案大纲、技术措施、调查材料、设计资料及图纸、试验和工艺记录等，属于已归档保存的科技文件。科技档案记载着人们认识事物、改造世界的过程、经验和成果，是人类劳动和智慧的结晶。它作为一种重要的科技信息资源，是国家珍贵的科技资源，是国家全部档案的重要组成部分，它伴随着科学技术的产生而产生。它的本质是某一种载体上的科技信息的原始记录，一般为内部使用，不公开出版发行，由于有些有密级限制，因此在参考文献和检索工具中极少引用。

二、科技档案的属性

科技档案具有以下属性。

1. 价值特性

科技档案仅限于"具有保存价值"的文献，而不同于普通的科技文献资料，即科技档案是具有保存价值的科技文件。并非所有在科技生产活动中形成的科技文件都具有保存价值，没有保存价值的科技文件不需要归档，也就不会转化成科技档案。科技档案履行了归档手续，是集中进行保存的科技文件。

2. 内容特征

科技档案仅限于在"科学技术活动中形成"的文献，与其他文献和档案资料不同。"科学技术活动"是一个高度概括的概念，它包括自然科学的基础研究、技术研究、应用研究活动，水文、气象、天文、地震等一切自然现象的观测活动，地形、地质的测量和勘探活动，工程和产品的设计活动，建筑施工活动，产品的生产制造活动等。

3. 事物属性

科技档案属于历史记录，而不同于科技资料。科技档案与科技资料都记载和反映科技内容，形式上都是文字材料、图样材料或声像材料等。科技档案是第一手材料，是原生的信息，而不是事后另行编写、加工、搜集的。科技资料则不同，它是再生的信息，是为了科技生产活动参考的需要而交流、购买的材料。

三、科技档案的特点

科技档案具有以下特点。

（一）专业技术性

科技档案是在特定的专业技术领域的科技活动中形成的，是记录和反映相应科技活动中的技术内容、技术方法和手段的特殊文献，有极强的技术性特点。

（二）现实性

科技档案的现实性特点，是指科技档案具有较强的现实使用性，体现在档案建立后在相当长的时间内都有使用价值。例如，设计施工的底图、蓝图是现场施工备用、备查的工具。产品档案是产品再生和革新改造的依据，设备档案是设备管理、使用、维护的依据等。从科技生产活动的客体对象来分析，只有围绕相对静止的有形实体所形成的科技档案才具有现实性，其他科技档案并不具有。围绕相对静止的有形实体所进行的科技生产活动包括新产品的开发研制活动、基本建设活动、设备仪器管理活动，在这三种活动中形成产品档案、基建档案、设备仪器档案。通常，科技档案建立后要不断地更改和补充，这一点和其他文献有极大的不同。

（三）成套性

科技档案通常围绕一个独立的项目进行，如一个工程项目的设计和施工，一个型号产品的研制和生产，一台设备的管理和使用等。伴随着项目形成若干相关的科技文献，记录该项目的科技活动全过程，形成一个反映该项活动的相互有序的有机整体材料。科技档案的数量较大，伴随一项工程的完成产生的档案可达几十甚至上百卷，而且还会随使用过程不断增加。科技档案成套性的特点，是由科技、生产生活的特点决定的，对于科技档案的科学管理起着重要的规定和制约作用。

（四）复用性

科技档案经常被反复地用于新技术活动，这是由科学技术的继承性所决定的。例如，开发一个新产品应以相关老产品为基础，新工程以相关的老工程为参考等，特别是记录新技术、新方法、新材料、新工艺的科技档案，重复使用率很高。因此，科技档案是科技人员进行新产品、新工艺开发时必查的文献资料，是科技人员获取技术信息的重要信息源之一。

（五）种类和类型多样性

种类和类型多样性是科技档案的一大特点。档案材料的类型是由它所记载的社会实践活动和方式决定的。科技档案所记载的科技、生产活动专业多样，手段复杂。它所记载的各种工程设计和施工活动、气象观测活动、水文观测活动、地震监测活动等，内容不同，手段各异，就客观地要求必须以文件材料类型的多样性来适应科技内容和手段的多样性，使得科技档案材料不仅在种类方面，而且在类型方面呈现出多样性的特点。

（六）保密性

与普通文献不同，科技档案具有保密性的特点。科技档案中的相当一部分是具有一定密级的，这就决定了这些科技档案的使用范围有一定的限制。因此，科技档案工作也是一项机密性的工作，它要求人们在科技档案管理和开发利用时必须注重科技档案的保密，正确处理保密与利用之间的关系。这在国防和尖端科技部门，在重要的国民经济建设部门，尤需引起注意。档案的密级分为秘密、机密、秘密三级。

1. 绝密级

绝密级是最重要的国家秘密，泄露会使国家安全和利益遭受特别严重的损失。国际领先，并且对国防建设或者经济建设具有特别重大影响的；能够导致高新技术领域突破的；能够整体反映国家防御和治安实力的；涉及国家安全或我国特有，一旦泄露会使国家遭受严重危害和重大损失的保密项目，列为绝密级。

2. 机密级

处于国际先进水平，并且具有军事用途或者对经济建设具有重要影响的；能够局部反映国家防御和治安实力的；我国独有、不受自然条件因素制约、能够体现民族特色的精华，并且社会效益或者经济效益显著的传统工艺，一旦泄密会使国家遭受较大损失的保密项目，列为机密级。

3. 秘密级

处于国际先进水平，并且与国外相比在主要技术方面具有优势，社会效益或者经济效益较大；我国独有、受一定自然条件因素制约，并且社会效益或者经济效益很大的传统工艺；不属于绝密级及机密级，一旦泄露会使国家遭受损失的其他保密项目，列为秘密级。

例如，制造工艺、地质资料、科研活动记录等，都具有保密性的特点。在档案的利用中，鉴于科技档案文献的保密性特点，自觉地遵守国家的保密制度，注意内外有别，维护国家利益，是每一个技术人员应尽的义务和责任。

四、科技档案的分类

现有的科技档案主要有以下几种：科学技术研究档案、生产技术档案、基本建设档案、设备仪器档案及专门性科技档案。

（一）科学技术研究档案

科学技术研究档案主要是指自然科学技术研究活动中形成和保存的科技文件材料，如图纸、科研成果报告、文字、图表、数据等。科学技术研究档案作为科学技术研究活动的直接记录，它的形成及内容必然受到科学技术研究的性质、类型和专业的影响。

科学技术研究档案的基本特点是课题成套，一个科研课题形成的档案是有机联系的整体。围绕着一个课题的科研活动，就形成了一套在程序上和内容上前后衔接、相互联系的科技档案整体。研究内容一般包括研究准备工作文件、研究试验文件、成果和总结鉴定文件、成果奖励申报文件、成果推广应用文件及其他，如图 9.1 所示。

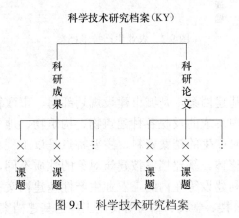

图 9.1　科学技术研究档案

（二）生产技术档案

生产技术档案是人们在生产活动中产生的档案，内容比较广泛，主要有工业生产技术档案和农业生产技术档案两种。

1. 工业生产技术档案

工业生产技术档案是工业产品档案，是有序工业产品设计和生产制造过程中形成的记录，涉及人类活动的各个方面，品种繁多、形式多样。一般以产品型号成套归档成为一个整体。构成这个整体的基本文件一般包括技术任务书、设计和研制文件、工作图（底图或蓝图）、工艺文件、检验文件、定型和总结文件等。工业生产技术档案的内容构成，在不同的专业和不同类型的单位不是完全相同的。

2. 农业生产技术档案

农业生产技术档案是在农、林、牧、副、渔各业的生产技术活动中形成的科技档案，种类繁多，周期和地域性强，综合性强。一般以专业或者专题成套归档，包括种子档案、作物栽培档案、植物保护档案、林业档案、畜牧档案、水产档案、农业生态环境和农业区划档案，如图9.2所示。

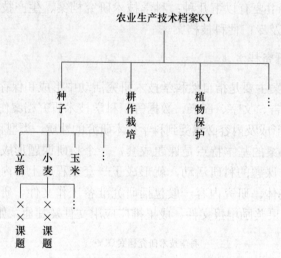

图9.2　农业生产技术档案

（三）基本建设档案

基本建设档案简称基建档案，是城市建设规划部门、市政管理部门、施工部门、使用部门等在建设过程中形成的反映各种建筑物、构筑物、地下隐蔽工程等的规划、设计、施工和维护使用时产生的档案资料，主要特点是以工程项目成套，一个工程项目的档案是有机联系的整体。基建档案按建筑对象的性质不同，可划分为三种：一是包括厂房建设、农田水利建设等在内的工农业生产性基建档案；二是军事国防工程的基建档案；三是包括办公楼、学校、宿舍等民用工程的基建档案。

（四）设备仪器档案

设备仪器档案是指围绕各种相对独立的机器设备、车辆、船舶和仪器、仪表形成的科技档案。设备仪器有发电、冶金设备等与土建工程一起安装的大型设备，也有切削机械、仪器仪表等单机使用的设备。设备档案分为前期和后期，以投入使用为界划分，设备正式使用前的档案为前期档案，一般为设备生产厂家提供的装箱文件；正式使用开始后的维护、使用过程中产生的档案为后期档案。设备档案一般以设备型号成套，一机一档。

（五）专门性科技档案

专门性科技档案是指科技部门或人员在自然观测中形成的专门档案，包括以下几种：地址档案、测绘档案、水文档案、气象档案、天文档案、地震档案、环境保护档案和医疗卫生档案。

1. 地址档案

地址档案是地质工作活动的记录和成果，是在地质调查研究、矿产勘探等活动中形成的科技档案。地质档案一般分为区域地质调查档案、固体矿产地质档案、石油地质档案、海洋地质档案、物探和化探档案、水文地质档案和工程地质档案。

2. 测绘档案

测绘档案是在大地测量和地图绘制活动中形成的科技档案。测绘档案是测绘活动过程和测绘成果的直接记录。按照使用性质的不同，测绘档案一般分为基本测绘档案、专业测绘档案、特业测绘档案和现势参考档案。按内容、精确度和比例尺的不同，测绘档案分为全国性测绘档案、地方性测绘档案和专业性测绘档案。

3. 水文档案

水文档案是在水文观测（测验）和水情预报等水文工作活动中形成的科技档案。其主要内容包括站网规划和测站文件、水文测验文件、水情预报文件。

4. 气象档案

气象档案是在气象观（探）测、气象预报和气象业务技术管理活动中形成的科技档案。其包括气象记录档案、气象业务技术和服务档案、气象业务技术管理档案。

5. 天文档案

天文档案是在天文观测、研究活动中形成的科技档案。天文观测与天文研究是密切联系、不可分割的，其相互关系正如气象观测与气象预报是两项不可分割的工作一样。

6. 地震档案

地震档案是在地震监测、地震分析研究和地震预报活动中形成的科技档案。其主要包括地震监测档案和地震分析预报档案。

7. 环境保护档案

环境保护档案是在环境管理和环境监测活动中形成的科技档案。其包括环境管理档案和环境监测档案两部分。环境管理档案是在环境的规划、管理、监督、仲裁等活动中形成的环境保护档案，主要有三个方面的文件：一是环境保护法规性文件；二是环境保护规划文件；三是环境统计监督文件。环境监测档案是在对水质、大气、土壤、生物、噪声、放射性等方面造成污染的监测及各种污染源的调查、评价等活动中形成的环境保护档案，主要包括环境监测计划、月报、年报、年鉴及环境质量报告书，环境监测记录和技术总结，工业、农业、交通、生产等污染调查和评价文件等。

8. 医疗卫生档案

医药卫生档案是在各种疫病的预防、治疗、护理及药品、生物制品的生产、监督活动中形成的科技档案。其主要包括以下四种类型：医疗技术档案、卫生防疫和卫生监督档案、妇幼卫生档案、药品和生物制品监督、检定、生产技术档案。

五、科技档案的作用

（一）依据作用

档案的依据作用主要包括以下几方面：生产依据、基建施工依据、设备仪器维修依据。

1. 生产依据

产品在生产的全过程中，都要经过设计、研制、定型、正式批量生产等，都必须要有科技档案作为技术依据，如产品的定型，必须有试制过程中的实验报告、试制总结、设计图纸等一系列科技档案作为依据。在生产、加工过程中，也必须要有产品的生产图纸等才能进行生产。

2. 基建施工依据

新设备的安装、新建项目的施工，老工程改建、老设备改造或者迁移，都要以相关的技术档案作为依据，才不会造成浪费或者发生事故。

3. 设备仪器维修依据

对设备仪器进行操作、维护时，需要熟悉和掌握设备的原理、性能、维护技术、维护记录等，必须以设备仪器档案资料作为维护依据。

（二）条件作用

科技档案是一切科技创新、挖潜、改造的必要条件。在科技创新、挖潜、改造工作中，必须有大量可靠的技术材料作为依据、借鉴和继承。科技档案可以为技术人员提供前人的设计成果、计算数据、经验和教训。借鉴科技档案可以不走或少走弯路，节省人力、物力、财力和时间。所以说科技档案是科技创新、挖掘潜力、改造工作的必要条件。

（三）凭证作用

档案具有凭证作用，中国人常说："空口无凭，立字为据""口说为空，字为宗"。

科技档案的凭证作用是科技档案的固有属性，其主要表现在科技决策、查究事故和调解纠纷等方面。决策一项工程、一个课题、一个新产品开发等，都需要进行全面的科学论证，以事实为依据，不得半点马虎。论证时，必须以可靠的科技档案作为依据。

科技档案能真实地反映工程、课题或者产品等设计、生产到使用的全过程，因此在科技生产活动中发生的一切质量事故、质量问题、经济纠纷中，最有力的、最能说明问题的材料就是科技档案，科技档案作为原始凭证，在解决这类问题中发挥了重要的作用。与其他信息资源相比较，它的可靠性最强，权威性最高。

第二节　档案检索

档案检索，简单地讲，就是将人们需要利用的科技档案信息从档案库房或数据库中查找出来。从科学的意义上说，科技档案检索是指对科技档案信息进行加工存贮，并根据用户的需要查找科技档案的全过程。科技档案检索实际上包括两个互为联系的过程：科技档案信息存贮和科技档案信息查找。

档案检索是开发科技档案信息资源的重要内容和必要条件。档案的检索工具有分类目录、主题目录、专题目录、责任者目录、全宗指南、专题介绍、档案存放地点索引等。其中分类目录、主题目录、专题目录、责任者目录、全宗指南等检索工具是非常重要的（全宗指南为一个国家机构、社会组织或个人形成的具有有机联系的档案整体）。按其形式分为卡片式、簿册式、缩微和机读式目录。前两种是传统式的档案检索工具。

一、档案检索简介

1. 档案检索工作的地位

检索是提供、利用文献的前期工作，是提高档案管理工作水平的重要手段，也是档案业务工作中的一个独立的重要环节。

档案检索工具是记录、报道和查找档案的工具。它的基本职能有两个方面：①存储，即将档案的所有特征著录下来，按照一定的顺序加以排列或进行客观的描述，以二次文献或三次文献的形式将档案信息集中起来。②查检，即向利用者提供档案的线索，在利用者了解和查询档案时使用。档案检索工具既是存储结果的最终体现，又是查检活动的必要条件，对检索效率具有重要的甚至决定性的影响。

2. 档案检索工具的分类

档案检索工具的种类较多，根据不同的标准可进行不同的分类。目前比较常见的分类方法有以下四种：

（1）按编制方式分类。主要有目录、索引、指南。

（2）按载体形式分类。主要有书本式检索工具、卡片式检索工具、缩微检索工具、机读式检索工具。

（3）按检索范围分类。主要有全宗范围检索工具、档案馆范围检索工具、专题范围检索工具，馆际检索工具。

（4）按功能分类。主要有馆藏性检索工具、查检性检索工具、介绍性检索工具。

3. 档案著录

档案著录是对档案的内容和形式特征进行分析、选择和记录的过程。赋予其分类标识的过程称为分类标引；赋予其主题标识的过程称为主题标引。

表格式著录格式直观、易于掌握，用计算机著录时一般都用表格式。

按《档案著录规则》标准，案卷级条目的著录格式如下所示：

分类号	档案馆号
档号	缩微号
正题名=并列题名及说明题名文件：文件 [载体类型标识] 。——密级：保管期限——卷内文件起止时间。——数量及单位：规格。——附注	
主题词	
提要	

实际档案著录目录如下所示：

1090301	031008
3-4-74-53	64-43
关于水头区档案被烧掉通报：（65）浙档字第 4 号/浙江省档案局。正体。机密：长期。——1965.4.1-3 页：16 开+中共温州地委办公室转发平阳县办公室"关于水头区委档案被烧情况的报告"水头区　　火灾　　档案保护	

其中保管期限为对档案划定的存留年限。

可以看出，传统检索工具著录格式与其他文献目录格式相近，其检索方式也相似，但项目有所不同。

二、档案计算机检索

随着信息处理技术的大量应用，出现了电子档案。电子档案是具有保存价值并归档保存的电子文件。计算机强大的处理信息的功能为档案信息的存储和检索提供了一条广阔的道路。电子科技档案的出现是档案工作走上现代化的重要标志，目前已有多家专业软件公司开发了档案计算机管理系统并投入使用，该系统在档案工作中发挥了巨大作用，为广大科技人员利用档案提供了方便。

某档案馆科技档案检索如图 9.3 所示。

三、检索示范

在上海档案信息网上检索"环境保护法"档案。

首先进入上海档案信息网首页，然后在检索框中输入"环境保护法"，如图 9.4 所示，单击"检索"按钮，检索结果如图 9.5 所示。将检索结果导出，如图 9.6 所示。

高级检索

范围：	科技档案 ▾	
搜索条件：		
档　　号：		==不使用该项== ▾
分 类 号：		==不使用该项== ▾
责 任 者：		==不使用该项== ▾
文件编号：		==不使用该项== ▾
题　　名：		==不使用该项== ▾
主 题 词：		==不使用该项== ▾
时　　间：		==不使用该项== ▾
保管期限：		==不使用该项== ▾
密　　级：		==不使用该项== ▾
载体类型：		==不使用该项== ▾
编制单位：		==不使用该项== ▾
拍摄者：		==不使用该项== ▾
限制返回结果集：	○100条　○500条　○1000条　⦿所有	

〔检　索〕　〔重　写〕

图 9.3　某档案馆科技档案检索界面

图 9.4　档案检索界面

图 9.5　检索结果

【档案分布】依法执政档案专题共约4600条，档案起止时间从1949年至2004年。档案主要分布在：

馆藏上海市军事管制委员会（B1）、上海市人民政府（B1）、上海市人民委员会政法办公室（B2）、上海市经济计划委员会（B29）、上海市人民委员会参事室（B51）、上海市物价委员会（B30）、上海市宗教事务局（B22）、上海市工商局（B182）、上海市人事局（B23）等政府机构，上海市人民代表大会常委会（K1）、中国人民政治协商会议上海市委员会（C50）等全宗，以及馆藏现行文件、馆藏资料中。

【档案内容介绍】依法执政专题内容大体包括政府法制工作机构的建设，法规及规章制定的制度建设，军事、政务、财经、文教、宗教、社会保障等各方面地方性法规和政府规章的制定和实施，执法监督，以及法制宣传教育等。

一、法制工作机构的组织建设类。主要包括制定、审核地方法规和规章，及对法规实施进行监督的主要机构，如市政府政治法律委员会、市人民委员会政治法律办公室、法规研究室、拥有地方立法权的人大常委会、有协商地方性法规之责的政协等组织的成立、沿革等文件。相关档案有：

上海市人民委员会办公厅关于成立法规研究室的报告及上海市编制委员会的批复（1963年）、上海市人民政府关于进一步加强上海市各级政府部门法制机构建设的通知（1987年）、上海市第十一届人民代表大会第一次会议关于"上海市人民代表大会法制委员会"更名为"上海市人民代表大会内务司法委员会"的决定（1998年）、上海市人民政府办公厅关于加强市政府参事室工作意见的通知（2001年）等文件。

二、制度建设类。包括地方性法规、政府规章制定工作的规定和规划，法规的发布方法和程序，法规及规范性文件的清理等。收录档案有：

图 9.6　导出检索结果

小　结

　　本章对科技档案的概念、属性、特点、分类、作用进行了一定的介绍，使读者了解了科技档案是具体工程建设及科学技术部门在技术活动中直接形成的有价值的技术文件、图纸、图表、照片等原始记录的总称，具有价值特征、内容特征、事物属性等属性，具有专业技术性、现实性、成套性、复用性、种类和类型多样性、保密性等特点，其可以分为科学技术研究档案、生产技术档案、基本建设档案、设备仪器档案、专门性科技档案，具有依据、条件、凭证的作用。

　　此外，本章对档案的检索做了相应的介绍。

作　业

　　1. 简述科技档案的重要性与必要性。

2. 简述科技档案的分类。

知识链接

档案的排检方法

1. 按分类排检

分类排检以科学的分类为基础，结合档案的内容和特点，运用概念划分的方法，将性质相同的档案线索汇集在一起，分门别类地组成一个检索体系。分类法的优点是将同一个问题或同一个专业的档案线索汇集在一起，便于查找利用。

2. 按作者排检

作者现又称为责任者。按作者排检是将同一个作者形成的文件线索集中在一起。此法一般在机关档案室应用较多。

3. 按文号排检

按文号排检即按照文号的先后顺序进行排列，一般有文号目录、文号对照表。此法在机关档案室也较受欢迎，而在档案馆却应用不多，对一此历史文件或文号不全的文件档案进行文号排检则有困难。

4. 按字序排检

按字序排检法是人名、地名等的检索工具，一般采用部首偏旁法、四角号码法、笔数、笔形法与音序法。

（1）部首偏旁法：采用不多，因为其在排列上有一定难度，很多偏旁难以掌握。

（2）笔数、笔形法：其困难在于繁、简字的问题。

（3）四角号码法：全国的人名、地名卡片采用此法较多，但此法的普及面不广。

（4）音序法：按汉语拼音顺序进行排列。多用于以作者、文件名称、地区为编制对象的检索工具。此法较简便，但对于年纪较大的人却有不便之处。

5. 按地序排检

按地序排检是按照文件形成的地区排列。此法在历史档案和一些专业档案的检索工具中采用较多，如清代的奏折、地质档案、农业档案等。

6. 按主题排检

按主题排检一般为编有主题词的检索工具采用。严格来说，此法与按字序排检是一致的，是按主题词的字序进行排检。对于外文档案，一般是按外文字母进行排检。

目前在档案界，比较推崇的是分类排检法和主题排检法，两者各有优缺点。

1987 年出版《中国档案分类法》第一版，1996 年出版《中国档案分类法》第二版。《中国档案分类法》由编制说明和中华人民共和国档案分类表、新民主主义档案分类表、民国档案分类表、清代档案分类表组成。

中华人民共和国档案分类表由主表和辅助表（综合复分表、世界各国和地区表、中国地区表、中国民族表及科技档案复分表等）组成。

《中国档案分类法》虽然设有检索方法，但因其手工翻阅，因此检索速度较慢。可利用计算机容量大、速度快、检索途径多等特点，制作一部电子版《中国档案分类法》。

1989 年 8 月出版《中国档案主题词表》试行本，1995 年 11 月出版《中国档案主题词表》正式版本。《中国档案主题词表》主要由主表及词族索引、范畴索引、首笔画检字表和附表组成。

需要指出的是，传统纸质词典式《中国档案主题词表》虽然设有几种检索方法，但检索效率仍不高。可利用计算机容量大、速度快、检索途径多等特点，制作一部电子版《中国档案主题词表》。

第十章

化工信息检索常用搜索引擎

 学习目标

掌握利用百度等搜索引擎查询与化工有关的网站及信息的方法。

 必备知识

Internet 网络知识。

 选修知识

了解中国 MOOC 学院。

 案例导入

针对禽流感病毒的消息，在百度学术检索框内输入"禽流感病毒"进行信息检索，约有 31400 条结果检索条件，如图 10.1 所示。

图 10.1　百度学术搜索"禽流感病毒"

怎样利用互联网的维基百科查找单分子膜的相关知识？

第一节　维　基　百　科

维基百科（Wikipedia）是一个自由、免费、内容开放的百科全书协作计划，参与者来自世界各地。这个站点使用 Wiki，这意味着任何人都可以编辑维基百科中的任何文章及条目。

维基百科开始于 2001 年 1 月 15 日，创始人是 Jimmy Wales、Larry Sanger 及几个热情的英语参与者。在 2004 年 3 月，大约有 6000 名参与者编写了 50 种语言的 600000 篇条目，其中以英语编辑的条目多达 4884647 条。每天都有来自世界各地的参与者进行数千次的编辑和创建新条目。维基百科站点首页如图 10.2 所示。

WIKIPEDIA

English
The Free Encyclopedia
4 853 000+ articles

Español
La enciclopedia libre
1 172 000+ artículos

Deutsch
Die freie Enzyklopädie
1 806 000+ Artikel

Русский
Свободная энциклопедия
1 213 000+ статей

日本語
フリー百科事典
962 000+ 記事

Français
L'encyclopédie libre
1 614 000+ articles

中文
自由的百科全書
814 000+ 條目

Italiano
L'enciclopedia libera
1 193 000+ voci

Polski
Wolna encyklopedia
1 106 000+ haseł

Português
A enciclopédia livre
871 000+ artigos

	中文 ▼	→

图 10.2　维基百科站点首页

选择 "English"，进入图 10.3 所示界面。

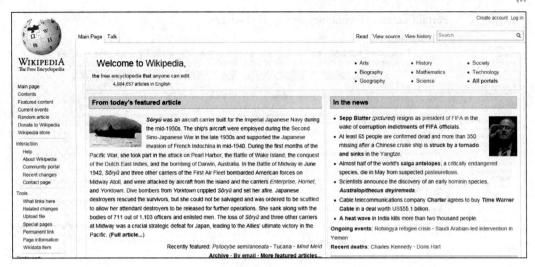

图 10.3 维基主页

选择"All portals",我们便可以看到维基百科中的一般参考、历史与实践、哲学与思想、文化和艺术、数学与逻辑、宗教和信仰体系、地形与地点、自然与物理科学、社会和社会科学、保健与健康、人群与自我、技术与应用科学 12 个方面的内容,如图 10.4 所示。

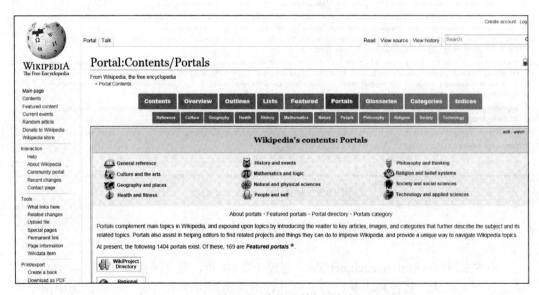

图 10.4 维基百科主要内容

用户可在"Portals"类下选择需要的内容,如"Technology",结果如图 10.5 所示。

选择"Categories"类,即可得到技术与应用科学的子分类情况,如图 10.6 所示。

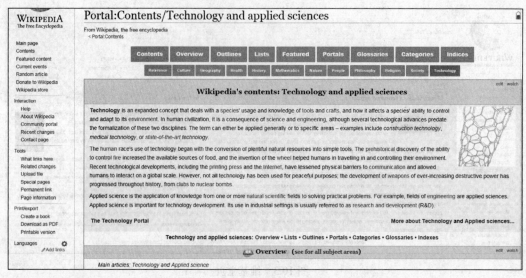

图 10.5　维基百科"技术"方面的内容主界面

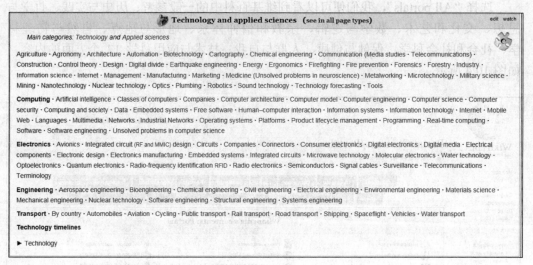

图 10.6　技术与应用科学子分类

第二节　小　木　虫

小木虫网站（http://emuch.net/bbs）创建于 2001 年，是学术信息交流性质的综合科研服务个人网站，其管理团队致力于将其打造成为国内学术科研第一站，为中国学术科研免费提供动力。

小木虫网站内容涵盖化学化工、生物医药、物理、材料、地理、食品、理工、信息、经管等学科，除此之外还提供基金申请、专利标准、留学出国、考研考博、论文投稿、学术求助等实用内容。其网站首页如图 10.7 所示。

图 10.7 小木虫网站首页

小木虫网站的"学术交流区"中包括论文投稿交流、SCI 期刊点评、中文期刊点评、论文道贺祈福、论文翻译、基金申请交流、学术会议交流、会议与征稿布告栏等栏目，如图 10.8 所示。

学术交流区 (今日发帖总计：6463，排名第 2 位)

论文投稿交流 (今日: 918)	SCI期刊点评 (今日: 22)	中文期刊点评
主题: 122420, 帖子: 1627217, 更新: 2014-07-04 15:52:24	主题: 1, 帖子: 3, 更新: 2013-11-19 14:24:17	主题: 76, 帖子: 416, 更新: 2014
论文道贺祈福 (今日: 1484)	论文翻译 (今日: 11)	基金申请交流 (今日: 3
主题: 12577, 帖子: 2485312, 更新: 2014-07-04 15:54:39	主题: 17162, 帖子: 65338, 更新: 2014-07-04 15:15:42	主题: 85236, 帖子: 5002016,
学术会议交流 (今日: 94)	会议与征稿布告栏 (今日: 600)	
主题: 14078, 帖子: 133888, 更新: 2014-07-04 15:52:33	主题: 3321, 帖子: 443524, 更新: 2014-07-04 15:53:32	

图 10.8 小木虫网站学术交流区

小木虫网站与化学化工相关的区主要有化学化工区、材料区、计算模拟区、生物医药区。其中化学化工区包括有机交流、有机资源、高分子、无机/物化、分析、催化、工艺技术、化工设备、石油化工、精细化工、电化学、环境、SciFinder/Reaxys 13 个栏目，如图 10.9 所示。

化学化工区 (今日发帖总计：1813，排名第 6 位)

有机交流 (今日: 255)	有机资源 (今日: 201)	高分子 (今日: 258)
主题: 122403, 帖子: 821510, 更新: 2014-07-04 15:53:54	主题: 7395, 帖子: 630071, 更新: 2014-07-04 15:52:08	主题: 56433, 帖子: 580414, 更
无机/物化 (今日: 54)	分析 (今日: 156)	催化 (今日: 244)
主题: 20742, 帖子: 146214, 更新: 2014-07-04 15:40:36	主题: 48709, 帖子: 363996, 更新: 2014-07-04 12:54:38	主题: 30289, 帖子: 307800, 更
工艺技术 (今日: 36)	化工设备 (今日: 35)	石油化工 (今日: 37)
主题: 8185, 帖子: 134862, 更新: 2014-07-04 12:52:46	主题: 6228, 帖子: 81955, 更新: 2014-07-04 12:54:45	主题: 11203, 帖子: 114985, 更
精细化工 (今日: 75)	电化学 (今日: 209)	环境 (今日: 93)
主题: 14660, 帖子: 172102, 更新: 2014-07-04 15:50:48	主题: 40874, 帖子: 582876, 更新: 2014-07-04 15:54:31	主题: 22300, 帖子: 296890, 更
SciFinder/Reaxys (今日: 161)		

图 10.9 小木虫网站化学化工区

材料区包括材料综合、材料工程、微米和纳米、晶体、金属、无机非金属、生物材料、功能材料、复合材料九个栏目，如图 10.10 所示。

241

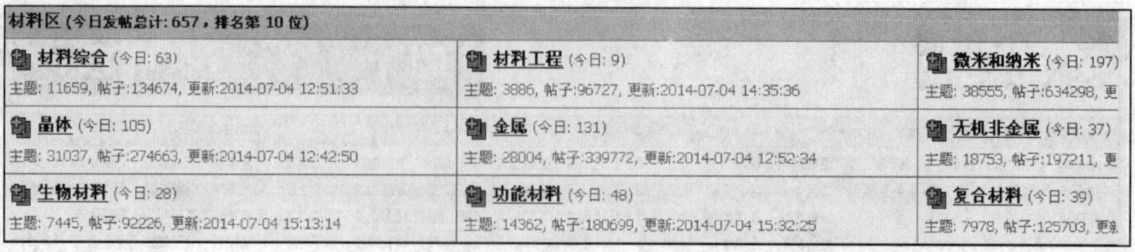

图 10.10　小木虫网站材料区

对于计算化学而言，计算模拟区包括第一性原理、量子化学、计算模拟、分子模拟、仿真模拟、程序语言六个栏目，如图 10.11 所示。

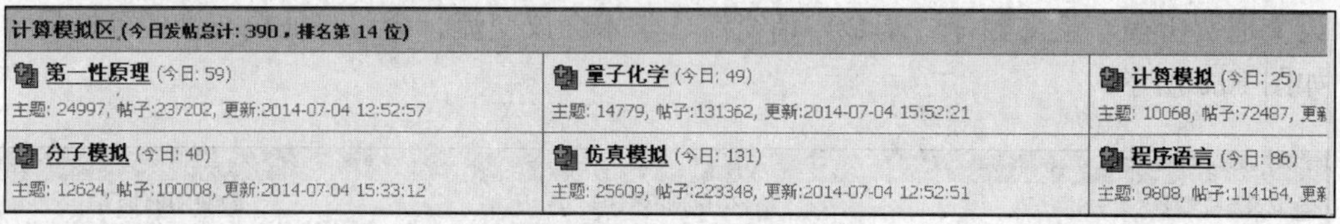

图 10.11　小木虫网站计算模拟区

生物医药区包括新药研发、药学、药品生产、分子生物、微生物、动植物、生物科学综合、医学八个栏目，如图 10.12 所示。

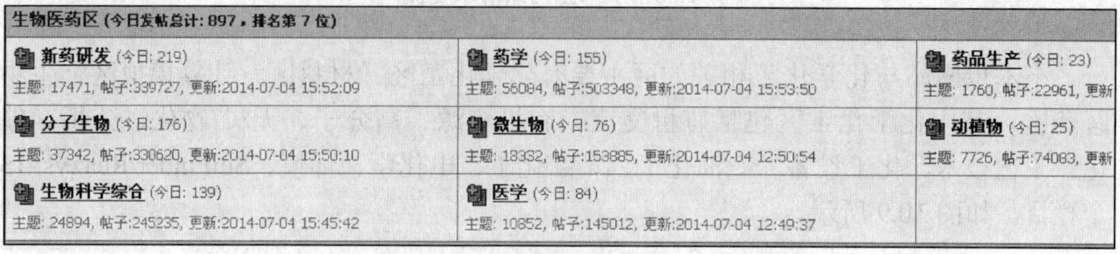

图 10.12　小木虫网站生物医药区

小木虫网站最方便的就是可以通过文献求助区来收集某些急需的文献，如图 10.13 所示。

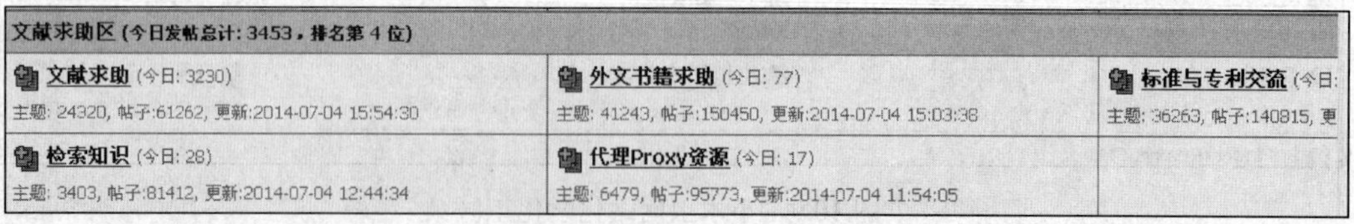

图 10.13　小木虫网站文献求助区

小木虫网站资源共享区是科研工作者非常重要的获得资源的渠道，它包括电子书资源、电脑软件资源、手机资源、科研工具资源、科研资料、课件资源、试题资源、资源求助、电脑使用交流 13 个栏目，如图 10.14 所示。

资源共享区 (今日发帖总计: 2259，排名第 5 位)		
电子书资源 (今日: 1118) 主题: 36505, 帖子:3472197, 更新:2014-07-04 12:54:38	电脑软件资源 (今日: 197) 主题: 12923, 帖子:914413, 更新:2014-07-04 12:54:02	手机资源 (今日: 32) 主题: 2839, 帖子:49749, 更新
科研工具资源 (今日: 221) 主题: 20059, 帖子:928850, 更新:2014-07-04 12:53:15	科研资料 (今日: 363) 主题: 6144, 帖子:558249, 更新:2014-07-04 15:53:37	课件资源 (今日: 239) 主题: 7454, 帖子:577827, 更
试题资源 (今日: 19) 主题: 2534, 帖子:55368, 更新:2014-07-04 12:29:53	资源求助 (今日: 39) 主题: 15878, 帖子:56007, 更新:2014-07-04 15:38:44	电脑使用交流 (今日: 3 主题: 8003, 帖子:105809, 更

图 10.14　小木虫网站资源共享区

第三节　百　　度

一、概况

百度（Baidu）公司是中国互联网领先的软件技术提供商和平台运营商。在中国提供搜索引擎的主要网站中，曾经有超过 80％由百度提供。1999 年底，百度成立于美国硅谷，2000 年百度回国发展。

最初，百度定位为一家向网站提供后台技术支持的公司。百度搜索引擎曾一度占领了国内最主要的门户网站，百度的产品及服务是针对不同企业及各机构网络化的基本需求而设计的，主要产品线

百度文库

基于全球互联网的中文网页检索。这条产品线主要服务于门户网站，客户包括 Sina、Sohu、Tom.com、263 在线、21CN、上海热线、广州视窗等。企业级的信息检索解决方案，包括网事通系列软件及百度企业竞争情报系统，其中网事通系列软件包括网站站内检索系统、行业垂直检索系统、新闻监控系统、企业垂直检索系统、实时信息系统及信息采集系统。百度在向门户网站提供搜索服务的同时，开始学习 Google 的商业模式，将自己的公司网站改为搜索网站；在技术上，也迅速添加了包括网页快照等功能。百度一方面不断加强自己搜索网站的技术，另一方面向门户网站提供不同于自身的服务水准。用户在门户网站和百度网站使用同一搜索引擎的搜索结果的精确度往往不一样，这为百度将门户网站的一部分搜索用户转移到自己的网站立下了汗马功劳。2001 年 10 月，百度依据李彦宏先生的第三定律和百度自身庞大的搜索用户群，适时地推出了搜索引擎竞价排名这一全新的商业模式。

二、搜索方式和服务

百度提供简单搜索、网页目录和百度文库等方式。

（一）简单搜索

登录百度首页（http://www.baidu.com），直接进入简单搜索界面，如图 10.15 所示。与许多优秀的搜索引擎一样，百度简单检索的界面很简洁，仅需输入查询内容并按 Enter 键，或单击"百度一下"按钮即可得到相关资料。

图 10.15　百度简单检索界面

（二）网页目录

在百度首页单击"好 123"按钮，即可进入网址导航目录。网页目录依网页主旨按多个方式分别归类和罗列，如娱乐休闲、电脑网络、生活服务、文化科学、教育就业及其子类；实用查询包括天气、时刻表等；酷站大全包括门户、新闻、邮箱、音乐、小说等。百度网页目录界面如图 10.16 所示。

图 10.16　百度网页目录界面

（三）百度文库

百度文库（图 10.17）是百度为用户提供的信息存储空间，是供用户在线分享文档的开放平台。用户可以在百度文库在线阅读和下载课件、习题、论文报告、专业资料、各类公文模板及法律法规、政策文件等多个领域的资料。

图 10.17　百度文库

当前平台支持主流的".doc"（".docx"）".ppt"（".pptx"）".xls"（".xlsx"）".pot"".pps"".vsd"".rtf"".wps"".et"".dps"".pdf"".txt"文件格式。

（四）百度百科

百度百科（图 10.18）是百度公司推出的一部内容开放、自由的网络百科全书。百度百科旨在创造一个涵盖各领域知识的中文信息收集平台。百度百科强调用户的参与和奉献精神，充分调动互联网用户的力量，汇聚上亿用户的智慧，积极进行交流和分享。同时，百度百科实现了与百度搜索、百度知道的结合，从不同的层次上满足了用户对信息的需求。目前，百度百科已经拥有 1000 万多条词条。

图 10.18　百度百科

（五）其他搜索和服务

1. 图片搜索

在简单检索界面，单击"图片"按钮可以进入图片的搜索界面，可以搜索新闻图片或壁纸等。

2. 新闻搜索

在新闻搜索界面可以搜索及按相关主题（财经、互联网、科技、体育、娱乐、生活等）浏览 1000 多个网络新闻媒体发布的最新消息。在界面上方提供简单搜索和高级搜索，下方列出网络新闻媒体发布的最新重要新闻及相关链接，并标注新闻发布的时间。"更多资讯"服务提供邮件新闻订阅、RSS 新闻订阅、历史新闻和地区新闻。

3. 百度贴吧

在百度贴吧可以创建新论坛，也可以搜索与按主题浏览其他论坛的帖子，并发表言论。百度贴吧正逐渐成为世界最大的中文交流平台。

4. 音乐搜索

百度音乐搜索可提供不同格式（如".mp3"".rm"".wma"等）的音乐及歌词的搜索服务。

5. 百度知道

百度知道提供日常问题的交流及其查询服务。

6. 其他服务

其他服务包括货币转换、计算器、翻译（包括网页翻译）、天气、股票、地图、电话、视频等。

三、搜索特性

百度搜索引擎除了具有一般优秀搜索引擎的特性外，还具有以下独特的搜索功能：

（1）基于字词结合的信息处理方式，巧妙地解决了中文信息的理解问题，提高了搜索的准确性和查全率。

（2）支持主流的中文编码标准，包括 GBK（汉字内码扩展规范）、GB2312（简体）、BIG5（繁体），并且能够在不同的编码之间进行转换。

（3）智能相关度算法，采用基于内容和基于超链分析相结合的方法进行相关度评价，能够客观分析网页所包含的信息，从而最大限度地保证检索结果的相关性。

（4）支持二次检索。可在第一次检索结果中继续检索，逐步缩小查找范围，直至达到最小、最准确的结果集，以利于用户更加方便地在海量信息中找到真正感兴趣的内容。

（5）相关检索词智能推荐技术。用户在第一次检索后，系统会提示相关的检索词，帮助用户查找更相关的结果，统计表明该功能可以使检索量提升 10%～20%。

（6）"百度快照"巧妙解决了搜索用户经常遇到的死链接或打开速度特别慢问题。百度搜索引擎已先预览各网站，拍下网页的快照，为用户储存大量的应急网页。百度快照不仅下载速度极快，而且已在网页中将用户查询字串用不同颜色进行标记。

（7）支持多种高级检索语法，使用户查询效率更高、结果更准确。已支持"+"（and）"–"（not）"I"（or）"site："、"link："、"inurl："、"、"双引号等。

（8）拼音提示。如果用户只知道某个词的发音，却不知道怎样书写，或者某个词拼写输入太麻烦，百度拼音提示能帮用户解决问题。用户只要输入查询词的汉语拼音，百度就能把最符合要求的对应汉字提示出来。事实上，拼音提示是一个功能强大的拼音输入法。拼音提示显示在搜索结果上方。例如，输入"wenjiabao"，就会提示用户要找的是否为"温家宝"。

（9）错别字提示。由于汉字输入法的局限性，用户在搜索时经常会输入一些错别字，导致搜索效果不佳。百度会自动给出错别字纠正提示，错别字纠正提示将显示在搜索结果上方。

（10）书名号是百度独有的一个特殊查询语法。在其他搜索引擎中，书名号会被忽略，而在百度中，中文书名号是可被查询的。添加书名号的查询词，有两层特殊功能：一是书名号会出现在搜索结果中；二是被书名号扩起来的内容不会被拆分。因此，书名号在某些情况下特别有效果，如查寻某些名字很通俗和常用的电影或者小说等。例如，查寻电影"手机"，如果不添加书名号，很多情况下搜索出的是通讯工具——手机，而加上书名号后，即"《手机》"的搜索结果就都是关于电影方面的了。

四、搜索结果

百度的搜索结果如图 10.19 所示。百度搜索结果与 Google 相似，能标示丰富的网页属性（如标题、网址、时间、大小、编码、摘要等），并突出用户的查询串，便于用户判断是否阅读原文。搜索结果输出支持内容类聚、网站类聚等多种方式。支持用户选择时间范围，提高用户检索效率，并提供在相关站点寻找更多内容的选择。

图 10.19　百度的搜索结果

在搜索结果显示页面的底部，百度同样提供相关搜索，允许用户通过"在结果中找"，即在搜索结果中进行再次搜索操作。用户还可以进行高级搜索，对搜索条件进行细化，增加检索结果的准确性。

第四节　果　壳　网

果壳网（http://www.guokr.com）是主要面向科技青年的社交网站，并提供负责任、有智趣的泛科技主题内容。用户可以在这里关注感兴趣的人，阅读他们的推荐，也可以将有趣的内容分享给关注自己的人；依兴趣关注不同的主题站，精准阅读喜欢的内容，并与网友交流；在果壳问答里提出自己困惑的科技问题，或提供答案。果壳网的专业编辑团队秉持"以科技开启智趣"的理念，推出谣言粉碎机、DIY、健康朝九晚五、爱宠、性情、谋杀现场法医、文艺科学、心事鉴定组、微科幻、科技名博、自然控、环球科技观光团、趣科技、死理性派、科技与商业共 15 个个性化主题站，广泛覆盖都市青年的各类兴趣。果壳网界面部分如图 10.20 所示。

图 10.20　果壳网界面

1. 果壳任意门

在果壳任意门（http://gate.guokr.com）可进入各种不同的的门户网站。作为一个门户网站，果壳网中有关化学的门户网站包括化学之门、RSC、美国化学协会、元素周期表、毒理学数据库、化合物性质、元素图解、生活中的化学，如图 10.21 所示。

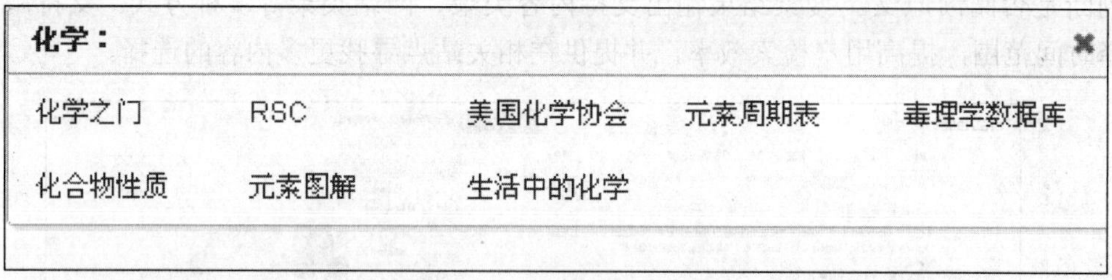

图 10.21　果壳网化学门户网站

2. MOOC 学院

MOOC 学院首页（http://mooc.guokr.com）如图 10.22 所示。MOOC 是 Massive Online Open Course 的简称，一般翻译为"大规模在线开放课程"。MOOC 是世界名校开设的网络课程，教师专门为网络学生录制，有固定的开课时间、作业及考试，考试通过后会授予证书。2012 年，美国的顶尖大学陆续设立网络学习平台，在网上提供免费课程，Coursera、Udacity、edX 三大课程提供商的兴起，为更多学生提供了系统学习的可能。MOOC 学院在线课程表如图 10.23 所示。

图 10.22　MOOC 学院首页

图 10.23　MOOC 学院在线课程表

第五节　化学专业数据库

化学专业数据库是中国科学院上海有机化学研究所承建的综合科技信息数据库的重要组成部分（图 10.24），是中国科学院知识创新工程信息化建设的重大专项。该数据库综合现有信息资源，形成以基础化学数据为核心的并向化工产品、医药化学品延伸的化学化工数据库群。通过 Internet 面向全社会提供化学化工信息的检索服务。

系统目前提供四个方面的服务，分别是化学工作辅助工具服务、化学数据检索服务、化学数据加工服务和用户咨询服务等。可以提供化合物有关的命名、结构、基本性质、毒性、谱学、鉴定方法、化学反应、医药农药应用、天然产物、相关文献和市场供应等信息。用户需要注册后才能使用这些服务，部分服务因涉及知识产权等问题，需要确认用户身份的正确性。目前除面向单位的批量化学结构数据加工服务外，所有服务均对用户免费。

网址为：http://www.organchem.csdb.cn

图 10.24　化学专业数据库首页

化学专业数据库包含主要子数据库（图 10.25）有：

图 10.25　化学专业数据库子数据库

化学专业数据检索服务包括化学综合数据库、化合物结构数据库、化学反应数据库、红外谱图数据库、质谱谱图数据库、中药与有效成分数据库、中国化学文献数据库、化学核心期刊数据库、精细化工产品数据库、专业情报数据库、化学专利数据库、生物活性数据库、化学物质分析方法数据库、化合物毒性数据库、药物与天然产物数据库、化学配方数据库、化工产品数据库、工程塑料数据库、MSDS 数据库和药品名称数据库等 20 个数据库的检索服务。

化学结构数据加工服务提供单个和批量化合物结构数据的加工服务，主要用于生成二维结构图形、三维结构模型，提供化合物结构检索用索引和化合物结构登录服务。其中化合物结构检索索引用于建立用户自己的结构检索功能，化合物登录服务可用于化学数据基于内容层面的跨平台整合。

综合检索服务集成了多个数据库的检索功能，可查询化合物的多方面信息，包括化合物结构、中文文献、英文文献、专利、红外光谱、质谱、中药材、化学专业情报、生物活性、化学反应、精细化工产品等。从每个检索入口都能检索到其他几个数据库的内容。

化合物结构数据库包括化合物的二维和三维结构、SRN(化合物唯一编号)、化合物的物化性质。用户通过全结构检索，子结构检索以及模糊结构检索可查出目标化合物的物化性质、二维和三维结构。

化学反应数据库包括反应物和生成物的结构、名称、试剂、溶剂、催化剂、反应温度等反应条件及参考文献等。可以通过反应物、生成物的英文名称、反应条件、催化剂等来检索相关反应，也可以输入化合物结构检索其相关的反应。还可以从反应物或者生成物进行继续检索，扩展反应链。

单击"查找数据库"，得到图 10.26 界面。

图 10.26　化学专业数据库界面

在下拉菜单中选择需要检索的字段"任意字段""名称""关键词""简介""责任者"进行选择需要的数据库。

以检索"对二甲苯的毒性"为例：

选择毒理性数据库。物质毒性数据库属上海有机所化学专业数据库系统的一部分，收录了化合物的毒性数据，包括物质的各种毒性实验数据、美国研究状况和化合物毒性标准、各国职业场所化合物毒性暴露限度、毒性作用、相关参考文献等信息。

毒性数据包括了毒性实验类型(如急性毒性、致突变性、生殖毒性等)、测试类型

（如 LD_{50}、LC_{50} 等）、测试物种(如大鼠、小鼠、兔等)、接触途径（如口服、腹腔注射、静脉注射）以及使用剂量。用户可以根据这些实验数据对化合物进行筛选。

毒性作用则包括了各种毒理作用，如肝毒性、神经毒性、耳毒性等。

用户可通过化合物的信息（如名称、cas 号码、srn 号、分子式等）查询指定化合物的全部毒性数据，也可以根据毒性作用类型来浏览所有化合物，也可以根据毒性实验数据对化合物进行筛选。

根据下拉菜单提供的"化合物检索""毒性作用分类检索""毒性数据检索"三种检索方式，可选择精确或者模糊检索。

通过名称精确检索化合物毒性。

选择"化合物检索"中选择"化合物名称"输入"p-xylene"，或者在"CAS 号"检索中输入"106423"，得到图 10.27。

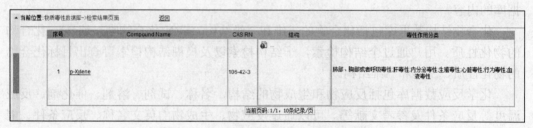

图 10.27 对二甲苯毒性检索结果

单击图 10.27 中"p-xylene"链接，得到图 10.28。

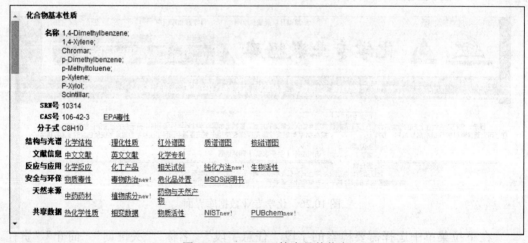

图 10.28 p-xylene 检索具体信息

通过图 10.28 可以获取对二甲苯的基本性质、毒性作用数据、毒性参考文件、美国研究状况、美国毒性标准、职业场所暴露限度等信息（图 10.29）。同时还可以查询该物质的化学结构、理化性质、红外谱图、质谱谱图、核磁谱图、中英文文献、专利、化学反应、纯化方法、生物活性、毒性等相关数据（图 10.30）。

毒性试验数据

按测试类型排列结果(升序，降序)　　按接触途径排列结果(升序，降序)　　按测试物种排列结果(升序，降序)　　按剂量/时间排列结果(升序，降序)

编号	毒性类型	测试类型	接触途径	测试物种	剂量时间	毒性作用
1	急性毒性	LD50 - 半数死量	经口	大鼠	5 mg/kg	1.Details of toxic effects not reported other than lethal dose value
2	急性毒性	LC50 - 半数死浓度	吸入	大鼠	4550 ppm/4H	1.肺部、胸部或者呼吸毒性Lungs, Thorax, or Respiration - chronic pulmonary edema 2.肝毒性Liver - other changes 3.血液毒性Blood - changes in cell count (unspecified)
3	急性毒性	LD50 - 半数死量	腹腔注射	大鼠	3810 mg/kg	1.肺部、胸部或者呼吸毒性Lungs, Thorax, or Respiration - chronic pulmonary edema 2.肝毒性Liver - other changes 3.血液毒性Blood - changes in cell count (unspecified)
4	急性毒性	LCLo - 公布的最低致死浓度	吸入	小鼠	15 gm/m3	1.行为毒性Behavioral - general anesthetic 2.肺部、胸部或者呼吸毒性Lungs, Thorax, or Respiration - respiratory depression 3.心脏毒性Cardiac - other changes
5	急性毒性	LD50 - 半数死量	腹腔注射	小鼠	2450 uL/kg	1.Details of toxic effects not reported other than lethal dose value
6	急性毒性	LC - 致死浓度	吸入	鼹鼠	>8350 ppm/4H	1.行为毒性Behavioral - tremor 2.行为毒性Behavioral - changes in motor activity (specific assay) 3.行为毒性Behavioral - ataxia
7	急性毒性	LDLo - 公布的最低致死剂量	腹腔注射	哺乳动物 - 物种不详	2 mg/kg	1.Details of toxic effects not reported other than lethal dose value
8	急性毒性	LDLo - 公布的最低致死剂量	皮下	哺乳动物 - 物种不详	5 mg/kg	1.Details of toxic effects not reported other than lethal dose value
9	生殖毒性	TCLo - 公布的最低中毒浓度	吸入	大鼠	3000 mg/m3/24H,female 9-10 day(s) after conception	1.生殖毒性Reproductive - Effects on Embryo or Fetus - fetotoxicity (except death, e.g., stunted fetus) 2.生殖毒性Reproductive - Maternal Effects - other effects 3.内分泌毒性Endocrine - estrogenic
10	生殖毒性	TCLo - 公布的最低中毒浓度	吸入	大鼠	150 mg/m3/24H,female 7-14 day(s) after conception	1.生殖毒性Reproductive - Effects on Embryo or Fetus - extra-embryonic structures (e.g., placenta, umbilical cord) 2.生殖毒性Reproductive - Specific Developmental Abnormalities - musculoskeletal system
11	生殖毒性	TCLo - 公布的最低中毒浓度	吸入	大鼠	3000 mg/m3/24H,female 7-14 day(s) after conception	1.生殖毒性Reproductive - Fertility - post-implantation mortality per total number of implants 2.生殖毒性Reproductive - Effects on Embryo or Fetus - fetotoxicity (except death, e.g., stunted fetus)
12	生殖毒性	TCLo - 公布的最低中毒浓度	吸入	大鼠	7 gm/m3,female 7-16 day(s) after conception	1.生殖毒性Reproductive - Maternal Effects - other effects
13	生殖毒性	TDLo - 公布的最低中毒剂量	经口	小鼠	12 mg/kg,female 12-15 day(s) after conception	1.生殖毒性Reproductive - Specific Developmental Abnormalities - craniofacial (including nose and tongue)
14	生殖毒性	TCLo - 公布的最低中毒浓度	吸入	小鼠	500 mg/m3/12H,female 6-15 day(s) after conception	1.生殖毒性Reproductive - Effects on Embryo or Fetus - fetotoxicity (except death, e.g., stunted fetus) 2.生殖毒性Reproductive - Specific Developmental Abnormalities - musculoskeletal system
15	生殖毒性	TCLo - 公布的最低中毒浓度	吸入	兔	1 gm/m3/24H,female 7-20 day(s) after conception	1.生殖毒性Reproductive - Fertility - post-implantation mortality (e.g. dead and/or resorbed implants per total number of implants) 2.生殖毒性Reproductive - Fertility - abortion 3.生殖毒性Reproductive - Effects on Embryo or Fetus - fetal death

图 10.29　对二甲苯毒性作用信息

选择"分子式检索"，输入"C_8H_{10}"，得到五个检索结果：

序号	Compound Name	CAS RN	结构	毒性作用分类
1	Benzene, ethyl-	100-41-4		肺部、胸部或者呼吸毒性;肝毒性;肾、输尿管和膀胱毒性;生殖毒性;行为毒性;嗅觉毒性;血液毒性;眼毒性;致癌性
2	Xylene	1330-20-7		大脑毒性;耳毒性;肺部、胸部或者呼吸毒性;肝毒性;慢性病相关毒性;内分泌毒性;肾、输尿管和膀胱毒性;生化毒性;生殖毒性;行为毒性;嗅觉毒性;血液毒性;眼毒性;营养和代谢系统毒性;周围神经毒性
3	m-Xylene	108-38-3		大脑毒性;生化毒性;生殖毒性;行为毒性;营养和代谢系统毒性
4	o-Xylene	95-47-6		肺部、胸部或者呼吸毒性;生殖毒性;心脏毒性;行为毒性
5	p-Xylene	106-42-3		肺部、胸部或者呼吸毒性;肝毒性;内分泌毒性;生殖毒性;心脏毒性;行为毒性;血液毒性

图 10.30　"C_8H_{10}"分子式检索结果

小 结

本章对谷歌、维基百科、小木虫、百度和果壳网搜索引擎的检索方式、检索特色做了相应介绍，同时在其他领域做了一定拓展。

作 业

1. 利用百度百科查询与板蓝根相关的知识。
2. 利用百度中的学术搜索，查找与偶氮染料相关的文章、文献等。

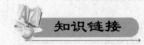
知识链接

MOOC 中国

MOOC 中国（http://www.mooc.cn）如图 10.31 所示。

图 10.31　MOOC 中国

MOOC 课程涉及的内容和学校如图 10.32 所示。

内容	社会 经济 金融 法律 管理 哲学 伦理 历史 文学 语言 数学 物理 化学 医学 生物 心理 宗教 建筑 艺术 教育 互联网 计算机 其他	学校	耶鲁 哈佛 麻省理工 斯坦福 剑桥 华盛顿 普林斯顿 杜克 宾夕法尼亚 北大 清华 国立台大

图 10.32　MOOC 课程

学习 MOOC 课程需要以下三步：

第一步：登录自己喜欢的 MOOC 网站。

第二步：注册。

第三步：选课。

完成上述操作后，用户会收到一封确认邮件，耐心等到开课时间就可以上课了！

C01　无机化学

C01B：非金属元素；其化合物（制备元素或二氧化碳以外无机化合物的发酵或用酶工艺入 C12P 3/00；用电解法或电泳法生产非金属元素或无机化合物入 C25B）。

C01C：氨、氰及其化合物（卤素的含氧酸盐入 C01B 11/00；过氧化物，过氧酸盐入 C01B 15/00；硫代硫酸盐、连二亚硫酸盐、连多硫酸盐入 C01B 17/64；含硒或碲的化合物入 C01B 19/00；叠氮化合物入 C01B 21/08；金属氨化物入 C01B 21/092；亚硝酸盐入 C01B 21/50；磷化物入 C01B 25/08；磷的含氧酸盐入 C01B 25/16；含硅化合物入 C01B 33/00；含硼化合物入 C01B 35/00；制备元素或二氧化碳以外无机化合物的发酵或用酶工艺入 C12P 3/00；用电解法或电泳法生产非金属元素或无机化合物入 C25B）。

C01D：碱金属，即锂、钠、钾、铷、铯或钫的化合物（金属氢化物入 C01B 6/00；卤素的含氧酸盐入 C01B 11/00；过氧化物、过氧酸盐入 C01B 15/00；硫化物或多硫化物入 C01B 17/22；硫代硫酸盐、连二亚硫酸盐、连多硫酸盐入 C01B 17/64；含硒或碲的化合物入 C01B 19/00；金属与氮的二元化合物入 C01B 21/06；叠氮化物入 C01B 21/08；金属氨化物入 C01B 21/092；亚硝酸盐入 C01B 21/50；磷化物入 C01B 25/08；磷的含氧酸盐入 C01B 25/16；碳化物入 C01B 31/30；含硅的化合物入 C01B 33/00；含硼的化合物入 C01B 35/00；氰化物入 C01C 3/08；氰酸盐入 C01C 3/14；氰氨盐入 C01C 3/16；硫氰酸盐入 C01C 3/20；制备元素或二氧化碳以外无机化合物的发酵或用酶工艺入 C12P 3/00；从混合物，如矿石，制取作为提炼游离金属的冶金工艺中间化合物的金属化合物入 C22B；通过电解法或电泳法生产非金属元素或无机化合物入 C25B）。

C01F：金属铍、镁、铝、钙、锶、钡、镭、钍的化合物，或稀土金属的化合物（金属氢化物入 C01B 6/00；卤素的含氧酸盐入 C01B 11/00；过氧化物、过氧酸盐入 C01B 15/00；镁、钙、锶或钡的硫化物或多硫化物入 C01B 17/42；硫化硫酸盐、连二亚硫酸盐、连多硫酸盐入 C01B 17/64；含硒或碲的化合物入 C01B 19/00；氮和金属的二元化合物入 C01B 21/06；叠氮化物入 C01B 21/08；金属氨化物入 C01B 21/092；亚硝酸盐入 C01B 21/50；磷化物入 C01B 25/08；磷的含氧酸盐入 C01B 25/16；炭化物入 C01B 31/30；含硅化合物入 C01B 33/00；含硼化合物入 C01B 35/00；具有分子筛特性但不具有碱交换特性的化合物入 C01B 37/00，具有分子筛和碱交换特性的化合物，如结晶沸石入 C01B 39/00；氰化物入 C01C 3/08；氰酸盐入 C01C 3/14；氰氨盐入 C01C 3/16；硫氰酸盐入 C01C 3/20；制备元素或二氧化碳以外无机化合物的发酵或用酶工艺入 C12P 3/00；从混合物，如矿石，制取作为提炼游离金属的冶金工艺中间化合物的金属化合物入 C22B；用电解法或电泳法生产非金属元素或无机化合物入 C25B）。

C01G：含有不包含在 C01D 或 C01F 小类中之金属的化合物（金属氢化物入 C01B 6/00；卤素的含氧酸盐入 C01B 11/00；过氧化物、过氧酸盐入 C01B 15/00；硫代硫酸盐、连二亚硫酸盐、连多硫酸盐入 C01B 17/64；含硒或碲的化合物入 C01B 19/00；氮与金属的二元化合物入 C01B 21/06；叠氮化物入 C01B 21/08；金属氨化物入 C01B 21/092；亚硝酸盐入 C01B 21/50；磷化物入 C01B 25/08；磷的含氧酸盐入 C01B 25/16；碳化物入 C01B 31/30；含硅的化合物入 C01B 33/00；含硼的化合物入 C01B 35/00；具有分子筛特性但不具有碱交换特性的化合物入 C01B 37/00；具有分子筛和碱交换特性的化合物，如结晶沸石，入 C01B 39/00；氰化物入 C01C 3/08；氰酸盐入 C01C 3/14；氰氨盐入 C01C 3/16；硫氰酸盐入 C01C 3/20；制备元素或二氧化碳以外无机化合物的发酵或用酶工艺入 C12P 3/00；从混合物，如矿石，制取作为提炼游离金属的冶金工艺中间化合物的金属化合物入 C21B，C22B；用电解法或电泳法生产非金属元素或无机化合物入 C25B）。

C02　水、废水、污水或污泥的处理

C02F：水、废水、污水或污泥的处理（通过在物质中产生化学变化使有害的化学物质无害或降低危害的方法入 A62D 3/00；分离、沉淀箱或过滤设备入 B01D；有关处理水、废水或污水生产装置的水运容器的特殊设备，如用于制备淡水，入 B63J；为防止水的腐蚀用的添加物质入 C23F；放射性废液的处理入 G21F 9/04）[3]。

C03　玻璃；矿物或渣棉

C03B：玻璃、矿物或渣棉的制造、成型；玻璃、矿物或渣棉的制造或成型的辅助工艺（表面处理入 C03C）。

C03C：玻璃、釉或搪瓷釉的化学成分；玻璃的表面处理；由玻璃、矿物或矿渣制成的纤维或细丝的表面处理；玻璃与玻璃或与其他材料的接合。

C04　水泥；混凝土；人造石；陶瓷；耐火材料[4]

C04B：石灰；氧化镁；矿渣；水泥；其组合物，如砂浆、混凝土或类似的建筑材料；人造石；陶瓷（微晶玻璃陶瓷入 C03C 10/00）；耐火材料（难熔金属的合金入 C22C）；天然石的处理〔4〕。

C05　肥料；肥料制造[4]

C05B：磷肥。

C05C：氮肥。

C05D：不包含在 C05B、C05C 小类中的无机肥料；产生二氧化碳的肥料。

C05F：不包含在 C05B、C05C 小类中的有机肥料，如用废物或垃圾制成的肥料。

C05G：分属于 C05 大类下各小类中肥料的混合物；由一种或多种肥料与无特殊肥效的物质，例如农药、土壤调理剂、润湿剂所组成的混合物（含有加入细菌培养物、菌丝或其他类似物的有机肥料入 C05F 11/08；含植物维生素或激素的有机肥料入 C05F 11/10）；以形状为特征的肥料〔4〕。

C06　炸药；火柴

C06B：炸药或热剂的组合物（爆破入 F42D）；其制造；用单种物质做炸药〔2〕。

C06C：起爆或点火装置；引信；化学点火具；点火剂〔2〕。

C06D：烟雾发生装置；毒气攻击剂；爆炸或推进用气体的产生（化学部分）〔2〕。

C06F：火柴；火柴的制造。

C07　有机化学〔2〕

C07B：有机化学的一般方法；所用的装置（用调聚反应制备羧酸酯入 C07C 67/47；制备高分子化合物的工艺，如调聚反应，入 C08F，C08G）。

C07C：无环或碳环化合物（高分子化合物入 C08；有机化合物的电解或电泳生产入 C25B 3/00，C25B 7/00）。

C07D：杂环化合物（高分子化合物入 C08）〔2〕。

C07F：含除碳、氢、卤素、氧、氮、硫、硒或碲以外的其他元素的无环、碳环或杂环化合物（含金属的卟啉入 C07D 487/22；高分子化合物入 C08）。

C07G：未知结构的化合物（未确定结构的磺化脂肪、油或蜡入 C07C 309/62）。

C07H：糖类及其衍生物；核苷；核苷酸；核酸（糖醛酸或糖质酸的衍生物入 C07C、C07D；糖醛酸、糖质酸入 C07C 59/105，C07C 59/285；氰醇类入 C07C 255/16；烯糖类入 C07D；未知结构的化合物入 C07G；多糖类，有关的衍生物入 C08B；有关基因工程的 DNA 或 RNA，载体，如质粒，或它们的分离、制备或纯化入 C12N 15/00；制糖工业入 C13）〔2〕。

C07J：甾族化合物（闭联-甾族化合物入 C07C）〔2〕。

C07K：肽（含有 β-内酰胺的肽入 C07D；在分子中除了形成本身的肽环外不含有任何其他的肽键的环状二肽，如哌嗪-2,5-二酮入 C07D；环肽型麦角生物碱入 C07D 519/02；单细胞蛋白质、酶入 C12N；获得肽的基因工程方法入 C12N 15/00）〔4〕。

C08　有机高分子化合物；其制备或化学加工；以其为基料的组合物

C08B：多糖类；其衍生物（含少于六个相互以配糖连接的糖键基团的多糖入 C07H；发酵或用酶方法入 C12P 19/00；纤维素生产入 D21）〔4〕。

C08C：橡胶的处理或化学改性。

C08F：仅用碳-碳不饱和键反应得到的高分子化合物（由低碳烃制造液态烃混合物，如通过齐聚作用入 C10G 50/00；发酵或使用酶的方法合成目标化合物或组合物或从外消旋混合物中分离旋光异构体入 C12P；含有碳-碳不饱和键的单体接枝聚合到纤维、丝线、纱线、织物或用这些材料制成的纤维制品入 D06M 14/00）〔2〕。

C08G：用碳-碳不饱和键以外的反应得到的高分子化合物（发酵或使用酶的方法合成目标化合物或组合物或从外消旋混合物中分离旋光异构体入 C12P）〔2〕。

C08H：天然高分子化合物的衍生物（多糖类入 C08B；天然橡胶入 C08C；天然树脂或其衍生物入 C09F；焦油沥青、石油沥青或天然沥青的加工入 C10C 3/00）。

C08J：加工；配料的一般工艺过程；不包括在 C08B，C08C，C08F，C08G 或 C08H 小类中的后处理（塑料的加工，如成型入 B29）〔2〕。

C08K：使用无机物或非高分子有机物作为配料（涂料、油墨、清漆、染料、抛光剂、黏合剂入 C09）〔2〕。

C08L：高分子化合物的组合物（基于可聚合单体的组成成分入 C08F、C08G；人造丝或纤维入 D01F；织物处理的配方入 D06）〔2〕。

C09 染料；涂料；抛光剂；天然树脂；黏合剂；其他类目不包含的组合物；其他类目不包含的材料的应用

C09B：有机染料或用于制造染料的有关化合物；媒染剂；色淀（发酵或用酶的方法合成的目标化合物入 C12P）。

C09C：纤维状填料以外的无机材料的处理以增强它们的着色或填充性能（无机化合物或非金属元素本身的制备入 C01；专门适用于增强它们在砂浆、混凝土、人造石或类似物质中填充性能的材料处理入 C04B 14/00、C04B 18/00、C04B 20/00）；炭黑的制备。

C09D：涂料组合物，如色漆、清漆或天然漆；填充浆料；化学涂料或油墨的去除剂；油墨；改正液；木材着色剂；用于着色或印刷的浆料或固体；原料为此的应用（化妆品入 A61K，一般将液体或其他流动物料涂到表面上的方法入 B05D；木材着色入 B27K 5/02；釉料或搪瓷釉入 C03C；天然树脂、虫胶清漆、干性油、催干剂、松节油本身入 C09F；除虫胶清漆外的抛光组合物、滑雪屐蜡入 C09G；黏合剂或用做黏合剂的物质入 C09J；用于接头或盖的密封或包装材料入 C09K 3/10；用于防止泄漏的材料入 C09K 3/12；电解或电泳生成镀层的方法入 C25D）〔5〕。

C09F：天然树脂；虫胶清漆；干性油；催干剂（干料）；松节油。

C09G：虫胶清漆除外的抛光组合物；滑雪屐蜡。

C09H：动物胶或明胶的制备。

C09J：黏合剂；一般非机械方面的黏合方法；其他类目不包括的黏合方法；黏合剂材料的应用（外科黏合剂入 A61L 24/00；在层状产品中用做黏合剂的基于未指明的有机高分子化合物的黏合剂入 B32B；使用黏合剂或热熔黏合剂在织物或具有可变形表面的类似物料或物件上贴标签，分别入 B65C 5/02，B65C 5/04；动物胶或明胶的制备入 C09H；带黏性的标签、签条或类似识别指示装置入 G09F 3/10）〔5〕。

C09K：不包含在其他类目中的各种应用材料；不包含在其他类目中的材料的各种应用。

C10 石油、煤气及炼焦工业；含一氧化碳的工业气体；燃料；润滑剂；泥煤

C10B：含碳物料的干馏生产煤气、焦炭、焦油或类似物（油的裂化入 C10G；矿石的地下汽化入 E21B 43/295）〔5〕。

C10C：焦油、焦油沥青、石油沥青、天然沥青的加工；焦木酸。

C10F：泥煤的干燥或加工〔5〕。

C10G：烃油裂化；液态烃混合物的制备，如用破坏性加氢反应、低聚反应、聚合反应（裂解成氢或合成气入 C01B；气态烃裂化或高温热解成一定或特定结构的单个烃或其混合物入 C07C；裂化成焦炭入 C10B）；从油页岩、油矿或油气中回收烃油；含烃类为主的混合物的精制；石脑油的重整；地蜡〔6〕。

C10H：乙炔的湿法生产〔5〕。

C10J：由固态含碳物料通过包含氧气或蒸汽的部分氧化工艺生产含有一氧化碳和氢气的气体（矿物地下气化入 E21B 43/295）；空气或其他气体的增碳〔5〕。

C10K：含一氧化碳可燃气体化学组合物的净化和改性。

C10L：不包含在其他类目中的燃料；天然气；不包含在 C10G 或 C10K 小类中的方法得到的合成天然气；液化石油气；在燃料或火中使用添加剂；引火物〔5〕。

C10M：润滑组合物（钻井用组合物入 C09K 8/02）；在润滑组合物中化学物质或单独使用或用做润滑组分（脱模，即金属脱模剂入 B22C 3/00，一般塑料或塑态物质的脱模剂入 B29C 33/56，玻璃脱模剂入 C03B 40/02；纺织品润滑剂入 D06M 11/00、D06M 13/00、D06M 15/00；显微镜检查法用浸液油入 G02B 21/33）〔4〕。

C10N：与 C10M 小类有关的引得表〔4〕。

C11　动物或植物油、脂、脂肪物质或蜡；由此制取的脂肪酸；洗涤剂；蜡烛

C11B：生产，如通过压榨原材料或从废料中萃取，精制或保藏脂、脂肪物质例如羊毛脂、脂油或蜡；香精油；香料（干性油入 C09F）。

C11C：从脂肪、油或蜡中获得的脂肪酸；蜡烛；脂肪、油或脂肪酸经化学改性而获得的脂、油或脂肪酸。

C11D：洗涤剂组合物；用单一物质作为洗涤剂；皂或制皂；树脂皂；甘油的回收。

C12　生物化学；啤酒；烈性酒；果汁酒；醋；微生物学；酶学；突变或遗传工程

C12C：啤酒的酿造（原料的净化入 A23N；涂沥青或脱沥青装置、酒窖用具入 C12L；增殖酵母入 C12N 1/14）。

C12F：发酵溶液副产品的回收；酒精的变性或变性酒精〔6〕。

C12G：果汁酒；其他含酒精饮料；其制备（啤酒入 C12C）。

C12H：酒精饮料的巴氏灭菌、杀菌、保藏、纯化、澄清、陈酿或其中酒精的去除（葡萄酒脱酸入 C12G 1/10；防止酒石沉淀入 C12G 1/12；加调味香料模拟老化入 C12G 3/06）〔6〕。

C12J：醋；其制备。

C12L：涂沥青或脱沥青装置；酒窖用具。

C12M：酶学或微生物学装置（粪肥的发酵装置入 A01C 3/02；人或动物的活体部分的保存入 A01N 1/02；啤酒酿造装置入 C12C；果汁酒的发酵装置入 C12G；制醋装置入 C12J 1/10）〔3〕。

C12N：微生物或酶；其组合物（杀生剂、害虫驱避剂或引诱剂，或含有微生物、病毒、微生物真菌、酶、发酵物的植物生长调节剂，或从微生物或动物材料产生或提取制得的物质入 A01N 63/00；药品入 A61K；肥料入 C05F）；繁殖、保藏或维持微生物；变异或遗传工程；培养基（微生物学的试验介质入 C12Q 1/00）〔3〕。

C12Q：包含酶或微生物的测定或检验方法（免疫检测入 G01N 33/53）；其所用的组合物或试纸；这种组合物的制备方法；在微生物学方法或酶学方法中的条件反应控

制〔3〕。

C12R：与涉及微生物之 C12C 至 C12Q 小类相关的引得表〔3〕。

C13　糖工业〔4〕

C13B：糖的生产；专门适用于此的设备（用化学方法合成糖或糖衍生物入 C07H；发酵或使用酶的方法入 C12P 19/00）〔2011.01〕。

C13C：（转入 C13B）。

C13D：（转入 C13B）。

C13F：（转入 C13B）。

C13G：（转入 C13B）。

C13H：（转入 C13B）。

C13J：（转入 C13B）。

C13K：通过自然资源获得或用双糖、低聚糖或多糖自然发生水解获得蔗糖以外的糖类（化学合成糖类或糖类衍生物入 C07H；多聚糖，如淀粉，其衍生物入 C08B；麦芽入 C12C；用于制备含有糖类自由基的化合物发酵或使用酶的方法入 C12P 19/00）。

C14　小原皮；大原皮；毛皮；皮革

C14B：小原皮、大原皮或皮革的一般机械处理或加工；毛皮剪切机械；剖割肠的机械（原皮或类似物的机械清理入 D06G）。

C14C：用化学药品、酶或微生物处理小原皮、大原皮或皮革，如鞣制、浸渍或整饰；所用的设备；鞣制组合物（皮革或毛皮的漂白入 D06L；皮革或毛皮的染色入 D06P）。

主要参考文献

蔡 妍. 2013. Web of Science 数据库及其功能研究. 科技情报开发与经济, 23（8）：133-136.

陈红蕾，孙乐民，敬卿. 2011. SooPAT 及百度、Google 专利搜索引擎比较. 高校图书馆工作, 31（143）：46-49.

高 斌，马菊红，袁丽芬. 2013. 新版 Ei Web 系统检索词法算符使用规则实证研究. 情报科学, 31（11）：74-78.

高慧琴，胡昌平. 2013. 基于跨系统信息资源共享的科学文献管理工具选择与利用分析. 信息资源管理学报,（2）：42-
49.

李广原，陈丹. 2001. 文本信息检索技术. 广西科学院学报, 17（2）：57-60.

李 娜. 2012. Web of Knowledge 新平台的结构及其功能. 图书馆学刊,（5）：113-114, 124.

李伟华，王通，顾英. 2010. 因特网会议文献信息资源的分布. 情报探索,（1）：87-89.

连 理，牛军钰，黄萱菁，等. 2004. 基于拓展布尔检索的 Web 检索算法. 计算机工程, 30（3）：24-26.

刘晓坤，任俊革，李维云. 2012. SooPAT 搜索引擎与中国知识产权网专利检索比较研究. 大学图书情报学刊, 30（2）：
50-53.

罗立国，余翔，郑婉婷，等. 2012. 专利检索网站比较研究. 情报杂志, 31（3）：163-168.

汪相楣. 2000. 论印刷型文献与网络文献的长期共存. 合肥工业大学学报, 14（4）：138-140.

王世慧，贾冠昕. 2012. 利用 SooPAT 检索专利信息. 情报探索,（1）：94-96.

薛海宁，逄征虎. 2014. 欧洲标准版权政策研究. 中国标准,（12）：81-85.

张 勤. 2013. Web of Science 数据库与 Web of Knowledge 平台的检索与利用. 中国索引, 11（3）：44-52.

张 曙，张甫，许青青，等. 2013. 科技文献资源需求分析方法研究. 情报杂志, 32（8）：174-178.

郑玉萍. 2013. 参考文献管理软件比较分析. 科技情报开发与经济, 23（10）：122-125.

朱 宁. 2009. SCI、ISTP、EI 检索系统比较研究. 现代情报, 29（3）：165-167.

朱 苏. 2003. 检索术语与运算符的运用对网络检索结果的影响. 情报杂志,（7）：78-80.

IGroup 亚太咨询集团公司. ACS-美国化学学会网络期刊用户手册.

Thomson Reuters. Derwent Innovations Index 用户培训手册.

Thomson Reuters. Endnote windows getting started guide.

Thomson Reuters. Web of Knowledge core collection.